Publizistischer Landesverrat
vor dem Reichsgericht

Europäische Hochschulschriften

Publications Universitaires Européennes
European University Studies

Reihe II
Rechtswissenschaft

Série II Series II
Droit
Law

Bd./Vol. 2606

PETER LANG
Frankfurt am Main · Berlin · Bern · New York · Paris · Wien

Mathias Hanten

Publizistischer Landesverrat vor dem Reichsgericht

Zugleich ein Beitrag zur politischen Rechtsprechung in der Weimarer Republik

PETER LANG
Europäischer Verlag der Wissenschaften

Die Deutsche Bibliothek - CIP-Einheitsaufnahme

Hanten, Mathias:

Publizistischer Landesverrat vor dem Reichsgericht : zugleich ein Beitrag zur politischen Rechtsprechung in der Weimarer Republik / Mathias Hanten. - Frankfurt am Main ; Berlin ; Bern ; New York ; Paris ; Wien : Lang, 1999
(Europäische Hochschulschriften : Reihe 2, Rechtswissenschaft ; Bd. 2606)
Zugl.: Freiburg (Breisgau), Univ., Diss., 1998
ISBN 3-631-34067-2

D 25
ISSN 0531-7312
ISBN 3-631-34067-2

Inhaltsverzeichnis

Vorwort

Die Befassung mit dem Thema geht auf das vor dem Bundesgerichtshof gescheiterte Verfahren um die Wiederaufnahme des Prozesses gegen Carl von Ossietzky aus dem Jahre 1931 zurück. Während des Verfahrens hat mir der verstorbene Kölner Strafrechtslehrer und Rechtsphilosoph Professor Dr. Ulrich Klug einen Kontakt zu Rechtsanwalt Gerhard Jungfer vermittelt, der die Tochter Carl von Ossietzkys, zusammen mit Rechtsanwalt Dr. Heinrich Hannover, im Wiederaufnahme vertrat. Gerhard Jungfer hat im Einverständnis mit seiner Mandantin in großzügiger Weise Material aus dem Verfahren beigesteuert. Meine geschätzte Doktormutter, Frau Professor Dr. Karin Nehlsen-von Stryk, hat die Arbeit betreut, obwohl sie -und diese Bedenken möchte ich überliefern-sich eher für Hexenprozesse zuständig fühlte. Die Gespräche und Briefwechsel mit Frau Nehlsen haben die Fertigstellung der Arbeit sehr gefördert. Für die Hilfe bei der Durchführung der mitunter geradezu abenteuerlichen Forschungsarbeiten bin ich Herrn Leitenden Regierungsdirektor Pannier von der Bibliothek des Bundesgerichtshofs und den Damen und Herren des Bundesarchivs sehr verbunden. Daß die Thematik auch und gerade in der Anwaltschaft auf einiges Interesse stößt, ergab ein Kurzreferat der bis Mitte 1994 ermittelten Ergebnisse vor dem Anwaltlichen Historikerkreis und die Veröffentlichung eines zusammenfassenden Artikels im StraFo 1999, S. 9ff. Ingesamt war die Arbeit am Buch eine große Freude und eine große Erweiterung meines eher wirtschaftsrechtlich geprägten juristischen Gesichtsfeldes.

Mathias Hanten
Frankfurt am Main, im Januar 1999

Literaturverzeichnis

Soweit in den Fußnoten biografische Daten ohne Quelle angegeben werden, entstammen sie dem Wer ist's, 1928, Leipzig, hrsg. von Herrmann Degener.

Zur Zitierweise: Die monografischen Werke werden in den Fußnoten nach Verfasser und einem sinntragenden Titel zitiert Beispielsweise statt "Miltenberger, Der Vorwurf des Landesverrats gegen Reichspräsident Ebert" -" Miltenberger, Vorwurf des Landesverrats gegen Ebert"

Alsberg, Max
Justizirrtum und Wiederaufnahme
1913, Berlin

Alsberg, Max
Das Weltbild des Strafrichters
1930, Berlin, Mannheim, Leipzig

Alsberg, Max
Der Beweisantrag im Strafprozeß
1930, Berlin

Alsberg, Max
Anmerkung zu RG, JW 1932, 408
JW 1932, 408

Amelung, Knut
Rechtsgüterschutz und Schutz der Gesellschaft
Diss. iur. Göttingen 1972, Frankfurt am Main

Angermund, Ralph
Deutsche Richterschaft 1919-1945
1990, Frankfurt am Main

Anschütz, Gerhard
Die Verfassung des deutschen Reichs
Nachdruck der 14. Auflage, 1933
1960, Darmstadt

Apfel, Alfred
Behind the Scenes of German Justice
London, 1935

Barnert, Harald
Das illegale Staatsgeheimnis
Diss. iur. Bremen, 1978, München

Bartram, Erich
Der Landesverrat nach dem RStGB
und nach dem Entwurf eines Deutschen StGB von 1927
Diss. iur. Tübingen, 1931, Borna-Leipzig

Baum, Georg
Anmerkung zu RAG, JW 1931, 490
JW 1931, 490

Bennecke, Hans
Beling, Ernst
Lehrbuch des Deutschen Reichs-Strafprozessrechts
1900, Breslau

Bennett, Edward W.
German Rearmament and the West
1932-1933
1979, Princeton

Benz, Wolfgang
Graml, Hermann (Hrsg.)
Biographisches Lexikon zur Weimarer Republik
1988, München
Einzelartikel von:
Michael Stolleis (Smend)
Wolfgang Kohl (Schücking)

Binding, Karl
Die Normen und ihre Übertretung
Erster Band, Erste Abteilung
Normen und Strafgesetze
1872, Leipzig

Binding, Karl
Lehrbuch des gemeinen deutschen Strafrechts
Besonderer Teil, II. Band, 2. Abteilung
1905, Leipzig

Bohnert, Cornelia
Zu Straftheorie und Staatsverständnis
im Schulenstreit der Jahrhundertwende
Pfaffenweiler, 1992 (Diss. iur. Freiburg/Br.)

Böttger, Marcus
Der Hochverrat in der höchstrichterlichen
Rechtsprechung der Weimarer Republik
Diss. iur. Bochum, 1996

Bracher, Karl Dietrich
Die Auflösung der Weimarer Republik
5.Auflage, 1971, Villingen

Bracher, Karl Dietrich (Hrsg.)
Funke, Manfred (Hrsg.)
Hans-Adolf Jacobsen (Hrsg.)
Die Weimarer Republik 1918-1933
1987, Düsseldorf

Bradley, Dermot
Hildebrand, Karl - Friedrich
Röverkamp, Markus
Die Generale des Heeres 1921 - 1945,
Band 4, 1996, Osnabrück

Brauch, Johannes
Der Landesverrat nach geltendem Recht
und dem Amtlichen Entwurf eines
Allgemeinen Deutschen StGB von 1927
1931, Diss. iur. Tübingen,

Braun, Otto
Von Weimar zu Hitler
2. Auflage, o.J., New York

Braunger, Ludwig
Der Landesverrat im deutschen Strafrecht
Diss. iur. Heidelberg, 1917, Calw

Brauns, Uwe
Die gescheiterte Wiederaufnahme des Strafverfahrens
Gegen Carl von Ossietzky,
JZ 1995, 492

Bruns, Hans Jürgen
Die Befreiung des Strafrechts vom zivilistischen Denken
1938, Berlin

v. Bülow, Hans Jürgen
Der Sonderstrafvollzug am Täter aus Überzeugung
1933, Breslau-Neukirch

v. Campe
Rechtsgedanken über Staatsnotwehr
DJZ 1920, 486

v. Carlowitz, Adolf
Pazifismus und Landesverrat
Wissen und Wehr, Band 12 (1931), 194

Carsten, Francis L.
Reichswehr und Politik 1918-1933
1964, Köln, Berlin

Caspar, Gustav Adolf
Die sozialdemokratische Partei und das deutsche Wehrproblem
in den Jahren der Weimarer Republik
Beiheft 11 der Wehrwissenschaftlichen Rundschau
Oktober 1959, Berlin, Frankfurt/M

Christoph, Jürgen
Die politischen Reichsamnestien 1918-1933
Diss. iur. Kiel, 1987, Frankfurt am Main

Deist, Wilhelm
Messerschmidt, Manfred
Volkmann, Hans-Erich
Wette, Wolfram
Ursachen und Voraussetzungen der deutschen Kriegspolitik
Band 1
1979, Stuttgart

Deutsche Liga für Menschenrechte (Hrsg.)
Der Fall Quidde
Tatsachen und Dokumente
zusammengestellt und eingeleitet von Gerhart Seger
1924, Berlin

Deutsche Liga für Menschenrechte (Hrsg.)
Weißbuch über die schwarze Reichswehr
Deutschlands geheime Rüstungen ?
von E.J. Gumbel, Berthold Jacob,
Polizeioberst a.D. Lange, Generalmajor a.D. v. Schönaich
Mit einem Anhang von Otto Lehmann-Rußbüldt und L. Persius
1925, Berlin

Deutsche Liga für Menschenrechte (Hrsg.)
Acht Jahre politische Justiz
Das Zuchthaus – die politische Waffe
Eine Denkschrift der Deutschen Liga für Menschenrechte
1927, Berlin

Deutscher Anwaltstag
Aufruf an die Rechtsanwälte aller Länder
JW 1923, 97

Diener, Roger
Staatsauffassung und Staatsverbrechen
o.O.; o.J

Graf zu Dohna, Alexander
Vorsatz bei Landesverrat
DJZ 1925, 146

Graf zu Dohna, Alexander
Das Strafprozeßrecht
3. Auflage, 1929, Berlin

Douma, Eva
Deutsche Anwälte zwischen Demokratie und Diktatur
1998, Frankfurt/M

Eberbach, Wolfgang
Der Geheimnisverrat
Diss. iur. Freiburg, 1926, Berlin

Ebermayer, Ludwig
Zur Amnestie
DJZ 1927, 481

Ebermayer, Ludwig
Fünfzig Jahre Dienst am Recht
Erinnerungen eines Juristen
1930, Leipzig, Zürich

Erdmann, Dietrich (Hrsg.)
Schulze, Hagen (Hrsg.)
Weimar
Selbstpreisgabe einer Demokratie
1980, Düsseldorf

Eschenburg, Theodor
Die Republik von Weimar
Beiträge zur Geschichte einer improvisierten Demokratie
1984, München

Eschenburg, Theodor
Also hören sie mal zu
Geschichte und Geschichten 1904 bis 1933
1995, Berlin

Escher, Alfred
Neukantianische Rechtsphilosophie, teleologische Verbrechensdogmatik
und modernes Präventionsstrafrecht
1993, Berlin.

Eyck, Erich
Die Krisis der deutschen Rechtspflege
1926, Berlin

Eyck, Erich
Geschichte der Weimarer Republik
Zweiter Band, 3. Auflage, 1962, Zürich, Stuttgart

Exner
Studien über die Strafzumessungspraxis der deutschen Gerichte
1931, Leipzig

Falck
Landesverrat I
(Erwiderung auf Jorns, DRiZ 1928, 105)
DRiZ 1928, 211

Fastrich, Heinz
Die Erweiterung des Landesverrats
Diss. iur. Erlangen, 1934, Coburg

Frank, Reinhard
Das StGB für das Deutsche Reich
17. Auflage ff., 1926 ff, Tübingen

Flechtheim, Ossip K.
Die KPD in der Weimarer Republik
1969, Frankfurt/M

Freymuth, Arnold
Was ist Landesverrat ?
1929, Rudolstadt

Friedensburg, F.
Der neue Staat im Strafgesetzentwurf
DJ I, 464

Frind, Walter
Der Landesverrat im deutschen Strafrecht
Strafrechtliche Abhandlungen 298
1931, Breslau

Gay, Peter
Die Republik der Außenseiter
1987, Frankfurt am Main

Gerland, Heinrich
Der Deutsche Strafprozeß
1927, Mannheim, Berlin, Leipzig

Gessler, Otto
Reichswehrpolitik in der Weimarer Zeit
herausgegeben von Kurt Sendtner
1958, Stuttgart

Geyer, Michael
Aufrüstung oder Sicherheit
Die Reichswehr in der Krise der Machtpolitik 1924 - 1936
Wiesbaden, 1980

Gödan, Jürgen Christoph
Die Rechtsfigur des Überzeugungstäters
1975, Berlin

Göler von Ravensburg, Bernhard
Der Landesverrat und seine Entwicklung seit 1871
1935, Diss. iur. Tübingen

Görlitz, Axel (Hrsg.)
Politische Justiz
1. Auflage, 1996, Baden-Baden

von der Goltz, Rüdiger, Graf
Tributjustiz
1932, Berlin

Greuner, Ruth
Gegenspieler - Profile linksbürgerlicher Publizisten
1.Aufl., 1969, Berlin/Ost

Grimm, Friedrich
Oberleutnant Schulz
1928, München

Grimm, Friedrich
Grunsätzliches zu den Fememordprozessen, Folge 1 und 2
1928, München

Grimm, Friedrich
Rechtsgutachten des Rechtsanwalts Prof. Dr. Grimm
in der Strafsache des Oberleutnants a.D. Paul Schulz aus Berlin,
1928, Berlin

Grimm, Friedrich
Antrag auf Begnadigung und Strafurlaub
des Oberleutnants a.D. Paul Schulz aus Berlin,
1929, Essen

Grimm, Friedrich
Eingabe des Ausschusses zur Förderung der Bestrebungen
Auf Erlaß einerAmnestie aus Anlaß der Rheinlandräumung,
1930, Essen

Grimm, Friedrich
Staatsnotstand, Staatsnotwehr und Fememord
DJ V, 329

Grimm, Friedrich
Mit offenem Visier
Aus den Lebenserinnerungen einesdeutschen Rechtsanwalts
Leoni, 1961

Grossmann, Kurt
13 Jahre "republikanische" Justiz
1932, Berlin

Grossmann, Kurt
Ossietzky
Ein deutscher Patriot
1963, München

Gumbel, Emil Julius
Landesverrat, begangen durch die Presse
DJ II, 75

Gumbel, Emil Julius (Hrsg.)
Vier Jahre politischer Mord
Denkschrift des Reichsjustizministers
1924, Berlin

Gumbel, Emil Julius
Verschwörer
1924, Berlin

Gumbel, Emil Julius (Hrsg.)
Landesverrat
Die Menschenrechte Sonderheft Landesverrat
Jahrgang II, Nummer 11, 15.11.1927

Gumbel, Emil Julius
"Verräter verfallen der Feme"
1929, Berlin

Gumbel, Emil Julius
Vom Fememord zur Reichskanzlei
1962, Heidelberg

Gusy, Christoph
Der Schutz des Staates gegen seine Staatsform
GA 1992, 195

Gusy, Christoph
Die Lehre vom Parteienstaat in der Weimarer Republik
1993, Baden-Baden

Gusy, Christoph
Die Weimarer Reichsverfassung
1997, Tübingen

Haacke, Wilmont
Pötter, Gunter
Die politische Zeitschrift 1665 bis 1965
Stuttgart, 1982

Hannover, Heinrich
Hannover-Drück, Elisabeth
Politische Justiz 1918 – 1933
1966, Frankfurt am Main

Harry, Claus
Der Landesverrat
Diss. iur. Göttingen, 1936

Hartung, F.
Notwehr und Notstand zu Gunsten des Staates
JR 1931, 61

Hausmann, Manfred
Der militärische Landesverrat und die Pressefreiheit
Diss. iur. Freiburg, 1967

Heinemann, Gustav
Der publizistische Landesverrat
NJW 1963, 4

Heinrichs, Helmut pp. (Hrsg.)
Deutsche Juristen jüdischer Herkunft
1993, München

Herbert, Ulrich
Best - Biographische Studien
über Radikalismus, Weltanschauung
und Vernunft, 1903-1989
1996, Bonn

Hirsch, Hans Joachim
Strafrecht und Überzeugungstäter
1996, Berlin

Hirschberg, Max
Das Fehlurteil im Strafprozeß
1960, Stuttgart

Hirschberg, Max (Hrsg.)
Thimme, Friedrich (Hrsg.)
Der Fall Fechenbach
Juristische Gutachten
1924, Tübingen

von Hodenberg, Christina
Aufstand der Weber,
Bonn, 1997

Holl, Karl (Hrsg.)
Wette, Wolfram (Hrsg.)
Pazifismus in der Weimarer Republik
1981, Paderborn

Holl, Karl (Hrsg.)
Wild, Adolf (Hrsg.)
Ein Demokrat kommentiert Weimar
Die Berichte Hellmut von Gerlachs
1973, Bremen

Honig, Richard
Anmerkung zu RG, JW 1929, 255
JW 1929, 255

Huber, Ernst Rudolf
Deutsche Verfassungsgeschichte seit 1789, Band VI,
Die Weimarer Reichsverfassung
1981, Stuttgart

Huber, Ernst Rudolf
Deutsche Verfassungsgeschichte seit 1789, Band VII,
Ausbau, Schutz und Untergang der Weimarer Republik
1984, Stuttgart

Hueck, Ingo J.
Der Staatsgerichtshof zum Schutze der Republik
1996, Tübingen.

Hürter, Johannes
Wilhelm Groener
1993, München

Hug, Michael
Strafrechtliche Sondergerichtsbarkeiten
in Deutschland 1918 bis 1932
Diss. iur. Heidelberg, 1976, München

Jansen, Carsten
Emil Julius Gumbel
1991, Heidelberg

Jasper, Gotthard
Der Schutz der Republik - Studien zur staatlichen Sicherung
der Demokratie in der Weimarer Republik 1922 - 1930
1963, Tübingen

Jasper, Gotthard
Justiz und Politik in der Weimarer Republik
VfZ (30) 1982, 167

Jellinek, Georg
Allgemeine Staatslehre
3. Auflage, 1914, Berlin

Jelowik, Lieselotte
Zur Geschichte der Strafrechtsreform in der Weimarer Republik
1983, Halle (Saale)

Jescheck, Hans-Heinrich
Pressefreiheit und militärisches Staatsgeheimnis
1964, Berlin

Jescheck, Hans-Heinrich
Meyer, Jürgen
Die Wiederaufnahme im Strafverfahren im deutschen und ausländischen Recht
1974, Bonn

Jescheck, Hans-Heinrich
Lehrbuch des Strafrechts
Allgemeiner Teil
1988, 4. Auflage, Berlin

Jescheck, Hans-Heinrich
Weigend, Thomas
Lehrbuch des Strafrechts
Allgemeiner Teil
1995, 5. Auflage, Berlin

Jorns, Paul
Landesverrat
DRiZ 1928, 105

Jorns, Paul
Landesverrat II
DRiZ 1928, 213
(Erwiderung auf Falck DRiZ 1928, 211)

Jorns, Paul
Landesverrat und Amnestie
DRiZ 1928, 474

Jung, Otmar
Spaltung und Rekonstruktion des organisierten Pazifismus
in der Spätzeit der Weimarer Republik
VfZ Band 34 (1986), 207

Jung, Otmar
Verfassungsschutz privat:
Die Republikanische Beschwerdestelle e. V. (1924 - 1933)
VfZ Band 35 (1987), 65

Jung, Otmar
Senatspräsident Freymuth
1989, Frankfurt am Main

Kantorowicz, Hermann
Der Landesverrat im deutschen Strafrecht
DJ II, 92

Karlsruher Kommentar
zur Strafprozeßordnung und zum GVG
3. Auflage, 1993, München

Kaul, Friedrich Karl
Justiz wird zum Verbrechen
Der Pitaval der Weimarer Republik
1. Band, 3. Auflage, 1962, Berlin

Kaul, Friedrich Karl
Geschichte des Reichsgerichts Band IV, 1933-1945
1971, Glashütte/Taunus

Kersten, Klaus Ulrich
Die Entwicklung der allgemeinen Strafbestimmungen gegen den Landesverrat in Deutschland vom preußischen StGB von 1851 bis zur Gegenwart
Diss. iur. Köln, 1975

Kirchheimer, Otto
Politische Justiz
1965, Neuwied, Frankfurt am Main

Kitzinger, F.
Der Fall Fechenbach
ZStW 44, 136

von Klaeden, Dietrich Alexander
Die deutsche Politik im Spiegel juristischen Fachpresse 1871-1932
Diss. iur., Hannover, 1995, Frankfurt am Main

Klemmer, Markus
Gesetzesbindung und Richterfreiheit
Diss. iur. Hannover, 1996, Baden - Baden

Kleinknecht, Theodor
(Meyer, Karlheinz)
(Meyer-Goßner, Lutz)
Strafprozeßordnung Kommentar
38. Auflage ff. , 1987 ff. München

Klug, Ulrich
Presseschutz im Strafprozeß
Ein Rechtsgutachten im "Spiegel"-Verfahren
1965, Berlin, Neuwied

Klug, Ulrich
in: Festschrift für Gottfried Baumgärtel
Der Ossietzky-Prozeß 1931, S. 249 ff.
1990, Köln

Klug, Ulrich
in: Festschrift für Günter Spendel
Überlegungen zum Versuch einer Wiederaufnahme des Carl von Ossietzky-Prozesses nach 60 Jahren, S. 679 ff.
1992, Berlin

Kohl, Wolfgang
Das Reichsverwaltungsgericht
Diss. iur. Frankfurt am Main, 1991, Tübingen

Kohlmann, Günter
Der Begriff des Staatsgeheimnisses und das verfassungsrechtliche Gebot
der Bestimmtheit von Strafvorschriften
1969, Köln

Kohlrausch, Eduard
Strafprozeßordnung und Gerichtsverfassungsgesetz
20. Auflage, 1925, Berlin, Leipzig

Kölner Kommentar
zum Aktiengesetz
Band 3, 5. Lieferung, §§ 399-410
1983, Köln

König, Stefan
Vom Dienst am Recht
1987, Berlin, New York

Koszyk, Kurt
Deutsche Presse 1914 – 1945, Teil III
1972, Berlin

Koszyk, Kurt
Gustav Stresemann
1989, Köln

Kroeschell, Karl
Rechtsgeschichte Deutschlands im 20. Jahrhundert
1992, Göttingen

Kuhn, Rober
Die Vertrauenskrise der Justiz (1926-1928)
1983, Köln

Kurz, Thomas
"Blutmai"Sozialdemokraten und Kommunisten im Brennpunkt
der Berliner Ereignisse von 1929
1988, Berlin, Bonn

Lamprecht, Rolf
Vom Mythos der Unabhängigkeit
1995, Baden-Baden

Lang, Dieter
Staat, Recht und Justiz im Kommentar der Zeitschrift Die Weltbühne
Diss. iur Frankfurt am Main, 1996

Lehmann-Russbüldt, Otto
Die Reichswehr
1930, Berlin

Leipziger Kommentar zum StGB
Hrsg. Ludwig Ebermayer
6., 7. Auflage, 1925 Berlin

Lenze, Wilhelm
Landesverrrat im Entwurf,
1929, Bonn

v. Liszt, Franz
Der Begriff des militärischen Geheimnisses
in: Festschrift für Heinrich Brunner
S. 207 ff., 1914, München und Leipzig

v. Liszt, Franz
Schmidt, Eberhard
Lehrbuch des Deutschen Strafrechts,
25. und 26. Auflage, 1927, 1931, Berlin, Leipzig

Löwe, E.
Rosenberg, W.
Strafprozeßordnung für das Deutsche Reich
17. Auflage, 1927, Berlin, Leipzig

Loewenfeld, Philipp
Das Strafrecht als politische Waffe
Schriftenreihe der Vereinigung sozialdemokratischer Juristen
Heft 1, 1933, Berlin

Löwenthal
Der Landesverrat im Strafgesetzentwurf
DJ III, 120

Luetgebrune, Walter
Wahrheit und Recht für Feme, pp.
1928, München

Lütgemeier-Davin, Reinhold
Pazifismus zwischen Kooperation und Konfrontation
1982, Köln

Klaus-Michael Mallmann
Kommunisten in der Weimarer Republik
1996, Darmstadt

Manasse, B.
Der Sachverständige
2. Auflage, 1932, Berlin

Marxen, Klaus
Der Kampf gegen das liberale Strafrecht
1975, Berlin

Marxen, Klaus
Das Volk und sein Gerichtshof - Eine Studie zum
Nationalsozialistischen Volksgerichtshof
1994, Frankfurt am Main

Matl, Kurt
Die Entwicklung der strafrechtlichen Bestimmungen
über den Landesverrat seit 1870
Diss. iur. Gießen, 1937

Mayer, Hellmuth
Der bindende Befehl im Strafrecht in: Festgabe für Reinhard von Frank
Band I, S.598 ff, 1930; Tübingen

Mayer, Max Ernst
Der Allgemeine Teil des deutschen Strafrechts
II. Band, 1915, Heidelberg

Meyer, Jürgen
Der "Fall Ossietzky" - auch eine Sache des Gesetzgebers
ZRP 1993, 284

Mezger, Edmund
Strafrecht - Ein Lehrbuch
1931, München, Leipzig

Miltenberger, Michael
Der Vorwurf des Landesverrats gegen Reichspräsident Friedrich Ebert
Diss. iur. Würzburg, 1989, Heidelberg

v. Münch, Ingo
Das völkerrechtliche Delikt in der modernen Entwicklung der Völkerrechtsgemeinschaft
1963, Frankfurt am Main

Müller, Ingo
Rechtsstaat und Strafverfahren
1980, Frankfurt am Main

Müller, Ingo
"Der berühmte Fall Ossietzky vom Jahre 1930 könnte sich wiederholen ..." in:
Festschrift für Richard Schmid, S. 297 ff. ,1. Auflage, 1985, Baden-Baden

Müller, Ingo
Furchtbare Juristen
1987, München

Nagel, Irmela
Fememorde und Fememordprozesse in der Weimarer Republik
1991, Köln

Nelsen, Hans
Der Landesverrat
1929, Köln

Neusel, Werner
Höchstrichterliche Strafgerichtsbarkeit in der Republik von Weimar
1972, Frankfurt am Main

Nielsen, Georg
Der sog. diplomatische Landesverrat nach geltendem Recht (§ 92 RStGB) und nach dem Strafgesetzentwurf 1927
o.O, o.J.

Nuß, Karl
Militär und Wiederaufrüstung in der Weimarer Republik
1977, Berlin

Oertmann, Paul
Die Vorteilsausgleichung beim Schadensersatzanspruch im römischen und deutschen bürgerlichen Recht
1901, Berlin

Oetker
Hilfeleistung in Staatsnotwehr und Staatsnotstand
GS 97, 411

v. Ossietzky, Carl
Rechenschaft in: Rechenschaft, Seiten 185-207
Publizistik aus den Jahren 1913-1933, Hrsg. Bruno Frei
1984, Frankfurt am Main

Paeffgen, Hans-Ulrich
Der Verrat in irriger Annahme eines illegalen Geheimnisses (§ 97b StGB) und die allgemeine Irrtumslehre
1978, Berlin

Pauli, Gerhard
Die Rechtsprechung des Reichsgerichts in Strafsachen zwischen 1933 und 1945 und ihre Fortwirkung in der Rechtsprechung des Bundesgerichtshofes,
1992, Berlin, New York

Petersen, Klaus
Literatur und Justiz in der Weimarer Republik
1988, Stuttgart.

Pfisterer, Erhard
Der Landesverrat
Diss. iur. Tübingen, 1931, Calw

v. Rabenau, Friedrich
Seeckt - Aus seinem Leben 1918-1936
1941, Leipzig

Gustav Radbruch Gesamtausgabe
Günther Spendel (Hrsg.)
1991 ff., Heidelberg

Gustav Radbruch
Der innere Weg
2. Auflage, 1961, Göttingen

Gustav Radbruch
Erwiderung (auf Grimm)
DJ V, 333

Gustav Radbruch
Der Überzeugungsverbrecher
ZStW 44, 34

Gustav Radbruch
Wahrunterstellung im Strafprozeß in: Die Reichsgerichtspraxis
im deutschen Rechtsleben, Band V, S.202 ff.
1929, Berlin, Leipzig

Ramm, Joachim
Eugen Schiffer und die Reform der der deutschen Justiz
Diss. iur. Gießen,1987, Neuwied, Darmstadt

Rasehorn, Theo
Justizkritik in der Weimarer Republik
- Das Beispiel der Zeitschrift "Die Justiz" -
1985, Frankfurt am Main

Reichswehrministerium
Rangliste des Deutschen Reichsheeres nach dem Stande vom 1. Mai 1932
1932, Berlin

Rommeney, Horst
Grundfragen des Landesverrates
im geltenden und im künftigen deutschen Strafrecht
Diss. iur. Leipzig, 1931

Rosenberg, Arthur
Geschichte der Weimarer Republik
Hrsg. Kurt Kersten
1961, Frankfurt am Main

Ruck, Michael
Die freien Gewerkschaften im Ruhrkampf 1923
1986, Köln

Sabrow, Martin
Der Rathenaumord
1994, München

Salewski, Michael
Enwaffnung und Militärkontrolle in Deutschland 1919-1927
1966, München

Scheer, Friedrich-Karl
Die Deutsche Friedensgesellschaft (1892-1933)
2., korrigierte Aufl. 1983, Frankfurt am Main

Schmidt, Eberhard
Das Reichsgericht und der "übergesetzliche Notstand"
ZStW 49, 350

Schmitt, Carl
Verfassungslehre,
6. Unveränderte Auflage, 1983, Berlin

Schneidewin, M.
Fehlerhafte Revisionbegründung in Strafsachen,
JW 1923, 345

Schönke, Adolf
Schröder, Horst
Strafgesetzbuch, Kommentar,
25. Auflage, 1997, München

Schroeder, Friedrich-Christian
Der Schutz von Staat und Verfassung im Strafrecht,
1970, München

Schubert, Joachim
Staatsnothilfe,
1933, Breslau-Neukirch

Schubert
Glöckner
Nachschlagewerk des Reichsgerichts zum Strafrecht
Bände 1 und 2, 1995, Goldbach

Schücking, Lothar
Landesverrat und Friedensvertrag
DJ III, 509

Schüddekopf, Otto-Ernst
Das Heer und die Republik
Quellen zur Politk der Reichswehrführung 1918 bis 1933
1955, Frankfurt am Main

Schüddekopf, Otto-Ernst
Linke Leute von Rechts, Nationalbolschewismus in Deutschland 1918 bis 1933
1960, Stuttgart

Schulz, Birger
Der republikanische Richterbund (1921-1933)
Frankfurt am Main, 1982

Seidl, Ralf
Der Streit um den Strafzweck in der Zeit der Weimarer Republik
Bern, 1974

Siegert, Karl
Notstand und Putativnotstand
1931, Tübingen

Sinzheimer, Hugo
Chronik
DJ III, 196

Sinzheimer, Hugo
Fraenkel, Ernst
Die Justiz in der Weimarer Republik,
1968, Neuwied, Berlin

Sling
(Paul Schlesinger)
Richter und Gerichtete, Gerichtsreportagen aus den zwanziger Jahren,
1977, München

Smend, Rudolf
Verfassung und Verfassungsrecht, in: Staatsrechtliche Abhandlungen und andere Aufsätze, 1968, Berlin

Stenglein, M.
Stengleins Kommentar zu den strafrechtlichen Nebengesetzen des Deutschen Reichs 5. Auflage, Bd. I, 1928, Bd. II, 1931, Berlin

von Sternburg, Wilhelm
"Es ist eine unheimliche Stimmung in Deutschland"Carl von Ossietzky und seine Zeit,
1. Auflage, 1996, Berlin

Stoffers, Kristian F.
Nochmals: Zur Notwendigkeit einer Reform der Wiederaufnahme des Strafverfahrens, ZRP 1998, 173

Stratenwerth, Günter
Publizistischer Landesverrat, 1965, Göttingen

Tanner, Klaus
Die fromme Verstaatlichung des Gewissens,
1989, Göttingen

Taschke, Jürgen (Hrsg.)
Max Alsberg - Ausgewählte Schriften,
1. Auflage, 1992, Baden-Baden

Tönnies, Sibylle
Fair trial oder Kann die Flucht in die Generalklausel
gegen Kabinettsjustiz helfen?
ZRP 1990, 292

v. Türcke
Der Überzeugungstäter in der Praxis des Strafvollzuges
ZStW 53 (1934), 74

Vormbaum, Thomas
Die Lex Emminger vom 4. Januar 1924
1988, Berlin

Vormbaum, Thomas
Eid, Meineid und Falschaussage
-Reformdiskussion und Gesetzgebung seit 1870-
1990, Berlin

Vormbaum, Thomas
Juristische Zeitgeschichte in: Juristische Zeitgeschichte
Band 2, 1994, Hrsg.: Justizministerium des Landes Nordrhein-Westfalen, S. 1

Wachinger, Michael
Der übergesetzliche Notstand nach der neuesten Rechtsprechung des Reichsgerichts in: FG für Reinhard von Frank, Band I, S.469 ff,
1930; Tübingen

Wasserburg, Klaus
Zur Notwendigkeit einer Reform des Wiederaufnahmeverfahrens,
ZRP 1997, 412

v. Weber, Hellmuth
Die Verbrechen gegen den Staat in der Rechtsprechung des Reichsgerichts in:
Die Reichsgerichtspraxis im deutschen Rechtsleben, Band V, S.173 ff.
1929, Berlin, Leipzig

Wesel, Uwe
Geschichte des Rechts,
1997, München

Wegmann
Das Gesetz über Straffreiheit vom 14. Juli 1928
JW 1928, 2178

Wegner, Arthur
Kriminelles Unrecht, Staatsunrecht und Völkerrecht
1925, Hamburg

Westphalen, Daniela
Karl Binding (1841 - 1920)
1989, Frankfurt am Main

Wette, Wolfram
Gustav Noske
1987, Düsseldorf

Windisch, Dieter
Die Strafverfolgung von Kritikern der illegalen Rüstung
in der Weimarer Republik
Diss. iur. Würzburg, 1969, Würzburg

Winkler, Heinrich August
Weimar 1918 - 1933
1994, 2. Auflage, München

Wirsching, Andreas
"Stalinisierung" oder entideologisierte "Nischengesellschaft"
VfZ 45 (1997), 449

Wolf, Gerhhard
Politische Justiz in:
Juristische Zeitgeschichte NRW, Band 7,
Politische Strafjustiz von 1951 – 1968, S. 117 ff.
Hrsg. Justizministerium des Landes NRW

Zeidler, Manfred
Reichswehr und Rote Armee 1920-1933
1993, München

Zelt, Max
Der militärische Landesverrat nach geltendem deutschen Strafrecht
und den Entwürfen zum StGB,
Diss. iur. Erlangen, 1930, München

Quellenverzeichnis

Gedruckte Quellen

Akten der Reichskanzlei, Weimarer Republik, Boppard, 1968 ff. Akten der Reichskanzlei, Das Kabinett Müller II vom 28.6.1928 bis 27.3.1930, Band 1, bearbeitet von Martin Vogt, 1970

Amtlicher Entwurf eines Allgemeinen Deutschen Strafgesetzbuchs nebst Begründung, veröffentlicht auf Anordnung des Reichsjustizministeriums, 1925, Berlin

Nachdruck des Entwurfs eines Allgemeinen Deutschen Strafgesetzbuchs von 1927 mit den Begründungen in den Materialien zur Strafrechtsreform, 4. Band, 1954, Bonn

Nachdruck des Entwurfs eines Allgemeinen Deutschen Strafgesetzbuchs 1930 (Entwurf Kahl) in den Materialien zur Strafrechtsreform, 5. Band, 1954, Bonn

Archivalien

Bundesarchiv Koblenz

R 43 I Akten der Reichskanzlei
R022 Personalakten im RMJ
NL 120 Nachlaß Friedrich Grimm
NL 150 Nachlaß Walter Luetgebrune
NL 158 Friedrich Thimme

Bundesarchiv Berlin

R 3003 Oberreichsanwalt beim Reichsgericht
R 3003 Oberreichsanwalt beim Reichsgericht Generalia

Bibliothek des Bundesgerichtshofs

Sammlung sämlicher Erkenntnisse des Reichgerichts

F 8773/400 Urteile des Reichsgerichts wegen publizistischen Landesverrats 1923 – 1931, zusammengestellt von Mathias Hanten, Frankfurt am Main 1998

Bibliothek des Instituts für Rechtsgeschichte der Universität Freiburg

M5 – 54 Urteile des Reichsgerichts wegen publizistischen Landesverrats 1923 – 1931, zusammengestellt von Mathias Hanten, Frankfurt am Main 1998

Abkürzungsverzeichnis

a. A.	anderer Ansicht
AdR	Akten der Reichskanzlei
Az.	Aktenzeichen
BA	Bundesarchiv
FG	Festgabe
FN	Fußnote
FS	Festschrift
GA	Goltdammer's Archiv für Strafrecht
GRG	Gustav Radbruch Gesamtausgabe
GS	Der Gerichtssaal
DJ	Die Justiz
GrS	Großer Senat
JR	Juristische Rundschau
JW	Juristische Wochenschrift
KK	Karlsruher Kommentar
LK	Leipziger Kommtar
m. w. N.	mit weiteren Nachweisen
NL	Nachlaß
ORA	Oberreichsanwalt
PressG	Gesetz über die Presse RGBl. 1874, 65
RepSchG	Gesetz zum Schutz der Republik RGBl. I 1922, 585 Novelle, RGBl. I 1930, 91
RGSt	Entscheidungen des Reichsgerichts in Strafsachen
RGZ	Entscheidungen des Reichsgerichts in Zivilsachen
RMJ	Reichminister der Justiz
RWM	Reichswehrminister
RTDrks	Reichtagsdrucksache
SlgErkRG	Sammlung sämtlicher des Reichsgerichts (in der Bibliothek des Bundesgerichtshofs)
SpG	Spionagegesetz (Gesetz gegen den Verrat militärischer Geheimnisse, RGBl. 1893, S. 205 ff. ergänzt durch das Ergänzungsgesetz, RGBl. 1914, S. 195 ff

StaatsGH	Staatsgerichtshof zum Schutze der Republik
VfZ	Vierteljahreshefte für Zeitgeschichte
VO	Verordnung
w. N.	weitere Nachweise
WRV	Weimarer Reichsverfassung
ZRP	Zeitschrift für Rechtspolitik
ZStW	Zeitschrift für die gesamte Strafrechtswissenschaft

Einleitung

In der pazifistischen, liberalen und linken Presse der Weimarer Zeit wurden Maßnahmen der illegalen Aufrüstung gerügt. Es handelte sich um Rüstungen, die den Bestimmungen des Versailler Vertrages widersprachen oder im Falle ihrer Erweislichkeit widersprochen hätten. Zwar war schon während des Weltkrieges und während der folgenden Wirren reichsanwaltliche Verfolgungstätigkeit gegen Publizisten wegen Landesverrats entfaltet worden. Insbesondere wurde der Aufruf zum kriegsbeendigenden Streik vom Reichsgericht als Landesverrat abgeurteilt.[1] Daß illegale militärische staatliche Machenschaften in der Presse gerügt wurden, war jedoch wegen der Erstmaligkeit eines völkerrechtlichen Verbotstatbestandes, völlig neu.[2]

Die Reichsanwaltschaft leitete zahlreiche Verfahren gegen Journalisten ein und das Reichsgericht verurteilte in diesen Fällen seit 1923 wegen Landesverrats oder wegen Verrats militärischer Geheimnisse nach § 92 Abs. 1 Nr. 1 RStGB oder nach den Bestimmungen des Gesetzes über den Verrat militärischer Geheimnisse aus dem Jahre 1914. Diese Verfolgungsmaßnahmen sind im pazifistischen, sozialdemokratischen und kommunistischen politischen Spektrum auf Kritik gestoßen.

Einer der exponiertesten Kritiker war der vielseitige Wissenschaftler und zeitweilige Extraordinarius für Statistik an der Heidelberger Univeristät *Emil Julius Gumbel*[3] - Pazifist und Urheber des vielfach mißverstandenen Wortes vom "Feld der Unehre" auf dem die Soldaten des ersten Weltkrieges gefallen seien. Er schrieb in der Zeitschrift des Republikanischen Richterbundes[4] "Die Justiz"[5]:

---

1 Zum Beispiel Ermittlungsverfahren ./. Georg Ledebour, ORA RG J628/18; in diesem Zusammenhang steht das Verfahren, in dem Friedrich Ebert implizite vom Vorwurf des Landesverrats freigesprochen wurde, vgl. RGSt 65, 422; zusammenfassend Miltenberger, Der Vorwurf des Landesverrats gegen Ebert, passim.

2 Vgl. Paeffgen, Der Verrat in irriger Annahme, S. 5 ff.

3 Zu Gumbel vgl., Jansen, Gumbel, passim; zu dessen wissenschaftlichen Karriere ebd., S. 16 ff.

4 Christoph, Die politischen Reichsamnestien, S. 100, bezeichnet den Ausdruck ganz zu Recht als "Kampfformel", die die Abgrenzung der Befürworter der durch die Reichsverfassung bestimmten Staatsform von republikfeindlichen Monarchisten, aber auch von Rechtsextremen und Kommunisten zum Audruck bringt. Sinnfälliges Beispiel für die Verwendung des Begriffs ist der "Republikanische Richterbund", hierzu Schulz, Der Republikanische Richterbund.

5 Die Wirkung dieser Zeitschrift analysierte Rasehorn, Justizkritik.

> "Die Landesverratsverfahren sind in der Öffentlichkeit nur dann bekämpft worden, wenn die Angeklagten aus politischen Motiven subjektiv im Interesse des Staates handelten, indem sie, um Vorbereitungen zum Hochverrat zu verhindern, illegale Machenschaften, welche den Staat bedrohten, der deutschen Öffentlichkeit mitteilten."[6]

Gumbel war der Meinung, daß die angeblichen publizistischen Landesverräter in Wahrheit den Schutz der Republik vor Eigenmächtigkeiten der Reichswehr und vor Umtrieben rechtsradikaler Zirkel bezweckten und nicht wie bezahlte Spione des Auslandes behandelt werden durften.

Neben den Landesverratsverfahren gegen republikanische Journalisten fanden ähnliche Verfahren gegen kommunistische Redakteure statt. Deren Taten entsprangen anderen Motiven als die der pazifistischen Journalisten.

> "Die Kommunisten sind stolz darauf, Verräter des Vaterlandes der Kapitalisten zu sein"[7],

lautete ein verbreitetes kommunistisches Schlagwort.

Während die Pazifisten Abrüstung schlechthin herbeiführen wollten, waren die deutschen Kommunisten besorgt, daß die Reichswehr gegen den "Feind im Inneren" Deutschlands, in Sonderheit gegen sie selbst eingesetzt werden[8] und spätestens seit Anfang des Jahres 1928, daß es zu einem Krieg gegen die noch junge Sowjetunion kommen könnte[9]. Bis zum Beginn des Jahres 1928 läßt sich die Generallinie der deutschen Kommunisten nur schwer erkennen.[10] Im Ruhrkampf arbeitete die KPD, orientiert an taktischen Nahzielen sogar mit rechtsradikalen Zirkeln und Angehörigen der Reichswehr zusammen.[11] Eine generelle

---

6 Gumbel, DJ III (1927/1928), 386 (387).

7 Freiheit, 15. 7 .1929, Nr. 163.

8 Schüddekopf, Linke Leute von Rechts, S. 145 f.

9 Kurz, Blutmai, S. 137.

10 Vgl. etwa Flechtheim, Die KPD, S. 118 ff.; in jüngster Zeit, nach Öffnung der vormals unzugänglichen Archive, wie zum Beispiel des Historischen Archivs der KPD ist die Diskussion über die Kaderpartei KPD neu entbrannt. In jüngeren Veröffentlichungen, wie derjenigen von Mallmann, Kommunisten, wird der Fundus an Gemeinsamkeiten zwischen Sozialdemokraten und Kommunisten in der Weimarer Republik betont und dem Bild des "gehorsamen Parteisoldaten"(S. 159) der KPD eine Absage erteilt. Zum Diskussionsstand, vgl. Wirsching, VfZ 45 (1997), 449 ff.

11 Schüddekopf, Linke Leute von Rechts, S. 159.

Feindschaft zwischen KPD und Reichswehr zu behaupten[12], ist deshalb nicht gerechtfertigt[13]. Dies wird auch durch Einlassungen kommunistischer Angeklagter im Strafprozeß bestätigt. Der angeklagte Kommunist *Willi Riegel* etwa, vertrat vor dem Reichsgericht die Ansicht, daß die KPD überhaupt gar keine pazifistischen Gedanken hege, sondern dafür stehe, daß Deutschland wehrhaft sei.[14]

Tertium comparationis pazifistischer und kommunistischer Meinung war also nur die gemeinsame Auffassung, ein Recht zur Rüge staatlichen Unrechts zu haben.

Demgemäß befaßt sich die Arbeit mit den Urteilen des Reichgerichts, die öffentliche Rügen ungesetzlicher Aufrüstung zum Gegenstand haben.

A. Die Untersuchung

Die Darstellung der Untersuchung erfordert zunächst einen Überblick über die Forschungslage aus der heraus der Plan der Arbeit entwickelt wurde.

I. Forschungslage

Über die Judikatur des Hochverrats während der Weimarer Republik gibt es bereits umfassende Literatur. Monographisch haben sich der Politologe *Gotthard Jasper*[15] in einer Arbeit aus dem Jahre 1963 und die Juristen *Marcus Böttger*[16] und *Ingo J. Hueck*[17] in Dissertationen aus dem Jahre 1996 mit diesem Bereich befaßt. Die beiden letztgenannten haben auch Zugriff auf die vom Verfasser herangezogenen Quellen genommen.

Anders sieht es mit der Forschungslage über den publizistischen Landesverrat während der Zeit der Weimarer Republik aus.

"Zum Problem der Landesverratsprozesse in diesen Jahren sowie zu ihrem politischen Hintergrund fehlt noch eine befriedigende Untersuchung." meint der

12 Windisch, Die Strafverfolgung von Kritikern, S. 32.

13 Etwa Wohlfeil in: Handbuch zur deutschen Militärgeschichte Band 3, Abschnitt VI, S. 142.

14 Urt. v. 15. 3. 1927 - Az.: 7J137/26 (Riegel).

15 Der Schutz der Republik

16 Der Hochverrat in der höchstrichterlichen Rechtsprechung in der Weimarer Republik

17 Der Staatsgerichtshof zum Schutze der Republik, S. 134.

Historiker *Johannes Hürter* in seiner Biographie über General Groener aus dem Jahre 1993.[18]

Für den publizistischen Landesverrat in der Weimarer Republik fehlt es bereits an einer Übersicht über die Zahl der, regelmäßig unter Ausschluß der Öffentlichkeit, geführten Verfahren vor dem Reichsgericht und über die eingeleiteten Ermittlungsverfahren.

Schon die bloße Zahl der Judikate zum publizistischen Landesverrat hat zu einem seit Jahrzehnten währenden Streit Anlaß gegeben und verwischt die historische und rechtliche Problematik.

Dieser Streit wurde zeitgnössisch zwischen *Paul Jorns*, dem langjährig für Landesverrat zuständigen Sachbearbeiter bei der Reichsanwaltschaft auf der einen und *Emil Julius Gumbel* und *Gustav Radbruch* auf der anderen Seite in den 20er Jahren aufgenommen und wurde Ende der 60er und Anfang der 70er Jahre fortgesetzt.

Entlang der Linie des Streits über die Zahl der Verfahren verläuft der Streit über die Legalität und Legitimität der Verfahren. Diejenigen, die die Ansicht vertreten und vertraten, es habe sich um eine vernachlässigenswerte Verfahrenszahl gehandelt, waren auch der Meinung, daß die Verfahren rechtlich bedenkenfrei waren. Das gleiche gilt auch umgekehrt. Diejenigen, die große Verfahrenszahlen annnahmen und annehmen, ziehen die Berechtigung der Verfahren in Zweifel.

Bislang wurde eine monographische Arbeit über den publizistischen Landesverrat in der Weimarer Republik veröffentlicht. Es handelt es sich um eine von *Dieter Windisch* vorgelegte und von *August von der Heydte* betreute juristische Dissertation.[19] Die Arbeit kommt zu folgendem Schluß: Die Urteile gegen die Kritiker illegaler Rüstung - abgesehen von einem Einzelfall - waren gesetzmäßig und die Strafen nicht unangemessen. Trotzdem bliebe ein Unbehagen. Den Vorwurf, schwere und besonders verächtliche Delikte begangen zu haben, habe Pazifisten getroffen, denen keinerlei ehrenrührige Motive hätten unterstellt werden können.[20]

---

18 Hürter, Groener, S. 300, FN 440.

19 Dieter Windisch, Die Strafverfolgung von Kritikern der illegalen Rüstung in der Weimarer Republik, Diss. iur. Würzburg, 1969.

20 Windisch, Die Strafverfolgung von Kritikern, S. 127.

Neben der benannten Dissertation haben sich zwei weitere Arbeiten des Themas angenommen. *Elisabeth* und *Heinrich Hannover* vertreten in ihrem Werk "Politische Justiz 1918 -1933, daß "das mit gut vaterländischer Gesinnung bemäntelte Schweigen über das verfassungsfeindliche Treiben der Reichswehr (...) von der Justiz (...) durch Landesverratsverfahren gegen die demokratische Opposition abgesichert" worden sei.[21] Demgegenüber zeichnet die von *Erich Schwinge* betreute juristische Dissertation von *Werner Neusel* ein anderes Bild: Auch die Fälle publizistischen Landesverrats "sind ein schlagender Beweis dafür, daß sogenannte "Linkstäter" keineswegs der Gefahr ausgesetzt waren, verurteilt und bestraft zu werden, wenn sie in Landesverratsverfahren verwickelt wurden. Die Behauptung einseitiger Benachteiligung von Tätergruppen bewahrheitet sich also auch hier nicht." [22]

Nach diesen Ansichten wurden die Strafsenate des Reichsgerichts, je nach Weltsicht des Verfassers zu Beschützern der Weimarer Republik erklärt[23] oder als Mitverursacher ihres Scheiterns und ihrer Überwältigung durch autoritäre und totalitäre Bewegungen angesehen[24].

Die Kontroverse wurde darüberhinaus auch in juristischen Dissertationen[25] und einer Habilitationsschrift aufgegriffen, die sich für die heutige Rechtslage Aufschluß durch die Rechtsprechung des Reichsgerichts versprachen.[26]

Das nach dem Beschluß des Bundesgerichtshofs vom 3. Dezember 1992[27] fehlgeschlagene Wiederaufnahme-verfahren in der Strafsache gegen Carl von Ossietzky gibt mir Anlaß, die Frage erneut aufzuwerfen.

II. Plan der Arbeit

Zunächst soll die bislang strittige Frage nach der Anzahl der durchgeführten Verfahren im Lichte neuerdings zugänglicher Quellen untersucht werden. Um zu verstehen, warum eine eine neue Zahlenerhebung notwendig ist, müssen die

---

21 Hannover/Hannover, Politische Justiz, 1966, S. 176.

22 Neusel, Höchstrichterliche Strafgerichtsbarkeit, S. 58.

23 So etwa Neusel, Höchstrichterliche Strafgerichtsbarkeit, S. 105.

24 Bracher in: Hannover/Hannover, Politische Justiz, S. 12.

25 Barnert, Das illegale Staatsgeheimnis, S. 7 ff; Kersten, Die Entwicklung, S. 133 ff.

26 Kohlmann, Staatsgeheimnis und Bestimmtheitsgebot, S. 47 ff.

27 BGHSt 39, 75.

bisher angenommenen und die neuerdings zugänglichen Daten gegenübergestellt werden. Erst in neuester Zeit, nach der Vereinigung Deutschlands, ist es möglich geworden, auch die unveröffentlichten Urteile des Reichsgerichts in Strafsachen, einzusehen. Die bisherige Forschung war für den Befund über die Rechtsprechung des Reichsgerichts in Landesverratssachen auf die Teilveröffentlichungen angewiesen und mußte Rekonstruktionsarbeit leisten.

Ferner wird gefragt, in welche durch die Entwaffungsbestimmungen des Versailler Vertrages geschaffene Situation die Verfahren einzuordnen sind. Ziel der Arbeit ist es, die aufgefundenen Urteile in ihrem historischen Rahmen darzustellen. Hierzu bedarf es eines Überblicks über die außen- und innenpolitischen Kräfte, die für die illegale Wiederaufrüstung Deutschlands bestimmend waren. Dieser Überblick kann allerdings nur auf Grundlage von Sekundärliteratur, die einen noch lückenhaften Forschungsstand widerspiegelt, ermöglicht werden. Wenn in dem einen oder anderen Fall im Zuge der Aktenanalyse zufällig eine Primärquelle aufgetan wurde, ist sie natürlich verwertet worden[28].

Danach wird, zunächst knapp, aufgezeigt, welches gesetzliche Instrumentarium zur Würdigung der Taten der Journalisten zur Verfügung stand. Hier sollen die seinerzeit maßgeblichen strafrechtlichen Vorschriften, die Reformbestrebungen und die auch den publizistischen Landesverrat betreffende Amnestiegesetzgebung dargestellt werden. Ferner wird in die zeitgenössiche Rechtsprechung des Reichsgerichts eingeführt und eine rechtliche Fragestellung abgeleitet.

Im ersten Abschnitt des Hauptteils der Arbeit werden der Ablauf der Ermittlungen soweit die Aktenlage Erkenntnisse zuläßt, die Urteilstatbestände und deren rechtliche Würdigung durch die Strafsenate des Reichsgerichts wiedergegeben. Die Entscheidungen werden ausführlich dargestellt. Dies geschieht - neben dem Bemühen, auch den reichsgerichtlichen Sprachduktus einzufangen - deshalb weil mit einer allgemein zugänglichen vollständigen Veröffentlichung dieser Entscheidungen nicht gerechnet werden kann.[29] Wenn die Urteilswiedergabe ermüdend wirken sollte, bitte ich hierfür um Nachsicht.

---

28 Vgl. etwa das Schreiben des Pazifisten Ludwig Quidde an den Reichskanzler vom 11. 3. 25, BA R 43 I/557 S. 28, das Schreiben des RWM an den Oberreichsanwalt ORA 7J66/24, das Schreiben Seeckts an den Reichsminister der Justiz R 43/556 o.P vom 25 .8. 23, das Schreiben des Büros des Reichspräsidenten vom 10. 3. 31, BA 43 I/556, S. 308.

29 Der Verfasser hat eine Urteilssammlung erstellt und einige Exemplare verschiedenen Bibliotheken überlassen. Archiv der sozialen Demokratie, Bundesarchiv, Bibliothek des Bundesgerichtshofs, Signaturen werden noch mitgeteilt.

Das Forschungsanliegen des Verfassers ist von der prozessualen Besonderheit bestimmt, daß das Reichsgericht in Landesverratssachen regelmäßig als erste und letzte Instanz tätig wurde und deshalb einer weiteren gerichtlichen Kontrolle entzogen war. Es bestehen durchaus Zweifel daran, ob die Reichsgerichtsräte als ausgesuchte Revisionsrichter mit wissenschaftlichem Impetus Eignung zu erstinstanzlicher Rechtsprechung in Strafsachen hatten[30]. Darüberhinaus möchte ich untersuchen, wie das vom Reichsgericht selbstgeschaffene Gerüst der Landesverratsdogmatik auf den konkreten Einzelfall angewandt wurde. Hier tragen die neuerdings zugänglichen Urteilsabschriften zur Erhellung bei. Auch ist zu fragen, ob die Verfahren in einer mit der RStPO zu vereinbarenden Weise abgelaufen sind und insbesondere, wie die Tatsachenwürdigung erfolgt ist. Eine solche Vorgehensweise ist ebenfalls erst heute möglich, da die Urteilsgründe, einschließlich der Sachverhaltsdarstellungen, bislang nicht zugänglich waren. Von besonderer Bedeutung ist auch hier, daß die Senate erst- und letztinstanzlich zuständig waren und die gewünschte Entscheidung durch die auf dem Gerichtswege nicht überprüfbare Kombination strafprozessualer und materiellrechtlicher Mittel erleichtert werden konnte. Die maßgeblichen Überlegungen des Verfassers werden in die Urteilswiedergaben eingefügt und dort im Druck hervorgehoben. Auf diese Weise kann die rechtliche Problematik an der konkreten Entscheidungsstelle dargelegt und der zweite Teil des Hauptteils vorbereitet werden.

Im zweiten Teil des Hauptteils werden die materiell-rechtlichen und strafprozessualen Fragen, die sich aus den Urteilen ergeben analysiert.

Die Arbeit unternimmt nicht den Versuch, die verbreitete Meinung, die Justiz der Weimarer Republik sei auf dem rechten Auge blind gewesen, zu bestärken oder gar zu falsifizieren. Denn die in den Verfahren verfolgten und verurteilten Personen waren immer dem linken politischen Spektrum zugehörig. Angehörige rechtsstehender Gruppen sind, dies soll im Vorgriff auf die Untersuchung bereits hier festgestellt werden, schon deshalb fast niemals in die ernsthafte Gefahr geraten wegen Landesverrats verfolgt zu werden, weil ihnen die möglichst geheime Wiederaufrüstung des Reichs ein Herzensanliegen war. Insoweit ist Oberreichsanwalt *Ebermayer* zu glauben, wenn er versichert, daß man nie daran gedacht habe, in politischen Prozessen nach rechts und nach links mit verschiedenem Maß zu messen.[31] Die vereinzelten Landesverratsverfahren gegen Rechte sind stets, noch bevor die Ermittlungen bedrohliche Ausmaße an-

---

30 Lobe in: 50 Jahre RG, S. 30 m. w. N.; ähnlich, Hirschberg, Das Fehlurteil, S.140.

31 Ebermayer, Fünfzig Jahre, S. 178.

nahmen, eingestellt worden.[32] Für den publizistischen Landesverrat fehlt es also für die Frage, ob die Strafsenate des Reichsgerichts auf dem rechten Auge blind waren, im Gegensatz etwa zu den Hochverratsverfahren[33] am Vergleichsmaßstab. Mit dem rechten Auge hätte das Reichsgericht auch bei vorhandenem Willen nichts sehen können. Die davon zu unterscheidende Frage, ob auch gegen Rechte zahlreiche Landesverratsverfahren hätten eingeleitet werden müssen, wie etwa *Gumbel* nahelegte[34], kann in Ermangelung aktenmäßiger Erfassung nicht beantwortet werden und wäre auch deshalb nicht Gegenstand der Arbeit, weil dies die Zuständigkeit der Ermittlungsbehörden[35] und nicht diejenige der Strafsenate des Reichsgerichts betroffen hätte. Gleichwohl muß die Frage aufgeworfen und beantwortet werden, ob die Strafsenate des Reichsgerichts die verfolgten Publizisten, gemessen an der Normlage, benachteiligt haben. Es wird zu fragen sein, ob folgende These *Gotthard Jaspers* zur Justiz in der Zeit der Weimarer Republik auch auf die Rechtsprechung des Reichsgerichts zum publizistischen Landesverrat angewendet werden muß:

> "Die Richter entwickelten neue Rechtskon-struktionen, wichen von alten Auslegungsregeln ab, (...) oder füllten rechtsschöpferisch vom Gesetz gelassene Freiräume aus, um ihre Wertungen mit der Autorität des Richterspruchs durchzusetzen."[36]

B. Die Zahl der Verfahren

Hinsichtlich der Forschungsmöglichkeiten über die Zahl der Verfahren muß zwischen der Lage vor und nach der Wiedervereinigung unterschieden werden.

---

32 Eine Ausnahme ist das Verfahren gegen den Stahlhelmführer Walter Hauenschild, ORA 7J75/32, das aufgrund zweier Reden vom 9. und 10. März 1932 durch eine Strafanzeige des Reichswehrministeriums eingeleitet wurde. Der Redner rühmte den Bewaffnungsstand beim Stahlhelm und seine angbliche Verbindung zur Reichswehr, die auch noch mit Billigung der preußischen Politiker Braun und Severing bestehen sollte. Das Verfahren wurde vom Oberreichsanwalt am 23. 12. 1932 aufgrund des "Weihnachtsamnestiegesetzes" vom 20. 12. 1932 eingestellt.

33 Böttger, Hochverrat, S. 240 ff., der dies differenzierend eher verneint; vgl. aber Hueck, Der StaatsGH, S. 311, der für die Spruchtätigkeit des StaatsGH eine Überdehnung bestimmter Straftatbestände gegenüber kommunistischen Aktionen annimmt; vgl. auch Jasper, Der Schutz der Republik, S. 113 ff.

34 Gumbel DJ II (1926/1927), 75 (85); ders., DJ III (1927/1928), 386 (393 f.).

35 An einer erschöpfenden Arbeit über die Tätigkeit der Reichsanwaltschaft zwischen 1919 und 1933 fehlt es noch. Böttger, Hochverrat, S. 242, macht für die "Blindheit der Justiz auf dem rechten Auge" in Hochverratssachen überzogene Opportunität und bewußte Parteinahme des Reichsanwaltschaft verantwortlich. Für den Bereich des publizistischen Landesverrats kann ich diese Einschätzung nicht teilen; der Oberreichsanwalt vertrat hier oftmals eine liberalere Auffassung als die Strafsenate des Reichsgerichts.

36 Jasper, VfZ 30 (1982), 167 (202),

Zwei, für das Thema maßgebliche Quellen sind erst nach 1989 zugänglich geworden.

I. Die Quellenlage vor der Wiedervereinigung

Über die Zahl der Landesverratsurteile im Untersuchungszeitraum herrscht Uneinigkeit. Einvernehmen besteht nur darüber, daß die Reichskriminalstatistik für den Bereich des Landesverrats kein zuverlässiges Zahlenmaterial lieferte.[37] Während der Mathematiker *Emil Julius Gumbel*, der Geschäftsführer der Liga für Menschenrechte *Kurt Grossmann* und zunächst auch der Rechtsprofessor und gewesene Reichsjustizminister *Gustav Radbruch* den jährlichen Verurteilungsdurchschnitt beim Reichsgericht in den Jahren 1919 bis 1927 mit weit über einhundert Fällen angeben[38], konzediert deren Zeitgenosse Reichsanwalt *Jorns* in der Zeitschrift "Deutsche Richterzeitung"[39] für die Zeit von 1924 bis 1927 nur einen jährlichen Durchschnitt von neun Verurteilungen[40]. Hiervon seien insgesamt nur drei Urteile wegen publizistischen Landesverrats ergangen.[41] Diese Zahlen wurden bis in die neuere Zeit, je nach Ausgangsposition der Verfasserin oder des Verfassers, in die Arbeiten zu diesem Thema übernommen.[42] Schließlich wurde ergänzend die These vertreten, daß es in Ansehung des großen öffentlichen Interesses an derartigen Strafverfahren unwahrscheinlich sei, daß ein reichsgerichtliches Verfahren ignoriert worden wäre.[43] Insbesondere die Zeitschrift "Die Justiz" als Organ des republikanischen Rich-

---

37 Rommeney, Grundfragen, S. 81 ff.

38 Gumbel, DJ III (1927/1928), 386 (390 f.); Grossmann, 13 Jahre republikanische Justiz, S. 125; ders. Ossietzky, S. 167 in anderer statistischer Konstellation; Radbruch, DJ III (1927/1928), 103 (103); Radbruch hat seine Angaben 1928 aufgrund von Einwendungen Ebermayers und von Justizminister Hergt in DJ III (1927/1928), 307 korrigiert

39 Die Zeitschrift war als Organ des Deutschen Richterbundes deutschnational, monarchistisch und antidemokratisch geprägt, vgl. v. Klaeden, Die deutsche Politik, S. 57.

40 Jorns, DRiZ 1928, 105 (107).

41 Jorns, DRiZ 1928, 105 (107); zustimmend jedoch Grossmann, Ossietzky, S. 167. Der zum Zeitpunkt der Veröffentlichung bereits pensionierte Oberreichsanwalt Ebermayer macht für die divergierenden Zahlenangaben eine Vermischung des diplomatischen Landesverrats mit Delikten gegen das SpG verantwortlich (DJZ 1927, 481 (485); in der Tat ist während seiner Ägide, soweit ersichtlich, kein Ermittlungsverfahren gegen Journalisten wegen Spionage eingeleitet worden. Dies änderte sich unter Oberreichsanwalt Werner und kulminierte im Urt. v. 23. 11. 1931 - Az.: 7J35/29 (Kreiser und von Ossietzky).

42 Hannover/Hannover, Politische Justiz, S. 181 und Rasehorn, Justizkritik S. 59 f., der Ansicht Gumbels zustimmend; ebeso Uwe Wesel, Rechtsgeschichte, S. 458, der für 1927 von 44 Verurteilungen ausgehet; Windisch, Die Strafverfolgung von Kritikern, S. 59 f., Jorns zuneigend.

43 Windisch, Die Strafverfolgung von Kritikern, S. 61.

terbundes hätte ein solches Verfahren kaum übersehen.[44] Nach dieser Ansicht sind für den von *Jorns* mitgeteilten Zeitraum tatsächlich nur drei Urteile wegen publizistischen Landesverrats zu verzeichnen. Im Anschluß an diesen Zeitraum seien zwei weitere Urteile feststellbar gewesen. Die insgesamt im fraglichen Zeitraum verkündeten Urteile seien gegen Oehme, Steinicke, Küster/Salomon und gegen Kreiser/ von Ossietzky ergangen. Es habe also ingesamt vier Urteile des Reichsgerichts wegen publizistischen Landesverrats gegeben[45]. Auffallend ist, daß nur wenige Urteile veröffentlicht wurden. Bezeichnend hierfür ist, daß *v. Klaeden* die Landesverratsprozesse in seiner Dissertation, die sich umfänglich mit der Wiedergabe politischer Prozesse in der juristischen Fachpresse zwischen 1871 und 1932 befaßt, nicht erwähnt.

Im hier zu besprechenden Zeitraum sind lediglich zwei Urteile in der amtlichen Sammlung veröffentlicht worden[46] und weitere fünf Entscheidungen, jedoch nur in Leitsatzform, in der sonstigen juristischen Fachpresse[47].

Daneben wurden Ausschnitte der Urteilsgründe von *Ebermayer*[48], *Freieslben*[49], *Jorns*[50] und *Schneidewin*[51,52], also durch ein Kartell von Anklagevertretern der Reichsanwaltschaft, in der Kommentar- und Aufsatzliteratur wiedergegeben. Diese Wiedergaben begegnen, neben fehlender Ausführlichkeit einem weiteren Bedenken; waren sie doch durch das bei Staatsanwälten möglicherweise vorherrschende Strafverfolgungsinteresse gekennzeichnet und schon deshalb den fehlenden Entscheidungsveröffentlichungen nicht vergleichbar.

Nach verbreiteter Ansicht war die Anzahl der in Landesverratssachen ergangenen Urteile des Reichsgerichts höher, als die Zahl der Veröffentlichungen ver-

---

44 Windisch, Die Strafverfolgung von Kritikern, S. 61.

45 Windisch, Die Strafverfolgung von Kritikern, S. 61.

46 RGSt 61, 150: Urt. v. 10. 1. 1927-III967/26; RGSt 62, 65: Urt. v. 14. 3. 1928-7J63/25; das Urteil RGSt 65, 422 -Ebert-Prozeß- kann nicht hinzugezählt werden, weil es einen Sachverhalt betrifft, der außerhalb des Untersuchungszeitraums liegt.

47 RG, DRiZ 1924, 135, Urt. v. 3. 5. 1922-7J130/21, Urt. v. 28. 8. 1923-7J69/23, Urt. v. 24. 9. 1923-6J32/23; RG, DRiZ 1924, 391, Beschl. v. 19. 5. 1924-7J285/23; RG, JW 1924, 1531, Nr. 13, Urt. v. 27. 3. 1924-6J30/23

48 Ebermayer in: Leipziger Kommentar, § 92.

49 Freiesleben, ZStW 45, 237.

50 Jorns, DRiZ 1928, 105; 1928, 211.

51 Schneidewin in: Stengleins Kommentar, 2. Band.

52 Karl Schneidewin *1.5.1887 erste Staatsprüfung 1908 "gut", große Staatsprüfung "ausreichend" mit dem Vermerk "annähernd gut"; seit 1.2.1930 Reichsanwalt; seit Februar 1934 Mitglied des RDB und seit 1.10.1934 Mitglied des NSV.

muten läßt.[53] Dieser Befund wurde in Arbeiten zum Thema bedauernd zur Kenntnis genommen[54] und teilweise zu erklären versucht[55]. So seien diese Entscheidungen nicht geeignet gewesen, den Instanzgerichten als Richtschnur zu dienen[56], wohl weil hier erst- und gleichzeitig letztinstanzliche Rechtsprechung vorgelegen habe. Doch seien die einschlägigen Urteile im Jahre 1932 von Reichsgerichtsrat *Klimmer*[57] leitsatzartig bekannt gemacht worden.[58]

Die benannte leitsatzartige Veröffentlichung befaßte sich jedoch nicht mit Strafrechtsprechung und erst recht nicht mit Landesverrat. Vielmehr handelte es sich um eine Zusammenstellung von Sachen der Verwaltungsgerichts-barkeit, für die nach dem Gesetz zum Schutz der Republik[59] zunächst der StaatGH und nach dessen Aufhebung durch das Gesetz zur Verlängerung des Gesetzes zum Schutz der Republik[60] in Ermangelung eines Reichsverwaltungsgerichts ein Senat des Reichsgerichts zuständig war.[61]

Davon abgesehen erweisen sich die Erklärungen aus mehreren Gründen als wenig stichhaltig.

Zunächst bestand, neben allgemeinen Rechtssicherheitsbedürfnissen durch den Nulla-Poena-Satz von Verfassungs und Gesetzes wegen ein Gebot, erkennen zu können, was erlaubt und was strafbewehrt verboten sei; dies, so die zeitgenössische Kritik, sei wegen der Dürftigkeit der Entscheidungsveröffentlich-ungen

---

53 Grossmann, Ossietzky, S. 167; Gusy GA 1992, 195 (212); Windisch, Die Strafverfolgung von Kritikern, S. 51 f.

54 Schon Loewenfeld, Das Strafrecht als politische Waffe (1933), S. 40; Windisch, Die Strafverfolgung von Kritikern, S. 90 f. im Zusammenhang mit den Verfahren gegen Oehme und Steinicke.

55 Neusel, Höchstrichterliche Strafgerichtsbarkeit, S. 13 f.

56 Neusel, Höchstrichterliche Strafgerichtsbarkeit, S. 14.

57 Otto Klimmer *10.3.1878 in Miltenberg, 1. Staatsprüfung "gut", große Staatsprüfung "Note II"; seit 5.10.1928 Reichsgerichtsrat; seit 1.1.1934 Mitglied des RDB, seit 1.3.1934 Mitglied des NSV, seit 1.7.1936 Mitglied des NSRB; zum 6.11.1942 wurde Klimmer in den Ruhestand versetzt. BA R 022/063513 fol.1.

58 Neusel, Höchstrichterliche Strafgerichtsbarkeit, S.14 unter Hinweis auf eine Aufsatzfolge in der Leipziger Zeitschrift für Strafrecht 1932, 137 ff., 201 ff., 273 ff., 353 ff.

59 v. 21. 7. 1921, RGBl. I, S. 585.

60 v. 8. 7. 1927, RGBl. I, S. 397.

61 Vgl. Hueck, Der StaatsGH, S. 60 f.; 249 ff.; 303 ff; über die Pläne zur Entwicklung eines Reichsverwaltungsgerichts zwischen 1918 und 1933, Kohl, Das Reichsverwaltungsgericht, S. 161 ff.

nicht der Fall gewesen.[62] Landgerichtsrat *Löwenthal* sprach in der Zeitschrift "Die Justiz" anschaulich von einer "Geheimwissenschaft der Lehre vom Landesverrat".[63] Darüberhinaus bestand seit 1924 die Möglichkeit, daß neben dem Reichsgericht auch die Oberlandesgerichte erst- und letztinstanzlich für Landesverratssachen zuständig sein konnten[64], so daß zumindest die Oberlandesgerichtsräte zur Wahrung der Einheit des Rechts auf Kenntnis der Judikatur des Reichsgerichts angewiesen waren. Schließlich ergab sich auch auf Seiten der Rechtsanwaltschaft ein Interesse an dieser Rechtsprechung, da ohne Kenntnis der durch reichsgerichtliche Urteile geprägten Rechtslage an eine ordnungsgemäße Vorbereitung auf die Verteidigung der der Spionage oder des Landesverrats Beschuldigten nicht gedacht werden konnte. Ein gutes Beispiel für die Not, in der sich die Verteidiger befanden, bildet die Anfrage des Rechtsanwalts *Dr. Fritz Levy* nach Einsicht in das gegen Walter Kreiser und Carl von Ossietzky ergangene Urteil, dem der annähernd gleiche Sachverhalt zugrunde lag wie derjenige, der Anlaß zur Anklage gegen seinen Mandanten Kapitänleutnant a.D. Kraschutzki - einen sehr aktiven pazifistischen Publizisten - gab; sowohl der Oberreichsanwalt als auch der zuständige Senat des Reichsgerichts haben die Anfrage abschlägig beschieden.[65]

Nach Ansicht des Verfassers liegt der Grund für die geringe Zahl an Entscheidungsveröffentlichungen darin, daß der Urteilstatbestand schon deshalb oft nicht publiziert werden konnte, weil eine Veröffentlichung regelmäßig mit strafrechtlichen Sanktionen verbunden war oder hätte sein können.

Zum einen konnte die "Publikation der Publikation" nach der Rechtsprechung des Reichsgerichts den Tatbestand des Landesverrats oder der Spionage ver-

---

62 Loewenfeld, Das Strafrecht als politische Waffe (1933) S.40; Löwenthal, DJ III (1927/1928), 120 (130).

63 Löwenthal, DJ III (1927/1928), 120 (130).

64 § 15 der VO vom 4. 1. 1924, RGBl. I, 15, 17 in Verbindung mit 134 GVG in der Fassung vom 28.3.1924, RGBl. I, 299, 315, beide Bestimmungen waren Bestandteil der sogenannten lex Emminger, vgl. hierzu Vormbaum, Die Lex Emminger, S. 92. Die Frage der Beibehaltung der erstinstanzlichen Zuständigkeit des Reichsgerichts war bereits vor Erlaß der Lex Emminger Gegenstand einer Chefbesprechung am 17. 3. 1922, vgl. die divergierenden Ansichten zwischen RMI und RMJ (Radbruch), BA 43 I/556, S. 29. Die erstinstanzlichen Urteile der Oberlandesgerichte waren nicht rechtsmittelfähig; vgl. zu der etwas unübersichtlichen Situation den Überblick in JW 1933, 2760.

65 Anfrage RA Dr. Fritz Levy v. 28. 12. 1931 nach Einsicht in das Urteil gegen v. Ossietzky und Kreiser in der Strafsache ./. Heinz Kraschutzki, ORA RG 7J127/30; auch für die Durchsetzung von Begnadigungen oder Amnestien waren Urteilsabschriften unabdingbar; auch hier waren weder Oberreichsanwalt noch das Reichsgericht geneigt, Urteilsabschriften auszuhändigen, wie etwa das Verfahren gegen Schwotzer, Urt. v. 1. 4. 1930 - Az.: 7J80/29 (sub E. I. 7.) zeigt.

wirklichen[66]. Hierfür spricht die einzige Veröffentlichung in der amtlichen Sammlung, die bei gutem Willen den Sachverhalt erkennen läßt. Es handelte sich um einen Versuchstatbestand des § 92 Abs.1 StGB, der wegen der angeblichen Unwahrheit der mitgeteilten Informationen als untauglicher Versuch nicht zur Vollendung gelangen konnte. Deshalb konnte auch die Mitteilung des Sachverhalts nicht den Vollendungstatbestand des Landesverrats erfüllen.

Zum anderen fanden die Landesverrats- und Spionageverfahren regelmäßig unter Ausschluß der Öffentlichkeit statt.[67] Deshalb konnte den Prozeßbeteiligten nach § 174 GVG auch ein Schweigegebot auferlegt werden. Nach Art. III und II des Gesetzes über den Ausschluß der Öffentlichkeit[68] konnten verfahrensbezogene Pressepublikationen mit bis zu sechs Monaten Gefängnis bestraft werden.

Ein Beispiel für das Verfolgungsrisiko, mit dem Mitteilungen aus nichtöffentlichen Hauptverhandlungen in Landesverratssachen behaftet waren, bildet das am 21. Mai 1928 eingestellte reichsanwaltliche Ermittlungsverfahren gegen Unbekannt und den Reichstagsabgeordneten Rechtsanwalt *Dr. Paul Levi* wegen Mitteilungen aus dem anachronistischen Landesverratsverfahren gegen Wandt.[69] Ferner ist auch gegen den, zusammen mit Carl von Ossietzky wegen Spionage verurteilten Walter Kreiser ein weiteres Ermittlungsverfahren wegen Spionage eingeleitet worden, weil dieser Einzelheiten aus der Hauptverhandlung in einem französischen Blatt veröffentlicht hatte[70].

Auf den ersten Blick konnte ich nicht ausschließen, daß die Reichsgerichtsräte durch die Nichtveröffentlichung Schaden vom Reich abwenden wollten. Hiergegen sprach jedoch, daß die Tatsache der Verurteilung in Fällen publizistischen Landesverrats bekannt wurde und aus dieser Kenntnis auf den Inhalt des inkriminierten Artikels rückgeschlossen werden konnte. Insoweit führte die

---

66 Andeutungsweise schon Gumbel, allerdings eher polemisch, DJ III (1927/1928), 386 (394).

67 Löwenthal, DJ III (1927/1928), 120 (130).

68 Gesetz betreffend die unter Ausschluß der Öffentlichkeit stattfindenden Gerichtsverhandlungen v. 5. 4. 1888, RGBl., 133.

69 Wandt veröffentlichte nach dem Kriege Mitteilungen über die deutsche Flamenpolitik in Belgien und wurde von einem Senat des RG zu einer hohen Zuchthausstrafe verurteilt. In einem Artikel der Zeitung "La Libre Belgique" wurden Einzelheiten über den Prozeß veröffentlicht. Gegen den Reichstagsabgeordneten Dr. Levi wurde danach, auf Anzeige des Präsidenten des Reichsarchivs, wegen des Verdachts des Landesverrats ermittelt. Das Verfahren wurde vom Oberreichsanswalt eingestellt, weil Levi nicht nachzuweisen gewesen sei, daß er die Anordnung der Geheimhaltung gekannt habe.

70 ORA RG 7J11/32.

Verurteilung schon zur Bekanntgabe der bis dahin "relativ geheimen" Nachricht. In den Fällen des versuchten Landesverrats hingegen bestand regelmäßig überhaupt keine Notwendigkeit den Urteilsinhalt zu Zwecken der Schadensbegrenzung geheim zu halten, weil die mitgeteilten Geheimnisse nach Feststellungen des Gerichts unwahr und damit keine Geheimnisse waren. Allerdings wird das Ausland schon bei Eröffnung eines Landesverratsverfahrens in das ein Journalist verwickelt war, illegale Rüstungsmaßnahmen gemutmaßt haben.

Festzuhalten ist, daß eine Veröffentlichung der Mehrzahl der in Landesverrats- und Spionagesachen ergangenen Urteile aus Gründen des strafrechtlich sanktionierten Geheimnisschutzes unterblieb, obwohl rechtliches Interesse an der Veröffentlichung bestand.

II. Die Quellenlage nach der Wiedervereinigung

Im Zuge der Wiedervereinigung sind zwei für das Thema relevante Forschungseinrichtungen der ehemaligen DDR erschließbar geworden. Zum einen ist die Bibliothek des Obersten Gerichts der DDR und damit auch ein Teil des Reichsgerichtsbestandes nunmehr der Bibliothek des Bundesgerichtshofes zugeordnet. Zum anderen ist das Zentrale Staatsarchiv der DDR vom Bundesarchiv übernommen worden.

1. Der Bestand des Reichsgerichts in der Bibliothek des Bundesgerichtshofes

In der Bibliothek des Bundesgerichtshofes[71] findet sich die auf Vollständigkeit hin konzipierte "Sammlung sämtlicher Erkenntnisse des Reichsgerichts", die auch einen Teil der Rechtsprechung der hier maßgebenden erstinstanzlichen Rechtsprechung des Reichsgerichts in Strafsachen enthält. Die Sammlung soll nicht verwechselt werden mit dem 1995 veröffentlichten Nachdruck des Nachschlagewerks des Reichsgerichts von *Schubert* und *Glöckner*, das nur eine, wenn auch dogmatisch bedeutsame Auswahl der Rechtsprechung und diese auch nur in Leitsätzen umfaßt.[72]

Die Entscheidungen des von Ende 1923 bis Ende 1928 für Landesverratssachen zuständigen 5. Strafsenats[73] sind in der früheren Bibliothek des Reichsgerichts

71 Hierzu Otto, Bibliothek des Bundesgerichtshofs.

72 Nachschlagewerk des Reichsgerichts zum Strafrecht, Bände 1 und 2, 1995, Goldbach.

73 Anhang 50 Jahre Reichsgericht, S. 395 f.; v. Weber in: Die Reichsgerichtspraxis im deutschen Rechtsleben Band V, S. 175 geht von einer Zuständigkeit des 5. Strafsenats bis 1924 aus. Dem steht jedoch das Urt. v. 14. 3. 1928 - Az.: 7J63/25 (Küster und Jacob-Salomon), entgegen, das vom 5. Strafsenat erlassen wurde, RGSt 62, 75..

offenbar verloren gegangen. Es besteht nämlich Anlaß zu der Annahme, daß ein oder mehrere Sekreturbände, die diese Rechtsprechung enthielten, existiert haben. Dies ergibt sich aus der Überlegung, daß die als geheim bezeichneten Entscheidungen des nunmehr zuständigen 4. Strafsenats[74] für den Zeitraum zwischen November 1928 und November 1931 in einem eigenen Band zusammengefaßt sind und die dort enthaltenen Urteile in den diesen Zeitraum umfassenden Standardbänden des 4. Strafsenats fehlen. Die zumindest nach Aktenzeichen bekannten Landesverratssachen aus den Jahren 1922 bis 1928 fehlen demgegenüber in den Standardbänden. Lediglich die Landesverratsrechtsprechung von November 1928 bis November 1931 kann demnach durch die Sammlung der Erkenntnisse des Reichsgerichts als vollständig dokumentiert gelten. Eine Besonderheit ergibt sich für Urteile in denen Hoch- und Landesverrat tatein- oder mehrheitlich zusammentrafen. In diesen Fällen lag die Zuständigkeit nach Praxis des Reichsgerichts bei den für Hochverrat erstinstanzlich zuständigen Senaten. Die Hochverratsrechtsprechung ist in der erwähnten Sammlung, soweit ersichtlich, vollständig erhalten, so daß auch diejenigen Urteile als vollständig dokumentiert gelten können, die sich kumulativ mit Hoch- und Landesverrat befaßten.

Insgesamt können deshalb für die Zeit vom 3. November 1928 bis zum 23. November 1931 vierundvierzig Urteile des 4.Strafsenats in Landesverrats- und Spionagesachen festgestellt werden, die der Geheimhaltung unterlagen. Vier dieser Urteile betrafen Fälle publizistischen Landesverrats. Es handelt sich um die Urteile gegen Walter Kreiser und Carl von Ossietzky[75], Kurt Schwotzer[76], Hermann Schröer[77] und Georg Stibi[78].

Daneben liegen in der Bibliothek des Bundesgerichtshofes für den auf 1919 bis 1933 begrenzten Zeitraum noch sechs weitere Urteile in Landesverratssachen vor, die keine Aufnahme in die Sekreturbände gefunden haben. Drei dieser Ur-

74 Anhang 50 Jahre Reichsgericht, S. 395 f.; a. A. wohl Böttger, Hochverrat, S. 31 f., der unter Verweis auf Kaul, Die Geschichte des RG, IV, S. 34 eine Zuständigkeitsverteilung nach den Anfangsbuchstaben der Angeklagtennamen annimmt.

75 SlgErkRG, 4. Strafsenat 1928-31, 14/31 = ORA RG 7J35/29.

76 SlgErkRG, 4. Strafsenat 1928-31, 3/30=ORA RG 7J80/29, Urt. v. 1. 4. 1930 - Az.: 7J80/29 (Schwotzer), sub.

77 SlgErkRG, 4. Strafsenat 1928-31, 5/30=ORA RG 7J10/29.

78 SlgErkRG, 4. Strafsenat 1928-31, 6/30=ORA RG 14aJ336/29.

teile, nämlich gegen die kommunistischen Journalisten Valentin Gabel[79], Willi Bredel[80] und Karl Hinkelmann[81] betrafen publizistischen Landesverrat.

Über den Einzelfall hinausgehende Erkenntnisse für die Zahl der Fälle publizistischen Landesverrats sind wegen der Unvollständigkeit der Sammlung sämtlicher Erkenntnisse des Reichsgerichts nicht zu gewinnen.

2. Der Bestand des Bundesarchivs - Die Kartei Oberreichsanwalt bei dem Reichsgericht

Zu dem vom Bundesarchiv übernommenen Bestand es Zentralen Staatsarchivs I der DDR zählen zahlreiche Akten, die für dieses Thema von großer Bedeutung sind und durch die Kartei "Oberreichsanwalt bei dem Reichsgericht" erschlossen werden können.

a) Aufnahme des Bestandes

Die Kartei, die sämtliche durch die Reichsanwaltschaft geführten Ermittlungsverfahren beinhaltet, ist vom Verfasser ausgewertet worden.

Zu diesen Verfahren gehörten sämtliche Ermittlungen wegen Landesverrats und Spionage. Selbst wenn die Verfahren wegen minderer Bedeutung nach § 134 GVG[82] an die Landesstaatsanwaltschaften zur weiteren Ermittlung und eventueller Anklageerhebung zu den Oberlandesgerichten abgegeben wurden, sind die Fälle in die Kartei aufgenommen worden.

Der Kartei und den sich dahinter verbergenden Akten ist nur wenig Interesse entgegengebracht worden, was damit erklärt werden kann, daß sie westdeutschen Forschern unumschränkt erst seit Übernahme des Staatsarchivs durch das Bundesarchiv zugänglich ist. Während des Bestehens der DDR hat sich ausweislich der Benutzerlisten nur ein Westdeutscher, der Historiker, *Reinhold Lütgemeier-Davin*, mit den Akten des Oberreichsanwalts befaßt und in seinem Buch "Pazifismus zwischen Kooperation und Konfrontation" mit Blick auf die

---

79 SlgErkRG, 4. Strafsenat 1928, 19/28=ORA RG 13J107/26.

80 SlgErkRG, 4. Strafsenat 1930, 2/30=ORA RG 14aJ128/29.

81 SlgErkRG, 4. Strafsenat 1930, 24/30=ORA RG 14aJ381/29.

82 RGBl. 1924 I, 15 (§ 15 Emmingersche Reformen); RGBl. 1924 I, 299 (Änderung des GVG und der RStPO).

Friedensbewegung in der Weimarer Republik ausgewertet[83]. Eine vollständige Interpretation aus rechtsgeschichtlicher Sicht steht noch aus.[84]

b) Erhebungsweise

Wegen der großen Zahl der vom Oberreichsanwalt geführten Ermittlungsverfahren war es erforderlich, Standardisierungen vorzunehmen. Es wurden alle kartierten Verfahren, deren Karteikarten ein Bezug zu einem der Tatbestände des Landesverrats zu entnehmen war, ausgewertet. Hinsichtlich der Validität der Kartei als Maßstab für alle geführten Verfahren wegen Landesverrats muß eingeschränkt werden, daß der Verfasser die Fälle, in denen nach Ansicht der Ermittlungsbehörde Hoch- und Landesverrat tateinheitlich oder mehrheitlich zusammentrafen, nicht aufgenommen hat, sofern der Karteikarte nur ein Bezug zum Hochverrat zu entnehmen war. Denn die Zahl der Hochverratsverfahren übersteigt die der Landesverratsverfahren in so hohem Maße[85], daß eine Auswertung der Hochverratsverfahren unter dem Gesichtspunkt, ob am Ende eine Verurteilung wegen Landesverrats durch das Reichsgericht stand, nicht geleistet werden konnte. Dies umso weniger, als dafür notwendig gewesen wäre, nicht nur die Karteikarten, sondern den sich dahinter verbergenden Aktenbestand hinzuzuziehen. Für die Zahl der Verurteilungen gilt jedoch, daß der Bestand beim Bundesgerichtshof für die Hochverratsverfahren und damit auch für solche, die mit einer Verurteilung wegen Landesverrats endeten, vollständig ist. Deshalb ergeben die Sammlung sämtlicher Erkenntnisse des Reichsgerichts und der Bestand des Oberreichsanwalts meines Erachtens ein vollständiges Bild aller Urteile, die wegen Landesverrats ergingen.

Die Namen der Verfolgten und die vom Oberreichsanwalt vergebenen Aktenzeichen wurden als Ordnungsmerkmale in eine Datenbank aufgenommen.

Zunächst wurden die Verfahren danach erfaßt, ob sie nach oder vor Gründung der Weimarer Republik im Jahre 1919 eingeleitet wurden.

---

83 Lütgemeier-Davin, Pazifismus, S. 174 ff.

84 In jüngster Zeit hat Hueck, StaatsGH, S. 136 ff. zahlreiche Akten des Bestandes, soweit eine Zuständigkeit des StaatsGH gegeben war, ausgewertet; vgl. neuerdings auch Böttger, Hochverrat, S. 66 ff.

85 Der Verfasser geht von einem Verhältnis 1:4 aus; Böttger, Hochverrat, S. 68, schätzt, daß die Gesamtzahl der Hochverratsverfahren vor dem Reichsgericht sowie vor dem StaatGH in die Tausende ging. Diese Schätzung betrifft wohlgemerkt nur die Fälle, in denen das Hauptverfahren eröffnet und nicht die Fälle, in denen das Verfahren nach Abschluß der Ermittlungen eingestellt wurde. Dies war nach meiner Einschätzung in der weit überwiegenden Zahl der Verfahren der Fall.

Sodann wurden zwei Kriterien zur Überprüfung jeder einzelnen Karteikarte gewählt. Zum einen wurde der Verfahrensausgang festgestellt und zum anderen wurde gefragt, ob die Reichsanwaltschaft wegen publizistischen Landesverrats ermittelte. Dies konnte vermutet werden, wenn der Beruf des Beschuldigten auf der Karteikarte mit Journalist, Schriftleiter und ähnlichem angegeben war und die Verfahren nach 1919 eingeleitet worden waren. In diesen Fällen wurden die zur Karteikarte gehörigen Akten herangezogen und danach überprüft, ob dem Beschuldigten vorgeworfen worden war, illegale Rüstungsmaßnahmen gerügt und damit nach Ansicht der Reichsanwaltschaft des Landesverrats verdächtig zu sein.

Der Ausgang des Verfahrens wurde in der Datenbank nach "Einstellung durch den Oberreichsanwalt", "Einstellung durch das Reichsgericht", "Verurteilung durch das Reichsgericht", "Freispruch durch das Reichsgericht" und nach "Sonstigen Verfahrensbeendigungen" gegliedert.

Die sonstigen Verfahrensbeendigungen erfassen sehr unterschiedliche Sachverhalte: Hierunter fallen alle verfahrensbeendenden Maßnahmen, die nicht vom Reichgericht oder vom Oberreichsanwalt getroffen wurden. Hier kamen insbesondere verurteilende oder freisprechende Urteile anderer Spruchkörper in Betracht. Dies konnte der Fall sein, wenn sich schon vor Anklageerhebung herausstellte, daß die Zuständigkeit des Reichsgerichts nicht gegeben war, also wegen einfacher Kriminalität, wie Urkundenfälschung oder Unterschlagung, weiterermittelt wurde. Hierunter fielen ferner auch die Urteile und sonstige verfahrensbeendenden Maßnahmen der Oberlandesgerichte, soweit Landesverrat angeklagt war und der Oberreichsanwalt die Verfahren an die Landesstaatsanwaltschaften abgegeben hatte. Bei der Durchsicht der Kartei war auffällig, daß einige Karten keine Angaben zum Verfahrensausgang enthielten. Diese Fälle wurden unter die Kategorie "fraglich" gefaßt.

c) Statistische Ergebnisse

Die Darstellung erfordert es, auf der Grundlage absoluter Zahlen Verhältnisse zwischen den einzelnen Erhebungskriterien herzustellen. Analysiert wurde der fünfzigjährige Zeitraum vom ersten reichsanwaltlichen Ermittlungsverfahren wegen Landesverrats im Jahre 1883 bis zu denen des Jahres 1933. Insgesamt soll unterschieden werden zwischen den Verfahren, die vor und nach 1919 stattgefunden haben. Hinsichtlich der nach 1919 eingeleiteten Verfahren sollen diejenigen wegen publizistischen Landesverrats besonders behandelt werden. Es werden zunächst die Gesamtzahlen betrachtet. Sodann müssen die einzelnen Verfahrensausgänge berücksichtigt werden.

aa) Gesamtzahlen

Erfaßt wurden insgesamt 3794 Verfahren. Zunächst war festzustellen, daß 39,2 % der Landesverratsverfahren in den Jahren 1883 bis 1918, die Mehrheit der Verfahren von 60,8 % also zwischen 1919 und 1933 eingeleitet wurden. Die Verfahren wegen publizistischen Landesverrats, wegen der Erstmaligkeit der Verbotstatbestände erst nach 1919 möglich, sind in absoluten Zahlen mit 348 anzusetzen. Bei 2346 Verfahren zwischen 1919 und 1933 bedeutet dies, daß 14,8 % der Verfahren publizistischen Landesverrat betrafen. Die ersten auffälligen Steigerungen der Verfahrenszahlen hinsichtlich allgemeinen Landesverrats sind 1910 zu verzeichnen. Ein absolutes Maximum zeigt sich 1916 mit 430 Verfahren. In den Jahren zwischen 1919 und 1933 zeigen sich 1923 und 1926 temporäre Maxima von 225 und 233 Verfahren. In Bezug auf publizistischen Landesverrat sind die Verfahrensmaxima der Jahre 1924 (38), 1926 (53), 1927 (47) auffällig. 1932 ist noch einmal ein Anstieg auf 42 Verfahren zu verzeichnen.

bb) Verfahrensausgänge

Hinsichtlich der Verfahrensausgänge sind die Verurteilungsquoten von besonderem Interesse. Während die Verurteilungsquote hinsichtlich der Verfahren wegen allgemeinen Landesverrats bis 1914 ständig deutlich über 50% der eingeleiteten Verfahren lag, ist ein solcher Wert nach 1914 nicht mehr erreicht worden. Ein temporäres Maximum ist für die in den Jahren 1919 bis 1922 eingeleiteten Verfahren zu verzeichnen. Danach schwankt die Quote zwischen dem Maximum von rund 11 % für die 1929 und dem Minimum von 2,8 % für die 1932 eingeleiteten Verfahren. Demgegenüber schwankt die Verurteilungsquote für die Verfahren wegen publizistischen Landesverrats weit stärker. Ein Maximum für die im Jahr 1920 eingeleiteten Verfahren mit 50 % kann allerdings nicht als repräsentativ gelten, da die in diesem Jahr feststellbare Anzahl der eingeleiteten Verfahren (zwei) zu gering ist, um größere Rückschlüsse zu erlauben. Die Quote bewegt sich ab 1921 zwischen 0 und 11 %, wobei in den Jahren 1919 bis 1933 insgesamt zehn Jahre zu verzeichnen sind, in denen keine Verurteilung festgestellt werden konnte.

Bei den Einstellungen für die vor 1915 eingeleiteten Verfahren ergibt sich eine Schwankungsbreite von 0 - 33 %. Im Jahr 1915 ist ein temporäres Maximum von 72,7 % zu verzeichnen. Danach liegt das Minimum bei 39 % der 1921 eingeleiteten Verfahren. Für den Zeitraum ab 1923 ist festzustellen, daß die Einstellungsquote rund zwei Drittel der Verfahren nicht mehr unterschreitet und das Maximum einer Einstellungsquote von 80 % schon im Jahre 1923 erreicht wurde.

3. Gumbel/Jorns - Kontroverse

Mit den vorgestellten Zahlen findet die von *Elisabeth* und *Heinrich Hannover* und *Dieter Windisch* fortgesetzte Gumbel/Jorns - Kontroverse Erledigung: Soweit *Gumbel*[86], ihm folgend *Grossmann*[87] und ferner *Radbruch*[88] behaupten, es habe in den Jahren 1923 bis 1925 im Jahresdurchschnitt weit über einhundert Verurteilungen in Landesverrats- und Spionagesachen durch die Senate des Reichsgerichts gegeben, ist dies unzutreffend. In der Zeit zwischen 1919 und 1933 hat es nie einen Zeitpunkt gegeben, in dem dieser Durchschnitt auch nur annähernd erreicht worden wäre. Das absolute Verurteilungsmaximum durch die Senate des Reichsgerichts zwischen 1919 und 1933 lag bei fünfundfünfzig Verurteilungen für die im Jahre 1919 eingeleiteten Fälle. Auch wenn man die seit 1924 möglichen Verurteilungen durch die Oberlandesgerichte hinzunähme, über deren genaue Zahl die untersuchten Quellen schweigen, wären die von *Gumbel, Grossmann* und *Radbruch* angenommenen Zahlen nicht erreicht worden. Derartige Verurteilungen wären in die Erhebungskategorie "Sonstiges" gefallen, die maximal vierzehn und sechzehn Fälle in den Jahren 1925 und 1927 ausmachten. Selbst wenn man annähme, was nach Aktenlage nicht zutrifft, daß es in allen diesen Fällen zu einer Verurteilung gekommen wäre, könnten die behaupteten Zahlen nicht erreicht worden sein. Die Zahlenangaben von *Jorns*, die für die Jahre 1923 bis 1927 einen Verurteilungsdurchschnitt von neun Verurteilungen behaupten[89], sind ebenfalls nicht plausibel. Bei einer durchschnittlich einjährigen Verfahrensdauer von Aufnahme der Ermittlungen durch den Oberreichsanwalt bis zum Abschluß des Verfahrens vor dem Reichsgericht müßte der Durchschnitt der von *Jorns* behaupteten Zahlen demjenigen der in den Jahren 1922 bis 1926 eingeleiteten Verfahren entsprechen. Dieser Durchschnitt lag ausweislich der ausgewerteten Kartei jedoch bei rund siebzehn Verurteilungen pro Jahr. Gleichwohl ist *Jorns* zu konzedieren, daß sich seine Zahlenangaben zu den Verurteilungen näher an der Realität bewegen als andere Darstellungen. Erstaunlich ist nur, daß dieser Reichsanwalt die Fachöffentlichkeit nicht richtig und vollständig informiert hat, obwohl er als sachnaher An-

86 Gumbel, DJ III (1927/1928), 390.

87 Grossmann, 13 Jahre republikanische Justiz, S. 125.

88 Radbruch, DJ III (1927/1928), 103 (103).

89 Jorns, DRiZ 1928, 105 (107); hieran ändert auch seine Konzession in DRiZ 1928, 211 nichts.

klagevertreter, Zugriff auf die vom Verfasser ausgewerteten Unterlagen gehabt haben muß.

Schließlich zeigt der durch die ausgewertete Kartei erschlossene Bestand des Oberreichsanwalts auch, daß es nicht, wie *Windisch* vermutete[90], in insgesamt vier Fällen zu reichsgerichtlichen Verurteilungen wegen publizistischen Landesverrats gekommen ist, sondern acht Urteile mit insgesamt zehn Verurteilten vorliegen: Die Urteile betrafen Valentin Gabel[91], Walter Kreiser/Carl von Ossietzky[92], Berthold Jakob -Salomon/Friedrich Küster[93], Willi Riegel[94], Hermann Schröer[95], Kurt Schwotzer[96], Otto Steinicke[97] und schließlich August Weidlich[98]. Der Sammlung sämtlicher Erkenntnisse des Reichsgerichts waren noch drei weitere, oben bereits erwähnte Urteile zu entnehmen, die publizistischen Landesverrat betrafen. Insgesamt liegen also elf Urteile mit dreizehn Verurteilten vor. Mit Ausnahme der drei Verfahren gegen von Ossietzky/Kreiser, Schwotzer und Weidlich aus der erfaßten Kartei des Oberreichsanwalts und den Fällen Stibi, Bredel und Hinkelmann aus der Sammlung sämtlicher Erkenntnisse fallen die publizistischen Landesverrat betreffenden Urteile in die Zeit, von der Jorns behauptet, es seien nur drei reichsgerichtliche Urteile die Presse betreffend ergangen[99]. Auch diese Behauptung ist also unzutreffend. Für den von Jorns erwähnten Zeitraum liegen fünf derartige Fälle vor.

Auch die These, daß das große öffentliche Interesse an publizistischem Landesverrat dafür gesorgt habe, daß reichsgerichtliche Verfahren wegen publizistischen Landesverrats nicht hätten ignoriert werden können[100], erweist sich damit als falsch. Inbesondere der justizkritischen Zeitschrift "Die Justiz" sind offenkundig einige Verurteilungen des Reichsgerichts wegen publizistischen

---

90 Windisch, Die Strafverfolgung von Kritikern, S. 61.

91 Urt. v. 19./20. 6. 1928 - Az.: 13J107/26 (Gabel).

92 Urt. v. 23. 11. 1931 - Az.: 7J35/29 (Kreiser und von Ossietzky).

93 Urt. v. 14. 3. 1928 - Az.: 7J63/25 (Küster und Jacob-Salomon) teilweise abgedruckt in RGSt 62, 65 ff.

94 Urt. v. 15. 3. 1927 - Az.: 7J137/26 (Riegel).

95 Urt. v. 11./12. 7. 1930 - Az.: 7J10/29 (Schröer).

96 Urt. v. 1. 4. 1930 - Az.: 7J80/29 (Schwotzer).

97 Urt. v. 27. 3. 1924 - Az.: 6J30/23 (Steinicke.)

98 ORA RG C63/20; dieses Urteil fehlt sowohl im Bestand der SlgErkRG als auch im Bestand ORA. Daß es sich um publizistischen Landesverrat gehandelt hat, kann meines Erachtens aus den Angaben auf der Karteikarte geschlossen werden.

99 Jorns, DRiZ 1928, 105 (107).

100 Windisch, Die Strafverfolgung von Kritikern, S. 61.

Landesverrats entgangen[101] oder der Veröffentlichung nicht für wert befunden worden. Interessanterweise betraf dies vornehmlich Landesverratsverfahren gegen kommunistische Angeklagte. Gleichwohl belegt die Erwähnung der Urteile gegen die der USPD angehörenden Redakteure Otto Steinicke und Walter Oehme[102], daß auch die Strafverfolgung Linksradikaler zum Gegenstand der republiktreuen Justizkritik gemacht wurde.

Zusammenfassend läßt sich feststellen, daß die Zahlen über die Ermittlungsverfahren und Urteile in Landesverratssachen entweder zu gering oder weit überzogen angesetzt wurden. Hier mag die rigide Zensur – und diese wäre kein Novum preußisch-deutscher Rechtsgeschichte [103]- zur Mythenbildung beigetragen haben.

4. Weitere Fragestellungen

Die Gesamtzahlen und Verfahrensausgänge werfen weitere Fragen auf.

Die große Mehrheit der Verfahren ist nach 1919 eingeleitet worden. Es fragt sich, ob dies auf die "(...) Entsittlichung unseres Volkes (...)"[104] oder eine "(...) Verfolgungssucht der Anklagebehörde (...)"[105] zurückzuführen war. Eine Anwort kann nur durch eine Gesamtbewertung der politischen Verhältnisse gesucht werden. Denn über die Motivationslage der Verfolgungsbehörden schweigen die Akten.

Ferner fordern die statistischen Maxima der Verfahren wegen allgemeinen Landesverrats in den Jahren 1923 und 1926 eine Erklärung. Das gleiche gilt für die Maxima der Jahre 1924, 1926, 1927 und 1932. Diesen Auffälligkeiten soll bei der Behandlung der einzelnen Verfahren nachgegangen werden.
Auch muß das Absinken der Verurteilungsquote nach 1914 erklärt werden. Einen Erklärungsansatz bietet die Untersuchung der Frage, welche Hindernisse einer Verurteilung jeweils entgegengestanden haben mögen. Für den publizistischen Landesverrat fragt sich, welche Erklärung die im Vergleich zu den Ver-

---

101 vgl. Rasehorn, Justizkritik in der Weimarer Republik, S. 163 ff. und S. 205 f. zum Fall Carl v. Ossietzky.

102 Gumbel, DJ II (1926/1927), 75 (78 f.).

103 von Hodenberg, Weber, S. 112, weist etwa nach, daß die Geheimjustiz der die aufständischen Weber in Schlesien zugeführt worden waren, eine ideologiebehaftete Mythenbildung über Zahl und Strafmaß der Urteile hervorgerufen habe.

104 Lobe in: 50 Jahre RG, S. 29.

105 Gumbel, DJ III (1927/1928), 386 (393).

fahren wegen allgemeinen Landesverrats signifikant geringe Verurteilungsquote findet. Hier muß auf die umfangreiche und sehr umstrittene Amnestiegesetzgebung der Weimarer Zeit in politischen Strafsachen[106] verwiesen werden, die sicher als ein Faktor der geringen Verurteilungsquote anzusprechen ist. Dies umso mehr, als die Minima der Verfolgungstätigkeit hinsichtlich publizistischen Landesverrats in den 1925 und 1928 zeitlich besonders auffällig mit der sogenannten Hindenburg-Amnestie[107] und dem Straffreiheitsgesetz vom 14. Juli 1928[108] korrespondieren und keine Entsprechung im allgemeinen Landesverrat finden. Hinzu tritt, daß Oberreichsanwalt *Ebermayer* in einem als "Streng Geheim" bezeichneten Schreiben vom 5. November 1924 beim Reichsminister der Justiz anfragte, ob auch bei tatbestandsmäßigem publizistischen Landesverrat eine stille Beendigung durch Einstellung oder Beantragung der Außerverfolgungsetzung in Betracht komme.[109] Dies wurde in der Ministerressortbesprechung vom 15. November 1924 grundsätzlich bejaht, wobei der Vertreter des Reichswehrministers den Vorbehalt hatte, daß nun ein Straftatbestand zu schaffen sei, der die sichere Verurteilung publizistischer Landesverräter ermögliche.[110]

C. Rüstungsbeschränkungen durch den Versailler Vertrag und die deutsche Militärpolitik

Durch den Versailler Vertrag[111] sind dem Deutschen Reich eine große Anzahl von Rüstungsmaßnahmen untersagt worden[112]. Das Reich sollte, wie aus Art. 160 des Vertrages erhellt, nach gemeinsamer Auffassung der Alliierten und der Assoziierten Staaten nur noch eine der Erhaltung der Ordnung innerhalb der deutschen Grenzen und der Grenzpolizei dienende Militärmacht unterhalten.

---

106 Erschöpfend bei Christoph, Die politischen Reichsamnestien; zu den hier relevanten Amnestien vom August 1925, Juli 1928 und Dezember 1932: S. 163 ff.; 219 ff. und 323 ff.

107 Gesetz vom 18. August 1925, RGBl I, 313.

108 RGBl. I, 195.

109 BA 43 I/556, S. 331 f.

110 BA 43 I/556, S. 333 f.

111 Gesetz über den Friedensschluß zwischen Deutschland und den alliierten und assoziierten Staaten vom 16. Juli 1919, Anhang Art. 198 - 202 (Gesetzesförmige Übernahme des "Versailler Vertrages"), RGBl. I, 1919, 957 ff.

112 100.000 Mann - Heer einschließlich 4000 Offiziere; 15.000 Mann - Marine einschließlich 1500 Offiziere; Heeresverfassung: langdienendes Berufsheer; Verbot der Bildung von Reserven; Verbot der Durchführung von Mobilmachungsvorbereitungen; keine Luftwaffe; keine chemischen Waffen; Verbot des Großen Generalstabes; Beschränkungen im Militärbildungswesen; Beschränkungen im Befestigungswesen; Beschränkungen in der Rüstungsindustrie; strenge Kontingentierung der zugelassenen Waffen.

Daß sich die deutsche Militärpolitik der Jahre 1919 bis 1933 in eine andere Richtung entwickelte, ist eine historische Tatsache und dürfte dem Willen eines beachtlichen Teils der Deutschen entsprochen haben.

Gleichwohl bestanden strafbewehrte Gesetze und Verordnungen[113], die die Beachtung der Verbotstatbestände des Versailler Vertrages erzwingen sollten. Daß diesen Vorschriften kein praktischer Anwendungsbereich beschieden war, wird daran deutlich, daß sie als Nebenstrafgesetze in der einschlägigen Literatur wenig umfänglich kommentiert wurden[114] und daß es *Hug*, der sich mit der Sondergerichtbarkeit 1918 bis 1932 befaßte, nicht gelungen ist, auch nur ein einziges einschlägiges Urteil der zuständigen Gerichte[115] auszumachen.[116]

Demgegenüber war die Politik der Wiederaufrüstung nach pazifistischer zeitgenössischer Ansicht nicht das geeignete Mittel, Deutschlands Stellung in der Welt zu behaupten.[117]

Das Prinzip *militärischer* Sicherungsmaßnahmen war für Deutschland nur durch Fiktionalismus[118] und geheime Aufrüstung[119] zu gewährleisten. Während der Fiktionalismus, also zum Beispiel der Benutzung von Panzerattrappen anstelle echter, verbotener Panzer keine außenpolitischen Folgen auslöste[120], verursachten die geheimen Aufrüstungen ernsthafte Probleme, die aus der Abrüstungskontrolle durch die Interalliierte Kontrollkommission erwuchsen und

---

113 § 13 des G über die Entwaffnung der Bevölkerung vom 7. 8. 1920, RGBl. I, 1553
§ 1 der VO des Reichspräsidenten, betreffend die zur Wiederherstellung der öffentlichen Ordnung und Sicherheit nötigen Maßnahmen aufgrund des Art. 48 Abs. 2 WRV vom 30. 5. 1920, RGBl. I, 1147; § 2 der VO über den Luftfahrzeugbau vom 13. 7. 1926, RGBl. I, 463; § 5 der VO über führerlose Flugzeuge pp. vom 13. 7. 1926, RGBl. I, 463; § 2 der VO über Beschränkung bei der Flugausbildung vom 13. 7. 1926, RGBl. I, 464; sämtlich erlassen aufgrund des Gesetzes zur Durchführung der Art. 177, 178 und 198 des Vertrages von Versailles vom 8. 7. 1926, RGBl. I, 397.

114 Stenglein, Bd. I, S. 621 ff.: 647 ff.; Bd. II, S. 875 ff, fast ohne Bezugnahme auf Rechtsprechung.

115 § 9 Abs. 1 Nr. 4 der VO des Reichspräsidenen über die Bildung außerordentlicher Gerichte vom 29. 3. 1921 RGBl. I, 371.

116 Hug, Strafrechtliche Sondergerichtsbarkeiten, S. 34 f.

117 Der Verfasser ist sich der Vielfalt der Erscheinungsformen des Pazifismus bewußt; von einer übereinstimmenden pazifistischen Haltung kann zwar nicht gesprochen werden, vgl. Lütgemeier-Davin, Pazifismus, S. 130 ff., doch war die Totalabrüstung nuanciertes Ziel aller Pazifisten, so zum Beispiel: Lehmann-Rußbüldt, Die Reichswehr, S. 36 f. - Totalabrüstung-, vgl. zufammenfassend, Lütgemeier-Davin, Pazifismus, S. 144 ff.

118 Der Begriff stammt von Zeidler, Reichwehr und Rote Armee, S. 36.

119 Bracher, Die Auflösung der Weimarer Republik, S. 209 f.

120 Rabenau, Seeckt, S. 510; dieser bewundernde Seeckt-Biograph äußert sogar Rührung.

bis zu deren Abberufung Anfang 1927 und auch noch darüber hinaus[121] fortbestanden. Durch Kontrollen und Beschwerden der Kommission wurde die effiziente Aufrüstung erschwert, aber keineswegs unmöglich gemacht.[122] Daß Rüstungsbestimmungen des Versailler Vertrages verletzt wurden, ist in der Forschung, und zwar unter Historikern jeder Couleur, unbestritten[123], auch wenn frühere Verantwortliche, wie etwa Reichswehrminister *Geßler*, dies auch noch nach dem zweiten Weltkrieg bestritten oder relativiert haben[124]. Ob nun, abgesehen von der Sondersituation im Ruhrkampf, der Wille zu einem Revanchekrieg gegen Polen oder gar Frankreich ausschlaggebend war[125] oder die Angst vor einer jedenfalls mittelbaren Bedrohung Deutschlands durch Frankreich und Polen wegen deren Unzufriedenheit mit den Kriegsfolgen[126], kann hier nicht geklärt werden. Denn die Verstöße gegen Rüstungsbeschränkungen wurden durch geheime personelle Aufrüstung[127], illegale Zusammenarbeit mit der Rüstungsindustrie[128] und gesetzwidrige Kooperation mit der Roten Armee[129] sowohl von staatlichen Stellen, hier dem Reichswehrministerium, als auch von privaten Organisationen, nämlich den Wehrverbänden und der deutschen Industrie begangen. Teilweise ist eine sehr unübersichtliche Verflechtung der Formen festzustellen, so daß genaue Verantwortungszuweisungen schwerfallen.[130] Auch über den Umfang der Vertragsverletzungen herrscht noch Unklarheit; die Frage ist in der Geschichtswissenschaft nicht abschließend geklärt.[131] Neuere historische Forschungen gehen jedoch von kontinuierlichen Verletzungen der

---

121 Salewski, Entwaffnung und Militärkontrolle in Deutschland, S. 374 ff.; Anfang der Dreißiger Jahre scheinen sich die Bedenken gegen eine deutsche Aufrüstung in Frankreich konzentriert zu haben, während die angelsächsischen Staaten eine Militarisierung Deutschlands, solange keine Kriegsfähigkeit eintrat, hinnahmen, vgl. Bennett, German Rearmament, p. 78 ff.; Zeidler, Reichswehr und Rote Armee, S. 278 ff.

122 Salewski, Entwaffnung und Militärkontrolle in Deutschland, zusammenfassend S. 375-378.

123 Bracher, Die Auflösung der Weimarer Republik, S. 209 f. und 205 ff.; Geyer, Aufrüstung oder Sicherheit, S. 97 ff.; Nagel, Fememord und Fememordprozesse, S. 44 ff.; zusammenfassend und aus Sicht marxistischer Geschichtswissenschaft, Nuß, Militär und Wiederaufrüstung in der Weimarer Republik, S. 319 f.

124 Gessler, Reichswehrpolitik, S. 220 ff.

125 so Hallgarten, Hitler, Reichwehr und Industrie, S. 19.

126 Bracher, Die Auflösung der Weimarer Republik, S. 209 f.

127 Wohlfeil in: Handbuch zur deutschen Militärgeschichte Band 3, Abschnitt VI, S. 208 ff.

128 Wohlfeil in: Handbuch zur deutschen Militärgeschichte Band 3, Abschnitt VI, S. 228 ff.

129 Wohlfeil in: Handbuch zur deutschen Militärgeschichte Band 3, Abschnitt VI, S. 233 ff.

130 Der Gesamtkomplex wird der Einfachheit halber gern als "Schwarze Reichswehr" bezeichnet, vgl. Nagel, Fememord und Fememordprozesse, S. 44 ff.

131 Hürter, Groener, S. 294 ff.

Rüstungsbestimmungen des Versailler Vertrages aus, die am Ende der Weimarer Republik in einer "Systematisierung" der Gesetzesverletzungen kulminieren und den Zustand der "Kriegsunfähigkeit" beenden sollen.[132] Mitte der 20er Jahre nahm die Reichswehr etwa von der bis dahin geförderten Zusammenarbeit mit den Wehrverbänden und von grauenhaften Volkskriegszenarien Abstand.[133] Bis dahin war die Unbrauchbarmachung aller Eisenbahnbrücken, Telegraphenlinien und Brücken, die Einrichtung von Autofallen und die Anwendung von Gaskampfstoffen zum Zwecke der Landesverteidigung erwogen worden.[134] Der Kern eines Kleinkrieges sollte dadurch gebildet werden, daß Teile der vielfältigen Wehrverbände, zunächst lose, in die sogenannte Feldjägerorganisation integriert und Brücken zu den übrigen rechtsradikalen Verbänden im Grenzgebiet gebildet werden sollten.[135] Unter Einbeziehung weiterer Personen rechnete das Truppenamt für 1929 mit 350.000 nicht-reichswehrangehörigen, aktiven Personen alleine aus den Grenzgebieten[136]. Ab Mitte der 20er Jahre setzte sich im Reichswehrministerium die Meinung durch, ein Führerheer zu schaffen zu müssen. In diese Formation sollten Grenzschutz und Landesschutzorganisation unter Aufsicht des Truppenamts integriert werden.[137] Die Integrationsmaßnahme sollte zunächst privatwirtschaftlich organisiert und dann allerdings - nach einem Skandal der noch Erwähnung findet - , über einen geheimen Etatposten im Reichshaushalt ermöglicht werden.[138]

Die innen- und außenpolitische Schwierigkeit bestand nun darin, daß durch aufgedeckte gesetzwidrige Rüstungsmaßnahmen Mißtrauen gegenüber der Friedensbereitschaft Deutschlands gesät und auf diese Weise ein ständig währender Konflikt zwischen deutscher Wehr-, Innen- und Außenpolitik erzeugt wurde.[139] Wenn auch innerhalb des Reichswehrministeriums die Ansichten darüber auseinandergingen, ob es richtig sei, publizistischen Enthüllungen mit

---

132 Hürter, Groener, S. 356.

133 Geyer, Aufrüstung oder Sicherheit, S. 98 und 107.

134 Geyer, Aufrüstung oder Sicherheit, S. 98.

135 Geyer, Aufrüstung oder Sicherheit, S. 100.

136 Geyer, Aufrüstung oder Sicherheit, S. 101 f.

137 Geyer, Aufrüstung oder Sicherheit, S. 106.

138 Geyer, Aufrüstung oder Sicherheit, S. 108 f.

139 Zeidler, Reichwehr und Rote Armee, S. 278; dies wurde schon während der Weimarer Republik als Bedrohung erkannt, vgl. etwa das Schreiben Ludwig Quiddes vom 11. März 1925 an den Reichskanzler, in dem Quidde seiner Besorgnis darüber Ausdruck gibt, daß die Strafverfolgung wegen publizistischen Landesverrats sich ungünstig auf die auswärtigen Beziehungen des Reichs auswirkten, BA R 43 I/557, S. 28.

Landesverratsprozessen zu begegnen[140], setzte sich die harte Linie einer konsequenten Strafanzeigenpolitik durch. Nur in Einzelfällen wurde auf den Oberreichsanwalt eingewirkt, die durch das Reichswehrministerium selbstinitiierten Verfahren einzustellen.[141]

Der Versailler Vertrag ist mit seinen Reparationsverpflichtungen und dem Kriegsschuldartikel beim gesamten deutschen Volk, und besonders bei der pazifistischen Linken[142], auf erbitterte Ablehnung gestoßen. "Alle haßten den Vertrag".[143] Strittig war allerdings, auf welche Weise es zu einer Revision kommen sollte. Zwei Wege waren denkbar: Hartnäckige Verhandlungen, einen Weg, den etwa Stresemann zu beschreiten versucht hat[144] oder klandestine Vertragsverletzungen und Schaffung von Tatsachen durch ein System illegaler Aufrüstung. Innerhalb des Deutschen Volkes gab es wohl nur zwei politische Gruppen, die die illegale Wiederaufrüstung rundweg ablehnten. Dies war zum einen, von vereinzelten Stimmen abgesehen[145], die Sozialdemokratische Partei Deutschlands[146] und zum anderen die pazifistische Bewegung in all ihren Erscheinungsformen[147].

Zusammenfassend läßt sich sagen, daß die illegale Rüstung ein Problem war, das die ganzen vierzehn Jahre der Weimarer Republik kennzeichnet und zu den großen politischen Kontroversen der Zeit zählte.

D. Aufriss des Landesverratsrechts

Im Mittelpunkt der reichsgerichtlichen Rechtsprechung zum publizistischen Landesverrat stehen die Vorschriften des § 92 Abs. 1 Nr.1 StGB und des § 1

---

140 Wohlfeil in: Handbuch zur deutschen Militärgeschichte Band 3, Abschnitt VI, S. 161 f.

141 Zum Beispiel ORA 7J66/24 (Friedrich Küster).

142 Als Beispiel die Haltung Gumbels bei Jansen, Emil Julius Gumbel, S. 57; vgl. zusammenfassend Lütgemeier-Davin, Pazifismus, S. 127 ff.

143 Das Zitat stammt von Gay, Die Republik der Außenseiter, S. 34.; Frind, Der Landesverrat, S. 101 spricht in zeitgenössischer Diktion von den Schmachbestimmungen; ferner etwa Bennett, German Rearmament, pp. 11; Winkler, Weimar, S. 96 f.

144 Koszyk, Stresemann, S. 359 ff.

145 Vgl. Windisch, Die Strafverfolgung von Kritikern, S. 34, der auf eine Stellungnahme des sozialdemokratischen Reichstagsabgeordneten Stücklen verweist.

146 Bennett, German Rearmament, p. 12, pp. 22, pp. 33; Caspar, Die sozialdemokratische Partei und das deutsche Wehrproblem, S. 39 ff.

147 Zu den unübersehbar zahlreichen pazifistischen Gruppen und Splittergruppen, vgl. Lütgemeier-Davin, Pazifismus, S. 20 ff.

Abs. 2 SpG[148]. Die letztgenannte Vorschrift beruht auf einem Ergänzungsgesetz[149], welches nach Beratungen im Bundesrat und im Reichstag verabschiedet und im Reichsgesetzblatt[150] veröffentlicht wurde. Mit Aufnahme des Tatbestandsmerkmals "Nachrichten" (vorher war nur die Preisgabe von Schriften, Zeichnungen und anderen Gegenständen strafbar)[151] und einer Erhöhung des Strafrahmens glaubte man, einer intensivierten Spionagetätigkeit begegnen zu können[152]. Darüber hinaus ist diese Änderung wohl auch mit der "Krieg in Sicht" - Psychose der unmittelbaren Vorkriegszeit erklärlich. Trotz seines eindeutigen "Kriegscharakters" wurde das Gesetz in die Weimarer Republik übernommen und in noch weit stärkerem Maße als im Kaiserreich zur Anwendung gebracht. Nach Ansicht des Reichsgerichts standen die beiden Vorschriften im Verhältnis der Spezialität zueinander[153]. Die Bestimmung des SpG verdrängte diejenige des RStGB als lex specialis.

In beiden Bestimmungen sind die Tatbestandsmerkmale "geheim" und "Wohl des Reichs" respektive "Interesse der Landesverteidigung" von ausschlaggebender Bedeutung. Das Reichsgericht hatte zu prüfen, ob es sich bei den veröffentlichten Nachrichten noch um geheime handelte. Das Tatbestandsmerkmal "geheim" ist in der reichsgerichtlichen Rechtsprechung zum sogenannten "relativen Geheimnis"[154] erweitert worden; so sei auch geheim, was bereits in Zeitungen veröffentlicht worden [155], oder was einem größeren oder kleineren Personenkreis im In- oder Ausland bekannt sei[156].

Daß die Begriffe "Wohl des Reichs" und "Interesse der Landesverteidigung" Anknüpfungspunkt für weltanschauliche Kontroversen waren, läßt sich lebhaft vorstellen. Während etwa *Gustav Radbruch* die Auffassung vertrat, daß in einem Rechtsstaat die Annahme ausgeschlossen werden müsse, der Fortbestand

---

148 Die VO des Reichspräsidenten zur Wiederherstellung der öffentlichen Ordnung vom 3. 3. 1923, RGBl. I, 159 ist nicht Gegenstand der Untersuchung, weil die Vorschrift nur zeitweise, nämlich für den Ruhrkampf galt.

149 Zum Gesetz gegen den Verrat militärischer Geheimnisse, RGBl. 1893, 205 ff.

150 Gesetz gegen den Verrat militärischer Geheimnisse, RGBl. 1914, S. 195 ff.

151 Kohlmann, Der Begriff des Staatsgeheimnisses, S. 35 f.

152 v. Liszt/Schmidt, Lehrbuch, 25. Aufl. S. 775; v. Weber in: Die Reichsgerichtspraxis im deutschen Rechtsleben Band V, S. 174.

153 Zuletzt Urt. v. 23. 11. 1931 - Az.: 7J35/29 (Kreiser und von Ossietzky) m.w. Schrifttumsnachweisen.

154 seit RGSt 10, 420, st. Rspr.

155 Urt. v. 27. 3. 1924 - Az.: 6J30/23 (Steinicke).

156 Urt. v. 23. 11. 1931-Az.: 7J35/29 (Carl von Ossietzky und Walter Kreiser).

eines gesetzwidrigen Zustandes könne dem Wohl des Reiches dienen[157], waren die Rechtsprechung[158] und der größte Teil der Literatur[159] völlig anderer Ansicht. Auch völker- und strafrechtswidrige Geheimnisse könnten zum Wohl des Reichs und im Interesse der Landesverteidigung geheim zu halten sein.

An diesen beiden Tatbestandsmerkmalen entzündete sich auch die rechtspolitische Kontroverse um die Neufassung der Landesverratstatbestände in der Weimarer Zeit.[160]

Diese Debatte verlief jedoch außerhalb der Diskussion um die allgemeine Strafrechtsreform. Keiner der Entwürfe eines Allgemeinen Deutschen Strafgesetzbuchs[161], also weder der Entwurf Radbruch von 1922[162], noch die Entwürfe von 1925[163] und 1927[164], noch schließlich der Entwurf Kahl aus dem Jahre 1930[165], nahmen Notiz von der hier besprochenen Problematik.

---

157 Radbruch, Der Landesverrat im Strafgesetzentwurf, DJ III (1927/1928), 103 (109); ders. Vorwärts v. 21. 3. 1928, abgedruckt in GRG 12, S. 217 f.; die Ansicht wurde von einer Mindermeinung im rechtswissenschaftlichen Schrifttum i.E. auch geteilt; Radbruch war insoweit keine Einzelstimme; vgl. etwa Löwenthal DJ III (1927/1928), 120 (135); Sinzheimer, DJ III (1927/1928), 196 (198 ff.); Wegner, Kriminelles Unrecht, Staatsunrecht und Völkerrecht, S. 74 ff.

158 Grundlegend, Urt.v. 28. 8. 1923 - Az.: 7J69/23 (Oehme) und Urt. v. 27. 3. 1924 - Az.: 6J30/23 (Steinicke); Urt. v. 14. 3. 1928 - Az.: 7J63/25 (Küster und Jacob-Salomon), teilweise abgedruckt in RGSt 62, 65ff; ebenso Gutachten des BayObLG vom 30.10.1923 in der Strafsache gegen Fechenbach in: Hirschberg/Thimme, Der Fall Fechenbach, S.29 ff.

159 Ebermayer in: Leipziger Kommentar, § 92 Anm. 4.; Frind, Der Landesverrat, S. 101; Lorenz in: Olshausen, 11. Auflage, § 92, Anm. 4a); Schneidewin in: Stenglein, 5. Auflage, § 1 SpG, zu Absatz.1, Anm. 3.; v. Weber in: Die Reichsgerichtspraxis im deutschen Rechtsleben Band V, S. 173, 197 f.; auf der gleichen Linie liegt die Dissertationsliteratur, etwa Eberbach, Der Geheimnisverrat, S. 44 ff.; Lenze, Landesverrat; S. 25 ff.; Nelsen, Der Landesverrat, S. 40 f.; Rommeney, Grundfragen, S. 58 ff. mit einer Darstellung der politischen Implikationen; Bruns in seiner Habilitationsschrift von 1938 "Die Befreiung des Strafrechts vom zivilistischen Denken", S. 6 geht soweit, die Fälle publizistischen Landesverrats als solche offensichtlichen Landesverrats zu bezeichnen.

160 Der Bestand R 22 Band 6145 dürfte die erschöpfende Dokumentation der Kontroverse sein. Seine genaue Analyse muß wegen des Umfangs einer weiteren Arbeit vorbehalten bleiben.

161 Zu den Entwürfen vgl. Jelowik, Zur Geschichte, S. 10 ff. und speziell zum Entwurf Radbruch, Wassermann in: GRG 9, S. 25 ff.

162 Abgedruckt in GRG 9, S. 47 ff. Radbruch plädierte jedoch DJ III (1927/28), 103 (110), auch abgedruckt in GRG 9, S. 262 ff., für eine Sonderbestimmung nach der von der Strafe wegen Landesverrats frei bleibt, wer gesetzwidrige Tatsachen bekannt gibt, um ihre Abstellung durch deutsche Behörden herbeizuführen.

163 Amtlicher Entwurf eines Allgemeinen Deutschen Strafgesetzbuchs nebst Begründung, veröffentlicht auf Anordnung des Reichsjustizministeriums, 1925, Berlin.

Ganz anders verlief die Diskussion in den Reichs- und Landesorganen.

Das Reichswehrministerium unter den Ägiden der Minister *Geßler*[166] und *Groener*[167] strebte eine straffreundliche Umgestaltung der Straftatbestände an und widersetzte sich Entschärfungsvorhaben vehement.[168] Eine Verschärfung der Landesverratsvorschriften wurde dem Gesetzgeber auch im rechtswissenschaftlichen Schrifttum nahegelegt.[169] Mit der gleichen Tendenz mischte sich auch der greise Reichspräsident *von Hindenburg*, veranlaßt durch einen Artikel in der Kreuz-Zeitung[170], in die Diskussion ein.[171] Dies wurde im Zuge der Überlegungen zum Entwurf eines Allgemeinen Deutschen StGB von 1927[172] von der

---

164 Nachdruck des Entwurfs eines Allgemeinen Deutschen Strafgesetzbuchs 1927 mit Begründung in den Materialien zur Strafrechtsreform, 4. Band, 1954, Bonn.

165 Nachdruck des Entwurfs eines Allgemeinen Deutschen Strafgesetzbuchs 1930 (Entwurf Kahl) in den Materialien zur Strafrechtsreform, 5. Band, 1954, Bonn.

166 Geßler, Reichswehrpolitik, S. 174, unterstützt von Seeckt durch Schreiben an den Reichsminister der Justiz vom 25. 8. 1923, BA R 43 I/556 o.P.; diese Haltung darf nicht mit der unter der Ägide Radbruch veranlassten Initiative zur Schaffung des Straftatbestandes der landesverräterischen Fälschung verwechselt werden, vgl. BA R43 I/556, S. 32 f.; in die gleiche Richtung geht die Initiative des Freistaats Bayern vom März 1923, BA 43 I/556, S. 71 ff.

167 Vgl. Hürter, Groener, S. 302, m. w. N. insbesondere FN 450.

168 Stellungnahme von Reichswehrminister Groener in der Kabinettssitzung vom 3. 12. 1928 AdR Müller II Bd. 1, S. 286, auch BA R 43 I/557, S. 181 (182); Chefbesprechung vom 5. 12. 1928, a. a. O., S. 189 (190); Rechtliche Stellungnahme des Reichswehrministeriums zu den Landesverratsanträgen, a. a. O., S. 215 ff.; Stellungnahme von Schleichers im Auftrage des Reichswehrministers in der Ministerbesprechung vom 7. 3. 1929, a. a. O., S. 241 f.

169 Etwa v. Weber in: Die Reichsgerichtspraxis im deutschen Rechtsleben Band V, S. 173, 190; in der gleiche Richtung weist der Aufsatz von Carlowitz, Wissen und Wehr, Band 12 (1931), 194 (214 f.); Adolf von Carlowitz war Jurist in der Wehrmachtsabteilung des Reichswehrministeriums, vgl. Wohlfeil in: Handbuch zur deutschen Militärgeschichte Band 3, Abschnitt VI, S. 161.

170 Die Kreuz-Zeitung vom 9. 3. 1931 warf der Deutschen Friedensgesellschaft und dem Reichsbanner ein Bekenntnis zum organisierten Landesverrat vor. Hintergrund war eine Veröffentlichung des Organs der Liga für Menschenrechte, in welchem diese ankündigte, die Soldaten im Falle eines Krieges zum Ungehorsam und zur Fahnenflucht aufzufordern; BA 43 I/ 513, S. 130.

171 Schreiben Büro des Reichspräsidenten Staatssekretär Meißner vom 10. 3. 1931, BA 43 I/557, S. 308.

172 RTDrks III 1924/27 Nr. 3390; Zu den Landesverratsbestimmungen im Entwurf: Bartram, Der Landesverrat, S. 84 ff.; Brauch, Der Landesverrat, S. 51 ff.; Frind, Der Landesverrat, S. 13 ff.; Kersten, Die Entwicklung, S. 158 f.; , S. 45 ff; Lenze, Landesverrat, S. 56 ff.Nelsen, Der Landesverrat, S. 46 ff.; Nielsen, Der sog. diplomatische Landesverrat, S. 70 ff.; Pfisterer, Der Landesverrat, S. 8 ff; Rommeney, insbesondere zur Entwicklung nach 1928, Grundfragen, S. 51 ff.

sozialdemokratischen Reichstagsfraktion[173], der preußischen Staatsregierung[174] und nicht zuletzt von Reichsjustizminister *Koch - Weser* anders gesehen[175]. Dieser wollte es unter Milderung von Strafart und Strafrahmen bei der grundsätzlichen Strafbarkeit belassen, jedoch die Verfolgung an ein Strafverlangen der Reichsregierung knüpfen.[176] Der Wortlaut des Tatbestandes der geltenden Vorschrift ließ die Bestrafung der "Diffamierung des Ansehens des Reichs" durch Veröffentlichung bereits relativ bekannter Nachrichten nicht problemlos zu. Genau dies bezweckten aber die zahlreichen von *Groener* ästimierten Entwürfe mit Formulierungen wie in § 2 eines Gesetzes zur Änderung des RStGB[177]:

"Wer Gegenstände oder Nachrichten, deren Geheimhaltung vor einer ausländischen Regierung für das Wohl des Reichs erforderlich wäre, wenn sie nicht bereits der ausländischen Regierung bekannt oder öffentlich mitgeteilt wären, öffentlich mitteilt oder erörtert und dadurch das Wohl des Reichs gefährdet wird (...) bestraft. Es macht keinen Unterschied, ob die Gegenstände oder Nachrichten echt oder falsch, wahr oder unwahr sind. Die Tat wird nur auf Antrag der Reichsregierung verfolgt."

---

173 RTDrks III 1924/25, Nr. 335 "§ 92 erhält den folgenden Zusatz: Landesverrat im Sinne des Abs. 1 begeht nicht, wer über gesetzwidrige Zustände wahrheitsgemäß Mitteilung macht." und in der Parteiführerbesprechung beim Reichsminister der Justiz, BA 43 I/557 S. 198 (199).

174 Staatssekretär Dr. Abegg erklärte, man könne der Unzahl der Landesverratsprozesse wohl eher diplomatisch, als durch eine Gestzesänderung beikommen, BA 43 I/557, S. 181 (182).

175 Einen interessanten Überblick zu den Ansichten unter liberalen und linken Juristen de lege lata et de lege ferenda zum E 1927 gibt der Sonderband Landesverrat der pazifistischen Zeitschrift "Die Menschenrechte" vom 15.11.1927 durch Veröffentlichung einer Befragungsaktion der Liga für Menschenrechte. Es äußern sich Bovensiepen, Falck, Friedensburg, v. Hentig, Hiller, Hobohm, Kantorowicz, Karo, Kitzinger, Koch (-Weser), Levi, Liepmann, Löwenthal, Obuch, Radbruch, Sello, Wegener, Wehberg, Weinberg und Werthauer. Über die parteiübergreifenden Liberalisierungsinitiativen: AdR Müller II, Bd. 1, S. 284 - 287; 472 f.

176 RTDrks IV/221, S. 3. (...) § 115a: "Wer ein Staatsgeheimnis in der Absicht öffentlich bekannt gibt, eine sonst nicht anders abwendbare wesentlich größere Gefahr für das Reich oder ein Land abzuwenden, wird mit Einschließung von einer Woche bis zu fünf Jahren bestraft. Die Tat wird nur auf Verlangen der Reichsregierung verfolgt".

177 Lücken und Mängel des geltenden Rechts bei der Bekämpfung des Landesverrats, BA 43 I/557, S. 268 (271); ganz ähnlich Ebermayer in: Deutsche Presse 1925 Nr. 17, zitiert nach Löwenthal, DJ III (1927/1928), 120 (125).

Angesichts dieser Entwürfe war die von der Kabinettsmehrheit in der Sitzung vom 3. Dezember 1928 noch befürwortete Änderung des RStGB durch Einfügung eines § 93 a:[178]

Wer ein Staatsgeheimnis öffentlich bekanntmacht, weil er zu der Überzeugung gelangt ist, daß nur auf diesem Wege eine im Innern drohende unmittelbare schwere Gefahr für den Bestand des Vaterlandes abgewendet werden kann, wird nicht wegen Landesverrats bestraft. War diese Überzeugung unrichtig, so wird er (...) nur bestraft, wenn er es unterlassen hat, die Grundlage seiner Überzeugung (...) nachzuprüfen (...)"

nicht mehrheitsfähig. Schon gar nicht annehmbar war danach eine durch die Verurteilung von Ossietzkys und Kreisers veranlasste Initiative des Deutschen Ausschusses für Abrüstungspropaganda, nach der das Reichsstrafgesetzbuch durch den Straftatbestand "Verletzung der durch das Reich eingegangenen Verpflichtungen" ergänzt werden sollte.[179]

Nach der Regierungsbildung durch Brüning, in einem Augenblick also, in dem die Verschärfung des Landesverratsrechts im konservativen Zuge der Zeit gelegen hätte, wollte der Reichkanzler wegen der, alle Parteien belastenden Notverordnungspolitik keine neuen Belastungen schaffen und lehnte eine vom Reichswehrminister dringlich gewünschte Gesetzesinitiative[180] ab.[181] Einem gesteigerten Strafverlangen entsprach erst die nach der NS-Machtergreifung 1933 verkündete Notverordnung[182].

Eine weiteres, für die Verfahrensausgänge bedeutsames legislatives Problem - die Amnestiegesetzgebung - ist bereits im Zusammenhang mit den Verfahrens-

178 AdR Müller II, Bd.1, S.285 FN 11, auch BA 43 I/557, S.180 ff.

179 Ludwig Quidde in einem Schreiben an Reichskanzler Brüning vom 31. 1. 1932, BA 43 I/513, S. 215 sub 2.).

180 Schreiben Groeners an die Reichskanzlei vom 8. 12. 1931 unter Verweis auf Veröffentlichungen in der Sozialistischen Wochenzeitung vom 27. 11. 1931 aus dem Weltbühneprozeß, deren Verfolgung als Landesverrat wegen einer Vorveröffentlichung in der Neuen Zürcher Zeitung aussichtslos erschien, BA 43 I/557, S. 337 f.

181 Persönliches Schreiben des Reichskanzlers an den Reichswehrminister Dr. Groener, ohne erkennbares Datum, BA 43 I/557, S. 338.

182 § 3 Abs. 1 VO des Reichspräsidenten gegen Verrat am Deutschen Volke und hochverräterischer Umtriebe v. 18. 2. 1933, RGBl. I, S. 85, 86. Ein Beispiel für die Einordnung des publizistischen Landesverrats aus NS-Sicht, Diener, Staatsauffassung.

zahlen angesprochenen worden.[183] Die Straffreiheitsgesetze von 1925[184], 1928[185] und 1932[186] amnestierten auch publizistischen Landesverrat. Die Entstehungsgeschichte und insbesondere die Einbeziehung des publizistischen Landesverrats in die Amnestien gibt Aufschluß über die Haltung beider politischer Seiten.

Die Amnestie von 1925 war auf die Straffreiheit von Taten während des Ruhrkampfs gerichtet. Hier unternahm es das sozialdemokratische Preußen, den publizistischen Landesverrat, in Gestalt des § 92 Abs.1 Nr.1 "durch öffentliche Bekanntmachung", auf die Liste der zu amnestierenden Delikte zu setzen; dies geschah allerdings erst nach Beratungen im Reichsrat gegen den starken Widerstand Bayerns, Württembergs und Mecklenburg-Schwerins, aber auch gegen Bedenken aus dem Reichsjustizministerium.[187] Delikte gegen § 1 Abs.2 SpG (Verrat militärischer Geheimnisse), blieben nach dem Wortlaut der Vorschrift ausgeschlossen, wenn auch zu erwägen gewesen wäre, diese Taten als im Zusammenhang mit § 92 StGB stehend anzusehen und sie deshalb nach § 1 Abs.3 des Straffreiheitsgesetzes als amnestiert zu betrachten.

Auch der Oberreichsanwalt *Ebermayer* lehnte ein Amnestiegesetz, jedenfalls soweit es Hochverrat betraf, ab, weil er eine lähmende Wirkung auf die Exeku-

---

183 Einen kurzen Überblick über die Amnestiegesetzgebung bietet Böttger, Hochverrat, S. 61 ff.

184 § 1 Abs. 3 des Gesetzes über Straffreiheit vom 17. August 1925, RGBl. I 313, allerdings ohne Straftaten nach dem SpG: "(...) Unter den gleichen Voraussetzungen werden erlassen Strafen und Strafreste wegen Zuwiderhandlungen gegen § 92 Abs. 1 RStGB und damit in Zusammenhang stehende Straftaten, sofern die Tat durch öffentliche Bekanntmachung begangen ist. (...)".

185 § 1 Abs. 1 des Gesetzes über Straffreiheit vom 14. Juli 1928, RGBl. I, S.195: Es wird Straferlaß gewährt für die zur Zeit des Inkrafttretens dieses Gesetzes rechtskräftig erkannten und noch nicht verbüßten Strafen, die von Gerichten des Reichs oder der Länder wegen Straftaten verhängt wurden, die aus politischen Beweggründen begangen worden sind. (...) § 3 schränkte ein: Ausgeschlossen von der Straffreiheit sind Landesverrat (§§ 87 bis 92 des RStGB, §§ 57 bis 59 des MStGB) und Verrat militärischer Geheimnisse (Reichsgesetz vom 3. Juni 1914), wenn die Tat aus Eigennutz begangen ist. (...).

186 § 1 des Gesetzes über Straffreiheit vom 20. Dezember 1932, RGBl I, 559: Für Straftaten, die aus politischen Beweggründen oder aus Anlaß wirtschaftspolitischer Kämpfe begangen sind, wird nach Maßgabe der §§ 2 bis 4 Straffreiheit gewährt. (...) § 8 schränkte wiederum ein: Ausgeschlossen von den Vergünstigungen dieses Gesetzes sind (...) 2. Landesverrat (§§ 87 bis 92 des RStGB, §§ 57 bis 59 des MStGB) und Verrat militärischer Geheimnisse (Reichsgesetz vom 3. Juni 1914), wenn die Tat aus Eigennutz begangen ist; (...).

187 Vgl. Christoph, Die politischen Reichsamnestien, S. 200.

tivorgane des Reichs und der Länder befürchtete.[188] Seine generellen Bedenken gegen eine Amnestierung von Gewaltverbrechen[189] und Hochverrat verlieren jedoch durch seine euphemistischen Ausführungen über die wegen Delikten nach dem Gesetz zum Schutz der Republik vom Staatsgerichtshof verurteilten Organisation Consul-Mitglieder an Glaubhaftigkeit[190]. Man muß sich vor Augen führen, daß die staatserschütternde Ermordung des Reichsaußenministers Walther Rathenau in den Reihen dieser terroristischen Vereinigung organisiert wurde[191] und Ebermayer persönlich die Anklage vor dem Staatsgerichtshof vertreten hatte[192]. Hinzukommt, daß er in Bezug auf Landesverratsdelikte Amnestien befürwortete, weil ihm das ermöglichte, unbequeme Verfahren etwa gegen den sächsischen Ministerpräsidenten Zeigner[193] einstellen zu können und andere, zum Beispiel das gegen den Pazifisten Professor Dr. Ludwig Quidde gar nicht erst aufnehmen zu müssen[194].

In die Amnestie von 1928 wurde der publizistische Landesverrat gegen den Widerstand der DNVP - Reichstagsfraktion einbezogen.[195] Das Straffreiheitsgesetz, das alle politischen Straftaten mit Ausnahme der Tötungsdelikte[196] und

---

188 AdR Luther I und II, Dokument Nr.11, FN 7.

189 AdR Luther I und II, Dokument Nr.15, FN 3.

190 Christoph, Die politischen Reichsamnestien S. 185, und Sabrow, Der Rathenaumord, S. 213: Der Staatsgerichtshof habe weder den Charakter der Angeklagten als ehrenhafte, wahrheitsliebende und unerschrockene Männer noch ihre vaterländischen Verdienste hinreichend gewürdigt.

191 Ebermayer selbst stellte eine Verquickung zwischen Organisation Consul und dem Rathenaumord stets in Abrede. Diese Ansicht ist widerlegt, Sabrow, Der Rathenaumord, S. 214.

192 Sabrow, Der Rathenaumord, S. 103 ff.

193 ORA 6J407/23. Es wurde aufgrund einer Rede gegen den anderweitig verurteilten Zeigner ermittelt. Das Verfahren wurde durch Beschluß des Reichsgerichts vom 29. 6. 1926 aufgrund des hier behandelten Gesetzes eingestellt. Justizminister Radbruch hatte eingangs der Ermittlungen darauf hingewiesen, daß nach seiner Ansicht Zeigner des Landesverrats nicht hinreichend verdächtig sei.

194 Ausweislich des Aktenbestandes beim Oberreichsanwalt hat ein Ermittlungsverfahren gegen Ludwig Quidde wegen Landesverrats trotz seiner Verhaftung durch die bayerische Polizei nicht stattgefunden. Es scheint sich hier um einen bayerischen Alleingang aufgrund bayerischer Strafbestimmungen gehandelt zu haben, deren Verfassungsgemäßheit zweifelhaft waren, vgl. Seger, Der Fall Quidde, S. 19 ff.

195 Christoph, Die politischen Reichsamnestien S. 270, hat keine spezifisch gegen die Einbeziehung publizistischen Landesverrats gerichteten politischen Einwendungen ausgemacht, sondern Einwendungen gegen die Einbeziehungen des Landesverrats überhaupt.

196 § 4 des Gesetzes, der in Sonderheit auf die sogenannten "Fememorde" Anwendung fand; die Strafen wurden aber nach § 5 gemildert.

der Landesverratsdelikte aus Eigennutz[197] restlos amnestierte, wurde mit breitem Konsens im Reichstag verabschiedet. Gegenübergestellt wurden die Tatmotive "politische Beweggründe" (§ 1 Abs.1 des Gesetzes) und "Eigennutz" (§ 3 des Gesetzes). Eine Definition der politischen Beweggründe wurde der Rechtsprechung anheimgegeben[198], die den Begriff teils einschränkend[199], teils extensiver[200] auslegte. Völlig durchdacht scheint dieses Gesetz im Landesverratspassus nicht gewesen zu sein, weil ein sowohl eigennützig als auch aus politischen Beweggründen begangener Landesverrat kaum konstruierbar gewesen sein dürfte und folglich kein Anwendungsbereich für den § 3 des Gesetzes verblieb.

Die Weihnachtsamnestie 1932 war auf nationalsozialistische und kommunistische Initiative zurückzuführen, die im Ergebnis auch von den Sozialdemokraten getragen wurde. Der geschäftsmäßigen Atmosphäre der parlamentarischen Verhandlungen zwischen Kommunisten und Nationalsozialisten wegen bezeichnet *Christoph*[201] das Ergebnis im Anschluß an den seinerzeitigen Reichsminister der Justiz Koch-Weser als "Gefangenenaustausch". Die Zusammenarbeit zwischen den, wenn auch Bedenken tragenden Sozialdemokraten auf der einen und den radikalen Parteien auf der anderen Seite ließen diese Amnestie als Zweckmäßigkeitshandel[202] erscheinen. Ausgangspunkt war eine wohl extensive Sondergerichtsrechtsprechung, die politische Delikte[203] teilweise mit drakonischen Zuchthausstrafen oder gar der Todesstrafe ahndete[204], auch sozialdemokrati-

---

197 § 3 des Gesetzes; insoweit bestand auch, im Gegensatz zu den Tötungsdelikten keine Milderungsmöglichkeit.

198 Christoph, Die politischen Reichsamnestien, S. 265.

199 RGSt 58, 414 (415).

200 RGSt 63, 20 (22).

201 Christoph, Die politischen Reichsamnestien, S. 337.

202 Christoph, Die politischen Reichsamnestien, S. 337.

203 § 2 der VO der Reichsregierung über die Bildung von Sondergerichten vom 9. August 1932, RGBl I, 404 bestimmte die Zuständigkeit der Sondergerichte für die meisten Delike des RStGB, schränkte nur ein, daß die Zuständigkeit der Oberlandesgerichte und des Reichsgerichts nicht berührt werde (§ 3 Abs. 3) und daß die Verfahren, soweit die Tat nicht aus politischen Beweggründen begangen, von einem Jugendlichen verübt worden oder für die Aufrechterhaltung der öffentlichen Ordnung oder Staatsicherheit von minderer Bedeutung sei, an die Staatsanwaltschft zur Behandlung im ordentlichen Verfahren abgegeben werden könnten (§ 4).

204 Die VO des Reichspräsidenten gegen politischen Terror vom 9. August 1932, RGBl. I, 403 sah für einige in ihr genannten Delikte einen, im Vergleich zum RStGB erhöhten Strafrahmen vor und schloß die Zubilligung mildernder Umstände aus.

sche Reichsbannerangehörige nicht verschonte[205] und damit KPD, NSDAP und SPD veranlaßte, gemeinsam zu stimmen[206]. Da eine Zuständigkeit der Gerichte der Länder gegeben war[207], mußte für die Reichsamnestie eine verfassungsändernde Zweidrittelmehrheit herbeigeführt werden. Die Aufnahme des publizistischen Landesverrats in den Amnestietatenkatalog setzten wiederum die Sozialdemokraten gegen den Widerstand der Nationalsozialisten durch.[208]

Die Rolle des publizistischen Landesverrats bei der Amnestiegesetzgebung läßt sich danach zusammenfassend als, wenn auch umstrittene, Nebensache bezeichnen; die Amnestiegesetze hatten in der Hauptsache die Straffreiheit anderer Delikte zum Ziel und stellten deshalb keinen Spiegel der ver- und entschärfenden Tendenzen im Landesverratsrecht dar.

Eine Gesetzesänderung im Recht des Landesverrats hat es im Untersuchungszeitraum trotz zahlreicher Bestrebungen nicht gegeben.

Es wird allerdings zu fragen sein, ob die Rechtsprechung der Strafsenate des Reichsgerichts durch dogmatische Ansätze und tatsächliche Feststellungen schon vor 1933 eine wortlautüberschreitende Auslegung der Landesverratsbestimmungen ermöglichte.

Hierbei läßt sich zugrundelegen, daß der nulla-poena-Satz durch die im 20. Jahrhundert vordringende materiale[209] kriminalpolitische Ansicht, daß bestraft werden müsse, was Strafe verdiene, inhaltlich geschwächt wurde. Dies hat *Gerhard Pauli* an der Rechtsprechung des Reichsgerichts bis 1933, trotz einiger liberaler Unterströmungen, wie der Schaffung des übergesetzlichen Notstandes beim Schwangerschaftsabbruch[210] und der grundsätzlichen Bejahung des Staatsnotwehrrechts[211], gezeigt.[212] *Pauli* vertritt die Ansicht, daß folgende *Bindingsche* Position[213] an Boden gewonnen habe:

---

205 Christoph, Die politischen Reichsamnestien, S. 335.

206 Daß die sogenannten bürgerlichen Parteien diese Amnestie ablehnten, mag Ursache darin haben, daß ihre Klientel nicht betroffen war.

207 § 1 Abs.2 der VO der Reichsregierung über die Bildung von Sondergerichten vom 9. 8. 1932, RGBl I, 404 lautete: " Die Sondergerichte sind Gerichte des Landes ".

208 Christoph, Die politischen Reichsamnestien, S. 339.

209 Pauli, Die Rechtsprechung des Reichsgerichts, S. 37 ff. und insbesondere S. 40.

210 RGSt 62, 137; Marxen, Der Kampf gegen das liberale Strafrecht, S. 113 ff. identifiziert diese Entscheidung als liberale Gegenströmung.

211 RGSt 63, 215 (220).

"Es ist bei unserer traditionellen Schonung des Delinquenten nur natürlich, dass bei diesem Conflict zwischen den Interessen der Gemeinheit und des Einzelnen letzterer den Sieg davonträgt. Wer indessen Verständnis für das Verbrecherleben und dafür besitzt, daß die Gesetzgebung demselben nicht in alle Schlupfwinkel zu folgen vermag, wer empfindet, was es heißt, schwere Misstaten blos in Ermangelung des Gesetzesbuchstabens straflos zu lassen, der muß dem Richter die Verurteilung auf Grund der Analogie nicht nur freigeben, sondern sie von ihm fordern."

Diese Position habe - so *Pauli* - zu der Ansicht geführt, daß "ungerechtfertigte Freisprüche" verhindert werden sollten und daß sich der Richter unter Aufgabe der strengen Bindung an den Wortlaut des Gesetzes an einem subjektiv als gerecht empfundenen Ergebnis bei der Urteilsfindung orientierte.[214]

Die Rechtsfragen, die der publizistische Landesverrat für das Reichsgericht aufwarf lauteten: War der Verrat eines illegalen Geheimnisses tatbestandsmäßig? Vielleicht schon deshalb nicht, weil das illegale Geheimnis begrifflich keines war oder weil Art.118 WRV (Meinungs- und Pressefreiheit) eine Art verfassungskonformer Auslegung erheischte? Waren die Angeklagten vielleicht gerechtfertigt oder entschuldigt ?

Die Frage schließlich, ob die Geheimhaltung für das Wohl des Reichs oder der Landesverteidigung erforderlich war, ließ sich das Reichsgericht regelmäßig von Sachverständigen des Reichswehrministeriums und bisweilen von denen des Auswärtigen Amtes oder sonstiger Fachbehörden beantworten. Die Auswahl der Sachverständigen ist wegen Zweifeln an deren Unbefangenheit auf

---

212 Pauli, Die Rechtsprechung des Reichsgerichts, S. 40; i. E. auch schon Tönnies, ZRP 1990, 292 (294 f.).

213 Pauli, Die Rechtsprechung des Reichsgerichts, S. 40, zitiert hier Karl Binding, Handbuch des Strafrechts, 1. Band, Leipzig, 1885, S. 28. Fraglich und nach meiner Ansicht noch wenig erforscht ist allerdings, ob es sich bei dieser Strömung nicht um eine Wirkung der von Franz von Liszt begründeten "Modernen oder Soziologischen Strafrechtsschule" handelt, deren Gegner ihr die Eröffnung weiter Ermessensspielräume und mangelnde methodische Exaktheit mit der Folge einer Einbuße an Rechtssicherheit vorwerfen, vgl. Westphalen, Binding, S. 301 ff.

214 Pauli, Die Rechtsprechung des Reichsgerichts, S. 40.

Bedenken gestoßen[215], die vom Reichsgericht jedoch schon frühzeitg als unbegründet angesehen wurden[216].

215 Im Verfahren, das zum Urt. v. 14. 3. 1928 - Az.: 7J63/25 (Küster und Jacob-Salomon), sub D. I. 4„ führte, lehnte Rechtsanwalt Schücking die Sachverständigen des Reichswehrministeriums wegen Besorgnis der Befangenheit ab und Rechtsanwalt Levi beantragte deren Ausschluß. Seine Begründung lautete, daß diejenigen als Sachverständige ausgeschlossen sein müßten, die an den Straftaten, die zur Beurteilung standen, beteiligt seien. Eine ähnliche Ansicht in der Literatur vertrat Löwenthal, DJ III (1927/1928), 120 (137).

216 Schon Urt.v. 28. 8. 1923 - Az.: 7J69/23 (Oehme).

H a u p t t e i l

E. DIE URTEILE

Der sich anschließende Hauptteil der Arbeit ist zunächst der eingehenden Darstellung der einzelnen Urteile der Strafsenate des Reichsgerichts gewidmet und ihrer Einbindung in die historische Situation gewidmet (I.). Dem folgt die rechtliche Einordnung dieser Rechtsprechung (II.).

I. Judikatur des Reichsgerichts

Im folgenden werden die Tatbestände und Entscheidungsgründe der elf erstinstanzlichen[217] reichsgerichtlichen Urteile dargestellt, die den dogmatischen Hintergrund der Landesverratsrechtsprechung bilden. Einschubweise sollen sowohl strafprozessuale, als auch materiell-rechtliche Bedenken gegen die Rechtsprechung des Reichsgerichts angedeutet werden. Auf diese "Zwischenrufe" wird in der zusammenfassenden rechtlichen Einordnung zurückzukommen sein.

Soweit der Aktenbestand des Oberreichsanwalts dies zuläßt, werden auch die Abläufe der Verfahren vom Strafantrag bis zur Strafvollstreckung dargestellt. Die das jeweilige Verfahren bestimmende konkrete historische Situation soll, soweit möglich und nicht schon geschehen, vorausgeschickt werden.

217 Der - teilweise stattgebende - Wiederaufnahmebeschluß des 5. Strafsenats auf die sofortige Beschwerde gegen den Beschluß der 1. Strafkammer des Landgerichts München I, Beschl. v. 1. 11. 1926 - Az.: 7J73/26 (Fechenbach), wird, weil es sich nicht um erstinstanzliche Rechtsprechung des Reichsgerichts handelt, nicht vollständig dargestellt. Auf seinen Inhalt wird in der rechtlichen Bewertung jedoch einzugehen sein. Nach Kenntnis des Verfassers ist der Senatsbeschluß nicht veröffentlicht worden, obwohl die in den Akten des Oberreichsanwalts eingesehene Abschrift einen Abdruckvermerk enthält. Weder Windisch, Die Strafverfolgung von Kritikern, noch Hirschberg, Das Fehlurteil, geben eine Quelle an. Durch Urteil des Volksgerichts für den Landgerichtsbezirk München I vom 20. Oktober 1922 war Fechenbach, der frühere Sekretär des ermordeten bayerischen Ministerpräsidenten Kurt Eisner wegen versuchten und vollendeten Landesverrats, begangen durch die Presse, zu einer elfjährigen Gesamtzuchthausstrafe verurteilt worden. Das Urteil ist wegen seiner Begründung und des hohen Strafausspruchs auf verbreiteten Widerspruch gestoßen. Das Verfahren wurde aufgrund des obengenannten Beschlusses teilweise wiederaufgenommen. Vgl. zum Ausgangsfall Hirschberg/Thimme, Der Fall Fechenbach, passim und Lang, Staat, Recht und Justiz, S. 153 ff.

1. Urt.v. 28. 8. 1923 - Az.: 7J69/23 (Oehme)

Im Verfahren gegen Walter Oehme, das im Jahre 1923 eingeleitet wurde und dessentwegen er zunächst in Untersuchungs- und nach der Verurteilung in Strafhaft saß, ging es um Veröffentlichungen, die unter anderem die staatliche Teilhabe an illegalen Organisationen zum Gegenstand hatten. Die Verquickung staatlicher Stellen mit privaten, meist rechtsradikalen paramilitärischen Organisationen ist belegt[218] und wird in der neueren Geschichtswissenschaft nicht in Zweifel gezogen[219]. Ungeklärt ist noch der genaue Umfang staatlicher Teilhabe an diesen Einrichtungen. Die Reichsregierung räumte lediglich ein, daß während der Oberschlesienkrise[220] ein außerhalb der Reichswehr stehender Grenzschutz eingerichtet wurde; dieser Grenzschutz sei nach Beruhigung der Lage an der polnisch-deutschen Grenze aufgelöst und durch "Arbeitskommandos" ersetzt worden, die unter der Aufsicht der Reichswehr Waffenlager abwickelten; seit 1923 habe es jedenfalls keine staatliche Beteiligung mehr an derartigen Organisationen gegeben; insbesondere habe man während der Ruhrkrise bewußt auf deren Neueinrichtung verzichtet.[221] Diese Behauptung, speziell in Bezug auf die Ruhrkrise, wurde seinerzeit stark angegriffen[222] und läßt sich im Lichte neuerer Erkenntnisse nicht halten. Heute unterliegt es keinem Zweifel mehr, daß das Reichswehrministerium verdeckte Etatmittel an rechtsradikale Verbände weitergab[223], und Gelder durch Reichswehreinrichtungen bei privaten Einrichtungen gesammelt und teilweise den vaterländischen Verbänden zugeleitet wurden[224].

Im Jahr des Verfahrens - 1923 - zeigte die Verfolgungstätigkeit des Oberreichsanwalts in allgemeinen Landesverratssachen das absolute Maximum für den Untersuchungszeitraum (225 Verfahren). Es liegt nahe, den Grund hierfür in der Ruhrkrise zu suchen. In dieser Zeit müßte insbesondere der französische Nachrichtendienst, bedingt durch die krisenbedingte Pauperisierung der Arbei-

---

218 Entsprechende Dokumente bei Schüddekopf, Heer und Republik, S. 206 ff.

219 Nagel, Fememord und Fememordprozesse, S. 28 f. m. w. N.

220 Zur Krise im oberschlesichen Abstimmungsgebiet und deren Lösung durch das deutsch - polnische Abkommen vom 15. 5. 1922, vgl. Huber, Deutsche Verfassungsgeschichte, VII, S. 186 f.; S. 203 ff.; 218 ff. und 248 f.

221 Geßler, Reichswehrpolitik, S. 221 f; diese Aufffasung wird in der neueren Literatur etwa von Huber, Deutsche Verfassungsgeschichte, VII, S. 204 ff. geteilt und als Beleg das durch Notverordnung v. 24. 5. 1921, RGBl. I, 711 strafbewehrte Verbot der Bildung militärischer Verbände ohne Genehmigung der zuständigen Dienststellen anführt.

222 Gumbel, Verschwörer, S. 107 f.; Lehmann-Rußbüldt, Die Reichswehr, S.12 ff.

223 AdR Müller II, Bd.1 S. 153, FN 1.

224 Severing, zitiert bei Schüddekopf, Heer und Republik, S. 206 f.

terschaft und der Mittelschichten willige Spione gefunden haben. Dem steht allerdings die im Vergleich mit 1922 (25 %), geringere Verurteilungsquote der im Jahr 1923 eingeleiteten Verfahren (5 %) entgegen. Eine den "normalen" Landesverrat erfassende Amnestie hat nicht stattgefunden, so daß nur eine förmliche und unbegründete Anzeigenwut seitens des Reichswehrministeriums und Privater als Erklärungsansatz in Frage kommt. Demgegenüber ist zwar auch ein Anstieg der Ermittlungsverfahren wegen publizistischen Landesverrats von neun im Jahre 1922 auf dreiundzwanzig für das Jahr 1923 zu verzeichnen, doch ist damit noch nicht annähernd das Maximum der Weimarer Zeit erreicht. Dies veranlaßt zu der Annahme, daß allgemeiner und publizistischer Landesverrat jedenfalls 1923 nicht in rechtstatsächlichem Zusammenhang zueinander gestanden haben.

Der Aktenbestand des Oberreichsanwalts erlaubt keine detaillierten Angaben über den Ablauf des Verfahrens gegen Oehme. Festzustellen ist nur, daß gegen ihn, neben einem Hochverratsverfahren[225] auch ein weiteres Landesverratsverfahren[226] eröffnet wurde. Oehme ist, im letztgenannten Verfahrens durch Beschluß des Reichsgerichts vom 23. Juli 1924 auf Antrag des Oberreichsanwalts aus dem tatsächlichen Grunde des mangelnden Beweises außer Verfolgung gesetzt worden. Der in diesem Verfahren mitbeschuldigte Redakteur Kwasniewski hatte unter der Überschrift "Die Waffe des künftigen Krieges. Tötliche (Originalschreibweise) Unfälle in einem Militär-Laboratorium" in dem von Oehme herausgegebenen Informationsdienst behauptet, bei Versuchen mit einem hochgiftigen Gas in einem militärischen Laboratorium, in welchem neue Giftgase untersucht würden, seien sieben Chemiker ums Leben gekommen. Kwasniewski konnte bei seiner Vernehmung durch den Untersuchungsrichter bei dem Reichsgericht glaubhaft machen, er habe die Nachricht einem französichen Pressedienst entnommen. Es wurde auch festgestellt, daß die Nachricht schon vielfältig veröffentlicht worden war. Deshalb, so Reichsanwalt Freiesleben im Antrag auf Außerverfolgungsetzung, sei den Beschuldigten der Vorsatz, Geheimes zu veröffentlichen, nicht nachzuweisen.

225 ORA 14aJ209/26.

226 ORA 6J54/24.

a) Urteilstatbestand und rechtliche Würdigung

Der Angeklagte war im Jahr 1923 Herausgeber des im Oktober 1921 von ihm gegründeten WiPoSID (Wirtschaftlich-Politischer-Spezial-Informationsdienst).

Gleichzeitig bediente er die Transatlantic (Transatlantic News Transmission Agency), ein britisch-amerikanisches politisches Informationsbüro, mit politischen Berichten über Deutschland. Die Anklageschrift umfaßte fünfzehn Veröffentlichungen, die vom Senat nur zu einem Teil als tatbestandsmäßig angesehen wurden.

Spruchkörper war der Feriensenat des Reichsgerichts mit dem Vorsitzenden Senatspräsidenten Richter, den Reichsgerichtsräten Dr. Schultz, Gündel[227], Linz[228], Dr. Krug, Willhöfft[229] und Oberlandesgerichtsrat Mengelkoch[230]. Sitzungsvertreter der Anklagebehörde war Oberreichsanwalt Ebermayer selbst. Hieraus erhellt die Bedeutung, die seine Behörde dem Verfahren beimaß. Als strafbar sah der Senat vier Veröffentlichungen an. Es handelte sich um Berichte an die Transatlantic vom 27. Januar und 22. Februar 1923. Der Bericht vom 27. Januar 1923 wurde darüberhinaus im WiPoSID veröffentlicht. Schließlich hatte Oehme auch die strafrechtliche Mitverantwortung für einen Artikel in der Roten Fahne[231] vom 22. Febraur 1923 zu tragen. Der Senat verurteilte Oehme unter Anrechnung einer fünfmonatigen Untersuchungshaft zu einer Gesamtgefängnisstrafe von einem Jahr.

---

227 Johannes Gündel * 20. 2. 1872 in Leipzig, 1. juristische Staatsprüfung „sehr gut", 2. juristische Staatsprüfung „ sehr gut", Reichsgerichtsrat seit 1.11. 1918, Senatspräsident seit 1. 10. 1931, bis 1933 Mitglied der DNVP, Angaben bei Kaul, Reichsgericht, S. 272.

228 Carl Linz * 23. 5. 1869 in Bingerbrück, 1. juristische Staatsprüfung „ausreichend", 2. juristische Staatsprüfung „ ausreichend", Reichsgerichtsrat seit 16.11. 1919, Senatspräsident seit 15. 8. 1932, bis 1923 Mitglied des Zentrum, Angaben bei Kaul, Reichsgericht, S. 280.

229 Walter Willhöfft * 30. 3. 1878 in Leipzig, 1. juristische Staatsprüfung „bestanden", 2. juristische Staatsprüfung „gut", seit 1921 Hilfsrichter beim Reichsgericht, seit 1923 Reichsgerichtsrat, von 1919 bis 1933 Mitglied der DNVP, Angaben bei Kaul, Reichsgericht, S. 298.

230 Carl Mengelkoch * 17.3.1870 in Ehrenbreitstein, 1. juristische Staatsprüfung „ausreichend", 2. juristische Staatsprüfung „ausreichend", seit 1922 Hilfsrichter beim Reichsgericht, seit 1925 Reichsgerichtsrat, Angaben bei Kaul, Reichsgericht, S. 281.

231 Zunächst Organ der Spartakusgruppe und später der KPD, deren auflagenstärkstes Blatt sie war und blieb; Die Auflage wuchs von 30.000 im Jahre 1920 bis zu 130.000 im Jahre 1932, vgl. Koszyk, Deutsche Presse, Teil III, S. 324 f.

aa) Bericht an die Transatlantic und Veröffentlichung im WiPoSID vom 27. Januar 1923

(1) Tatbestand

In der Veröffentlichung vom 27. Januar 1923 stellt Oehme dar, daß die innenpolitische Situation Deutschlands sich außerordentlich verschärfe. Auf der einen Seite erstarke die kommunistische Bewegung, während auf der anderen Seite nationale Verbände an Einfluß gewönnen. Über letztere führt der Bericht aus, daß aus allen Orten Nachrichten über Truppenwerbungen kämen. Die Regierung wende sich zwar auf das allerschärfste gegen diese politische Gefahr. Es sähen sich aber einige Reichwehrkommandos verpflichtet, hinter dem Rükken der Regierung vorbereitende Maßnahmen gegen etwa eintretende Unruhen zu treffen. In Breslau hätten sich Reichswehrführer mit der Bitte an die Sozialdemokraten gewandt, Rekrutierungslisten für den Grenzschutz im Falle eines polnischen Einfalls auflegen zu dürfen. In Berlin stünden dreitausend Mann, die auf Veranlassung nationaler Kreise von der Regierung Waffen fordern wollten. Die Regierung habe das Verlangen abgelehnt. Aus vielen Städten würde die Bildung nationaler Verbände gemeldet. Gleiche Verhältnisse herrschten im ganzen Reich. Hierüber gab Oehme präzise Zahlen an. Aus allen diesen Anzeichen gehe hervor, daß man in nationalen Kreisen mit einem Krieg in allernächster Zeit rechne. Dort werde behauptet, daß die Regierung einen solchen Krieg nicht werde verhindern können.

Diese Mitteilungen betrachtete der Senat als unwahr, jedenfalls aber als ganz wesentlich übertrieben und sensationell aufgemacht.

(2) Rechtliche Würdigung

Gesetzlicher Ausgangspunkt des Urteils war § 92 Abs. 1 Nr. 1 RStGB. Nach Ansicht des Senats war der Versuchstatbestand des § 92 Abs. 1 RStGB erfüllt. Weil die Nachricht unwahr sei, fehle es an der Vollendung.

Die Nachricht sah der Senat nicht in den einzelnen Mitteilungen, deren Geheimeigenschaft er dahinstehen ließ, sondern in dem "neuen politischen Stimmungsbild", das der Angeklagte durch das Sammeln, Zusammenstellen und Gruppieren der verschiedenartigsten Meldungen aus allen Teilen Deutschlands geschaffen habe.

> **(E 1)** Diese Ansicht ist nicht unproblematisch. Verwischt sie doch die Grenze zwischen Tatsachen und Wertung. Ersteres war nach allgemei-

ner Ansicht unter den Begriff der Nachricht zu fassen[232]. Ein Stimmungsbild enthält hingegen überwiegend Merkmale des Wertens und Dafürhaltens. Denn darin wird ein - freilich nicht überprüfbarer - Schluß aus verschiedenen Tatsachen gezogen.

Aus der Neuanordnung verschiedenster Meldungen aus dem Reich schloß der Senat auch auf die Geheimeigenschaft. Diese Anordnung sei bis dahin nicht veröffentlicht gewesen. Mithin sei ein Geheimnis zu bejahen.

(E 2) Auch diese Überlegung begegnet Bedenken. Soweit die Zusammenstellung von Tatsachen unproblematisch ist, was bei der Auswertung von Presseartikeln zu bejahen sein dürfte, weil diese allgemein zugänglich sind kam ein Geheimnis nach der Rechtsprechung des Reichsgerichts nicht in Betracht.[233] Hier handelt es sich wohl um eine nicht kenntlich gemachte Änderung der Rechtsprechung.

Das Geheimnis sei auch zum Wohl des Reichs geheimzuhalten gewesen. Denn die Veröffentlichung habe die außenpolitische Stellung Deutschlands auf das Schwerste gefährden müssen. Das Geheimhaltungsbedürfnis gegenüber Frankreich und Belgien auf der einen und Polen auf der anderen Seite folge aus deren Bereitschaft, wirkliche oder vermeintliche Verletzungen des Versailler Vertrages durch kriegerische Maßnahmen zu ahnden und eine nationale Erhebung mit Waffengewalt niederzuschlagen. Aber auch England gegenüber habe ein Geheimhaltungsbedürfnis bestanden. Das Reichsgericht hielt dabei an seiner Rechtsprechung, daß Geheimhaltungsbedürfnis auch gegenüber befreundeten Staaten bestehen könne, fest und schließt a fortiori, daß dies auch solchen Staaten gegenüber gelte, die sich, wie England, im Kriegszustand mit Deutschland befunden hätten, zu dessen Reparationsgläubigern zählten und deren inzwischen möglicherweise deutschfreundliche Gesinnung durch die Bekanntgabe einer deutschen Kriegspsychose sich leicht in ihr Gegenteil habe verkehren können.

(E 3) Diese Ansicht über die historische Lage ist nicht abstrus. Die unbefangene Sicht ließ seinerzeit einen Krieg jedenfalls zwischen Frankreich und Deutschland möglich erscheinen.[234] Dies in erster Linie deshalb, weil sich die Reparations-verhandlungen völlig verfahren hatten,

---

232 Leipziger Kommentar, § 92, Anm. 4; Olshausen, § 92, Anm. 4a).

233 Vgl. Freiesleben, ZStW 46, 237 (249) m. w. N. Erwähnt werden ausdrücklich, unter Verweis auf RG Urt. v. 13. 7. 1921-Az.: C74/20 (Antonius Jongerius -d.Verf.) im gewöhnlichen Buchhandel erhältliche Schriften.

234 Salewski, Entwaffnung und Militärkontrolle in Deutschland, S. 212.

und Franzosen und Belgier am 11. Januar 1923 zur Durchsetzung ihrer Ansprüche das Ruhrgebiet zu besetzen begannen.

Eine Geheimhaltungsbedürftigkeit der Nachricht sei auch nicht etwa deshalb zu verneinen, weil die Reichsregierung sich nach der gleichen Mitteilung scharf gegen die Verletzungen des Versailler Vertrages wende. Denn die Mitteilung weise auch auf deren Ohnmacht gegenüber angeblichen Kriegsgelüsten nationaler Volkskreise hin, und es liege auf der Hand, daß sich eine ausländische Macht von ihrem Vorhaben, den Kriegswillen weiter Volksschichten zu brechen, nicht durch die Erwägung hätte abhalten lassen, daß eine machtlose Regierung eine Bewegung, der sie nicht Einhalt gebieten könne, zumindest nicht billige und fördere.

(E 4) Diese Auffassung steht in nur scheinbarem Widerspruch zu der vielfach zitierten[235] Rechtsprechungsansicht aus dem späteren Fechenbach - Beschluß[236], daß die Behauptung illegaler Zustände in der Regel nur dann dem Reichswohl schade, wenn mit der Nachricht zugleich der Vorwurf erhoben werde, daß die Regierung diese ungesetzlichen Zustände billige. Denn das Reichsgericht stand seit 1884[237] in ständiger Rechtsprechung auf dem Standpunkt, daß die Frage, ob ein Geheimnis zum Wohl des Reichs geheimzuhalten sei, keine Rechts- sondern eine Tatfrage sei [238]. Ausnahmsweise konnte daher die Nachricht über illegale Zustände auch dann geheimzuhalten sein, wenn, wie hier, der Reichsregierung kein ausdrücklicher oder stillschweigender Vorwurf der Duldung gemacht wurde. Praktisch bedeutungslos sind daher die Bedenken gegen diese Rechtsprechung, nach denen die grundsätzliche Einschränkung für unberechtigt zu halten sei[239]. Dem Verfasser ist kein Urteil bekannt, das auf Grund dieser tatsächlichen Einschränkung freigesprochen hätte.

Von der Hand zu weisen sei schließlich der Einwand, daß der Bericht vom 27. Januar eher genützt als geschadet habe, insofern die geschilderte Kriegsbereitschaft Deutschlands geeignet gewesen sei, fremde Staaten von etwa beabsichtigten Feindseligkeiten abzuhalten. Denn es könne nicht ernsthaft behauptet

---

235 Freiesleben, ZStW 46, 237 (252); Darstellung ORA, S. 53 f.; Leipziger Kommentar, § 92, Anm. 4.

236 Beschl. v. 1. 11. 1926 - Az.: 7J73/26 (Fechenbach).

237 RGSt 10, 420 (421); 61, 150 (151) st. Rspr.

238 schon RGSt 10, 420 (421); 61, 150 (151) st.Rspr.

239 Freiesleben, ZStW 46, 237 (252).

werden, daß die Bildung kleiner, wenn auch begeisterter Freikorps und Selbstschutzkörper eines entwaffneten Volkes geeignet gewesen sei, starkgerüstete fremde Kriegsmächte von einem Einmarsch oder sonstigen Zwangsmaßnahmen abzuschrecken.

> **(E 5)** Hier deutet sich ein Weg an, der in der Literatur mit compensatio lucri cum damno[240] -Nachteilsausgleichung- umschrieben wird und der vom Reichsgericht in zwei Entscheidungen über Landesverratssachen gegangen worden ist[241] und zum Zeitpunkt der Entscheidung in einem Fall zum Freispruch geführt hatte. Es ging um das Problem, ob in Landesverratssachen der Nachteilsausgleich zu berücksichtigen ist. Der Berliner Rechtsanwalt *Max Alsberg*[242] führt diesen Rechtsgedanken in seinem Gnadengesuch vom 13. Februar 1932[243] in die Strafsache gegen von Ossietzky und Kreiser ein. Er hatte unter Heranziehung der Possehl/Hersen - Entscheidung verlangt, daß auch in Fällen des Landesverrats "das gesamte Verhalten des Angeklagten auf seinen Beeinträchtigungsgehalt, also auch daraufhin zu prüfen (sei), ob nicht etwa eine compensatio lucri cum damno vorliegt". Im Fall Oehme hat das Reichsgericht auf diese Prüfung verzichtet. Nach den Feststellungen des Senats lag eine solche Situation objektiv nicht vor, denn "es kann nicht ernsthaft behauptet werden, daß die Bildung von Freikorps geeignet ist, (...) fremde Kriegsmächte abzuschrecken". Damit hat der Senat die Frage, ob Oehme vielleicht, welchem Irrtum auch immer folgend, eben dieser Ansicht gewesen sei, ausgeklammert.

Völlig verfehlt sei es schließlich, so der Senat weiter, anzunehmen, daß die Veröffentlichung der Nachrichten durch Mitteilung an das Ausland und durch öffentliche Bekanntmachung deshalb zulässig gewesen sei, weil die Bildung von Selbstschutzverbänden und ihre Bewaffnung gegen den Vertrag von Versailles und die zu seiner Ausführung erlassenen Reichsgesetze verstoße, also gesetzwidrige Zustände darstellten, kein Staatsbürger aber verpflichtet werden dürfe, über illegale Zustände zu schweigen.

---

240 Miltenberger, Der Vorwurf des Landesverrats gegen Ebert, S. 40 ff. m. w. N.

241 Zunächst Urt. v. 5. 4. 1916-Az.: II 638/16 (Possehl und Hersen); ferner Urt.v. 20.10.31-Az.: I 426/31 = RGSt 65, 422 (Ebert).

242 Sarstedt, S. 17 ff.; Jungfer, S. 33 ff.; Krach, S. 43 ff; alle in: Taschke, Max Alsberg; ferner auch Krach in: Deutsche Juristen, S. 655 ff.

243 ORA 7J35/29; singngemäß veröffentlicht Alsberg, JW 1932, 408, Anmerkung zum Urteil v. 20. 10. 1931, RGSt 65, 422 ("Ebert").

(E 6a) An diesem Punkte dürfte das Reichsgericht die Problematik genau erfaßt und die Eckpfeiler für die zukünftige Rechtsprechung festgelegt haben. In der Tat war fraglich, ob sich Reichsbürger unter welchem rechtlichen Aspekt auch immer, strafbefreiend darauf berufen können sollten, staatliches Unrecht zu rügen. Diese Frage hat der Senat, in der hier vorgestellten Entscheidung erstmalig, grundsätzlich verneint. Interessant ist die Argumentation, die es verdient, mot à mot aufgeschlüsselt zu werden.

"Die uneingeschränkte Anerkennung des Gedankens, daß die Aufdeckung und Bekanntgabe gesetzwidriger Zustände dem Reichswohle niemals abträglich sondern nur förderlich sein könne, da das Wohl des Staates in seiner Rechtsordnung festgelegt sei und sich in deren Durchführung verwirkliche, ist insbesondere im Hinblick auf die außenpolitschen Verhältnisse abzulehnen. Gerade wenn das Staatswohl oberstes Gesetz und Richtschnur sein soll, dann muß gewissenhaft und ohne parteipolitische Voreingenommenheit geprüft werden, welches Interesse im Einzelfalle das schutzbedürftigere und schutzwürdigere ist."(UA S.15)

(E 6b) Diese Ablehnung bringt zunächst zum Ausdruck, daß eine eingeschränkte Anerkennung des benannten Gedankens durchaus zu bejahen sei und dies im vorliegenden Fall nur auf Grund der momentan obwaltenden außenpolitischen Verhältnisse nicht geschehen könne. Hieraus ergibt sich, daß der Senat eine Abwägung zwischen Rechtstaatlichkeit und außenpolitischen Interessen des Reichs im Einzelfall für notwendig hielt. Er prägt aber die berühmten und in der amtlichen Sammlung wiederauftauchenden Worte[244] :

"Dem eigenen Land hat jeder Staatsbürger die Treue zu halten, das Wohl des eigenen Staates wahrzunehmen ist für ihn höchstes Gebot, Interessen eines fremden Landes kommen für ihn überhaupt nicht in Betracht; auf Beobachtung und Durchführung bestehender Gesetze hinzuwirken, kann nur durch die Inanspruchnahme der hierzu berufenen innerstaatlichen Organe geschehen, niemals aber durch Denunziation bei ausländischen Regierungen." (UA S.15)

(E 6c) An dieser Stelle wird der argumentative Ansatz dieses Urteils offenbar. Klar zu entnehmen ist der Entscheidung, daß der Senat der Ansicht ist, daß gesetzwidrige Zustände den Tatbestand eines Staatsge-

---

244 RGSt 62, 65 (67).

heimnisses erfüllen können. Der Senat spricht zwar nicht aus, was fallbezogen unter dem Wohl des eigenen Staates zu verstehen ist, stellt dies jedoch zur Abwägung mit den durch die Veröffentlichung verfolgten Interessen. Diese Darlegung entbehrt nicht einer gewissen Zirkelschlüssigkeit. Denn um eine derartige Abwägung vorzunehmen, hätten die betroffenen Rechtsgüter benannt werden müssen. Implizit kommt jedoch zum Ausdruck, daß hier nach Senatsansicht Rechtsstaatlichkeit und äußeres Wohl des Staates konkurrieren. Die Frage, welches Rechtsgut das höherrangige ist, läßt der Senat dahinstehen mit der Begründung, daß jedenfalls Abhilfe durch die Inanspruchnahme innerstaatlicher Organe zu suchen sei. Deshalb kann die Ansicht *Gusys*, nach der die Rechtsprechung des Reichsgerichts einen Vorrang der Außenpolitik formulierte und so den Staat "von der Außenpolitik her" begriffen habe,[245] nicht überzeugen, wenn auch der Reiz einer Parallele zur dezidiert staatsgebiets- und nicht staatsformbezogenen Haltung, etwa des Reichswehrministeriums[246] besticht. Das Reichsgericht stand vielmehr auf dem Standpunkt, daß eine Abwägung vorzunehmen sei, diese jedoch dann unterbleiben könne, wenn andere, mildere Maßnahmen zur Abstellung von Mißständen Erfolg hätten bringen können. *Gusys* These gilt nur, wenn man unterstellt, das Reichsgericht hätte auch bei festgestellter Wirkungslosigkeit anderer Behelfe eine Strafbarkeit bejaht. Dies trifft aber auch für die von *Gusy* in Anspruch genommene Entscheidung nicht zu. In der maßgeblichen Passage stimmen das hier dargestellte Urteil und das von *Gusy* aufgegriffene wörtlich überein[247]. Erst im letzten hier zu behandelnden reichsgerichtlichen Urteil[248] läßt der 4. Senat, wenn auch versteckt, erkennen, daß auch dann, wenn andere Behelfe nicht fruchteten, die Flucht in die Öffentlichkeit strafwürdiges Unrecht sei. Mit der im Tatsächlichen angesiedelten Frage, ob die Inanspruchnahme innerstaatlicher Organe zur Abstellung illegaler Rüstung erfolgversprechend hätte sein können, steht und fällt die reichsgerichtliche Argumentation. Auf diese Feststellung hat das Reichsgericht verzichtet. Ex post jedenfalls sind die Erfolgsaussichten parlamentarischer Behelfe gering einzuschätzen[249], was dem Senat zu diesem Zeitpunkt möglicher-

---

245 Gusy, GA 1992, 195 (208) zu RGSt 62, 65 (Urt.v.14.3.1928-Az.: 7J63/25 unter B. III. 4.).

246 Caspar, Die sozialdemokratische Partei und das deutsche Wehrproblem, S. 26.

247 Urt. v. 14. 3. 1928 - Az.: 7J63/25 (Küster und Jacob-Salomon) UA S .8, aber auch in der amtlichen Sammlung RGSt 62, 65 (67) mit geringfügigen Abweichungen.

248 Urt. v. 23. 11. 1931 - Az.: 7J35/29 (Kreiser und von Ossietzky).

249 Caspar, Die sozialdemokratische Partei und das deutsche Wehrproblem, S. 25.

weise noch nicht klar gewesen sein mag. Dagegen treffen die Ausführungen über Interessen eines fremden Landes und über die Denunziation bei ausländischen Regierungen den hier vorliegenden Fall in keiner Weise. Weder hat die Beweisaufnahme ergeben, daß der Angeklagte Walter Oehme Interessen fremder Länder im Auge gehabt hätte, noch daß er als Denunziant angesprochen werden durfte. Oehme kam es nach eigenen und in der Hauptverhandlung nicht widerlegten Einlasssungen darauf an, einen künftigen Krieg zu verhindern. Denunziantentum setzt nach herkömmlichem Sprachgebrauch voraus, daß es dem Verräter auf die Kenntnis der dritten Seite ankommt. So liegt der Fall hier gerade nicht. Es war eine Manie des Reichsgerichts, wohl in Sonderheit des miterkennenden Richters Mengelkoch[250] vom 5. Strafsenat, Journalisten, denen es gerade nicht darauf ankam, ihre landesverräterischen Äußerungen zur Kenntnis des Auslandes zu bringen, als Denunzianten zu bezeichnen. Der Hinweis des Senats, die Fragen müßten ohne parteipolitsche Voreingenommenheit geprüft werden, erwies sich damit als gegen sich selbst gerichtet.

Der Senat war ferner der Ansicht, daß der Angeklagte zwar nicht die Absicht gehabt haben möge, den Tatbestand des § 92 Abs.1 RStGB zu verwirklichen. Bedingter Vorsatz genüge jedoch.[251] Dieser liege vor. Denn der Angeklagte habe bei seiner Intelligenz, seiner Stellung im öffentlichen Leben und seinem Überblick über die politischen Verhältnisse damit gerechnet, daß die Gefährdung des Reichswohls eintrete und sei mit diesem Erfolg einverstanden gewesen. Dies schließt der Senat daraus, daß der Angeklagte selber eingeräumt habe, daß es sich bei seiner Informationstätigkeit teilweise um Grenzfälle gehandelt habe, sie sich also an der Grenze zwischen zulässiger Berichterstattung und Landesverrat bewegt hätten. Ferner hätten sogar in politischen Dingen gänzlich unerfahrene Mitarbeiter - gar Sekretärinnen - an der Versendung mancher Nachrichten an das Ausland als deutsche Interessen schädigend Anstoß genommen. Der Zeuge Frerk habe mehrfach auf das Bedenkliche der Berichterstattung hingewiesen. Schließlich habe auch der Ausgang des Fechenbach-Prozesses, mag er ihn auch für ungerechtfertigt gehalten haben, dem Angeklagten das Bedenkliche seines Tuns vor Augen führen müssen. Es habe keine Rede davon sein können, daß der Angeklagte auch nur des Glaubens habe sein können, sein journalistisches Gewissen allein habe darüber zu entscheiden gehabt, welche Nachrichten dem Wohl des Reichs abträglich und daher geheim zu halten gewe-

---

250 Diese Vermutung wird durch die Übereinstimmung mit dem Urteil gegen Küster und Jacob-Salomon gestützt, an dem Mengelkoch ebenfalls mitwirkte.

251 Unter Verweis auf: RGSt 10, 420.

sen seien. In Hoch- und Landesverratssachen unterliege die Presse keinem Sonderrecht, sondern sei den allgemeinen Strafgesetzen unterworfen. Die Entscheidung darüber, was zur Wahrung des Reichswohls geheimzuhalten sei, liege letztlich beim Strafrichter, der sich für seine Überzeugungsbildung Sachverständiger bedienen könne. Diese würden, wenn sich auch das Reichswohl nicht mit dem der Regierung decke, aus dem Kreis der von der Reichsregierung vorgeschlagenen Persönlichkeiten ausgewählt. Denn die Reichsminister der Reichsregierung, als mit dem Vertrauen des Reichstages ausgestattet (Art. 54 WRV), würden wohl am ehesten in der Lage sein festzustellen, was dem Reiche außenpolitisch schade oder nütze.

> **(E 7)** Hier stellte sich dem Senat die Frage, welcher Sachverständigen er sich bedienen sollte. In keinem untersuchten Landesverratsverfahren hat das Reichsgericht Zweifel daran geäußert, ob die gehörten Sachverständigen unbefangen oder glaubwürdig waren, was umso erstaunlicher ist, als die Rolle der Sachverständigen in diesen Verfahren regelmäßig von Stabsoffizieren aus dem Reichswehrministerium übernommen wurde. Das Ministerium hat in der fast überwiegenden Zahl der Fälle die zum Strafverfahren führende Strafanzeige erstattet und damit Interesse an einer Verurteilung bekundet. Daneben wurden dem Reichswehrministerium in den inkriminierten Publikationen regelmäßig Vorwürfe wegen ungesetzlicher Aufrüstungsmaßnahmen gemacht, weshalb es möglicherweise als selbst verletzt angesehen hätte werden können. Und schließlich äußerte sich das Interesse der Reichswehrminister an der Bestrafung der beschuldigten Journalisten auch in den zahlreichen dargelegten Gesetzesinitiativen zum "Ausbau" der Vorschriften über den Landesverrat. All dies hätte Anlaß zu Zweifeln an der Unbefangenheit der Sachverständigen geben können. Auch solche Stimmen, die der reichsgerichtlichen Rechtsprechung in Landesverratsachen aufgeschlossen gegenüber standen, haben die Frage, wie es um die Befangenheit der militärischen Sachverständigen bestellt sei, zumindest offengelassen.[252]

Schließlich, so nun der Senat weiter, habe der Angeklagte dadurch, daß er Mitteilungen über die Bildung eines Grenzschutzes gegen einen polnischen Einfall, über die Aufstellung von Truppenkörpern in Ost und West, Neueinstellungen in die Reichswehr, Einquartierung von zwei bayerischen Reichswehrkompanien in

---

252 Jorns, DRiZ 1928, 105, (106):"Die vielfach bemängelte Unparteilichkeit des hierzu oft als Gutachter in Anpruch genommenen Reichswehrministeriums als angeblich Beteiligten, wo die Mitteilung die Reichswehr angeht, kann durch diese für die objektive Strafbarkeit zunächst wesentliche Frage nicht berührt werden." Den aus Unverständlichkeit und äußerst eigenwilliger Syntax resultierenden Unterhaltungswert dieses Satzes hat Radbruch DJ III (1927/1928), 384 (385 f.) ausgemacht.

der Gegend von Stolpen und über die Besetzung des Gebiets rechts der Elbe durch Reichswehr veröffentlicht habe, die Versuchstatbestände der §§ 92 Abs. 1 RStGB und 1 Abs. 2 SpG verwirklicht. Hierdurch sei - im Falle der Erweislichkeit - sowohl die Sicherheit des Reichs durch Veröffentlichung von Nachrichten, die im Interesse der Landesverteidigung geheimzuhalten gewesen seien, als auch das Wohl des Reichs gefährdet worden. Der Beweis für die Wahrheit der Nachrichten sei nicht zu erbringen gewesen. Deshalb sei nur der Versuch der benannten Straftatbestände zu bejahen gewesen.

bb) Berichte an die Transatlantic am 21. und 22. Februar und die Veröffentlichung in der Roten Fahne am 22. Februar 1923

(1) Tatbestand

Oehme resümierte in einem Bericht an die Transatlantic eine Besprechung im Reichswehrministerium. Sie habe unter Leitung des Chefs der Heeresleitung, General von Seeckt, stattgefunden. Teilgenommen hätten Reichskanzler Cuno, Reichwehrminister Geßler, Reichsinnenminister Oeser, der preußische Ministerpräsident Braun, Innenminister Severing, verschiedene Oberpräsidenten der preußischen Provinzen und einige Generalstabsoffiziere. Seeckt habe den Plan der Bildung einer nationalen Notwehrorganisation auf Grundlage der OrgEsch[253] entwickelt. Er habe eine Beteiligung aller Parteien bis hin zu den Sozialdemokraten vorgeschlagen, um die effiziente Abwehr drohender Einfälle aus Polen und der Tschechoslowakei durch die Organisation zu ermöglichen. Die Einrichtung sei möglich, da die Kontrollkommission ihre Tätigkeit nicht ausüben könne und weil Waffen in genügender Menge beim Reichswehrministerium vorhanden seien. Die Sozialdemokraten hätten eine solche Organisation abgelehnt, da sie außenpolitisch ohne jeden Wert sei, gleichwohl die Gefahr bestehe, daß die Organisation von der "Reaktion" gegen den inneren Feind eingesetzt werden könnte. Das Reichswehrministerium habe jedoch auf der Notwendigkeit einer solchen Einrichtung beharrt und sofort Kontakte mit geneigten Vertretern der bayerischen Staatsregierung aufgenommen.

Die dem Bericht zu Grunde liegenden Informationen habe der Angeklagte von dem preußischen Landtagsabgeordneten Rabold erhalten. Zunächst habe Oehme einigen Reichstagsabgeordneten Mitteilung über die Sitzung im Reichswehrmi-

---

253 Organisation Escherich, die von Forstrat Georg Escherich als bayerische Selbstschutzorganisation 1919 gegründet und im Reich, mit Ausnahme Bayerns, 1921 verboten wurde, vgl. Nagel, Fememord, S. 30 f. und Winkler, Weimar, S. 147 f.; auch Huber, Deutsche Verfassungsgeschichte, VII, S. 202, der allerdings einwendet, auch die bayerische Staatsregierung habe einen Entwaffnungsbefehl für die OrgEsch verfügt.

nisterium gemacht. Als Grund für die Bekanntgabe habe er genannt, die Vorgänge im Reichstag zur Sprache gebracht sehen zu wollen. Unter den Empfängern sei der kommunistische Reichstagsabgeordnete Frölich, der Oehme um seine -dann auch erteilte- Zustimmung zu einer Veröffentlichung seiner Informationen in der Roten Fahne gebeten habe.

Am Morgen des 22. Februar 1923 berichtete die Rote Fahne unter der Überschrift "Seeckt rüstet zum Bürgerkrieg" über die Einzelheiten der Besprechung. Es folgte eine Interpretation dieses Ereignisses nach der nicht Krieg, sondern konterrevolutionärer Bürgerkrieg vorbereitet werde. Noch am Abend des 21. Februar diktierte Oehme seinen Bericht an die Transatlantic und sandte ihn alsbald ab.

Nach Ansicht des Senats hat die geschilderte Sitzung einschließlich des Beratungsstoffes und des Ergebnisses niemals stattgefunden. Von einem drohenden Einfall Polens oder der Tschechoslowakei sei keine Rede gewesen. Auch seien die an der Besprechung Beteiligten übereinstimmend der Ansicht gewesen, daß die OrgEsch und andere ungesetzliche Organisationen nicht weiter hätten bestehen dürfen. Vor allem sollten keine Zusammenhänge mit der Reichswehr bestehen. Es sei überhaupt nur von innenpolitischen Schutzmaßnahmen gesprochen und deshalb beschlossen worden, daß dort, wo die Bevölkerung nach Schutz vor Bandeneinfällen verlange, durch die Zivilbehörden solche Personen vermerkt werden sollten, die sich zum Schutz zur Verfügung stellten. Die Personen hätten jedoch nicht in festen Verbänden zusammengeschlossen werden sollen. Auch sei keine Rede davon gewesen, sie zu bewaffnen oder zu Übungen einzuberufen.

Oehme berichtete am 22. Februar an die Transatlantic zunächst aus einer Sitzung der preußischen Landtagsfraktion der Sozialdemokraten. Verschiedene auf Veranlassung des preußischen Innenministers Severing verhaftete Leiter von Selbstschutzverbänden hätten wieder freigelassen werden müssen, da das Reichswehrministerium interveniert und erklärt habe, diese Personen handelten in dessen Auftrag. Auf einer anderen Sitzung habe Severing erklärt, daß er bei der Auflösung von Selbstschutzverbänden überall auf Widerstand des Reichswehrministeriums stoße. Dieses habe erklärt, daß es einer Auflösung der Selbstschutzverbände vor dem 31. März 1923 nicht zustimmen könne, weil bis dahin bindende Verträge über die Unterstützung der Verbände durch das Reichswehrministerium bestünden. Anläßlich einer Sitzung der preußischen Oberpräsidenten Anfang Februar 1923 habe ein Vertreter des Reichswehrministeriums darauf hingewiesen, daß die Reichswehr nicht in der Lage sei, tschechoslowakische oder polnische Angriffe, die nach dem Bekunden eines gleichfalls anwesenden Vertreters des Auswärtigen Amtes drohten, abzuwehren. Die Grenzprovinzen müßten deshalb selbst einen Grenzschutz durch Ausbau der bestehenden Selbstschutzverbände schaffen. Dies solle durch die Zivilbehörden geschehen, wobei das Reichswehrministerium für militärische Ausbildung und Bewaffnung sorgen wolle. Eventuell fehlende schwere Geschütze könnten erforderlichenfalls aus Rußland beschafft werden. Ferner berichtete Oehme, daß nach Angabe sozialdemokratischer Abgeordneter aus Pommern, Schleswig-Holstein und Schlesien verschiedenen Oberpräsidenten Anweisungen über Stammrollen für die Selbstschutzverbände, Listen über vorhandene Personen und Lastautos und über den Pferdebestand ihrer Bezirke zugegangen seien. Schließlich berichtete der Verurteilte noch über Schießübungen der Selbstschutzverbände in Küstrin, über deren militärische Übungen in Glogau, die Neuaufstellung des Oberschlesien-Freikorps Heydebreck und über das Vorhandensein eines großen Waffenlagers in Rendsburg. Diese Informationen behauptete Oehme von einem sozialdemokratischen Abgeordneten erhalten zu haben.

Die in diesem Bericht enthaltenen Tatsachen erachtete der Senat in gleicher Weise als unzutreffend wie jene, die im Bericht vom 21. Februar Erwähnung fanden.

(2) Rechtliche Würdigung

Ausgangspunkt der rechtlichen Würdigung waren auch hier die §§ 92 Abs. 1 RStGB und 1 Abs. 2 SpG in ihren Versuchstatbeständen. Die im Bericht an die Transatlantic mitgeteilten unwahren, jedenfalls nicht erweislich wahren Nachrichten seien geheim gewesen. Dies folge aus der eigenen Mitteilung des Angeklagten, die Kontrollkommission habe ihre Tätigkeit zum Zeitpunkt der Veröffentlichung nicht ausüben können.

Für den Bericht an die Transatlantic vom 21. Februar stehe dem auch nicht entgegen, daß die weitgehend inhaltsgleichen Korrekturabzüge der Roten Fahne vom 22. Februar bereits vor Eintreffen des Berichts bekannt gewesen seien. Denn bei der Annahme des Versuchs erschöpfe sich die strafbare Tätigkeit des Angeklagten in der Abfassung und Absendung des Berichts vom 21. Februar. Zu diesem Zeitpunkt seien die Nachrichten jedenfalls noch geheim gewesen.

> **(E 8)** Interessant ist, daß der Senat für die Frage, ob hinsichtlich des Berichts an die Transatlantic ein Versuch des Landesverrats zu bejahen sei, darauf verzichtet hat, den Vollendungsvorsatz zu prüfen. Der Angeklagte konnte unwiderlegt davon ausgehen, daß zum Zeitpunkt des Eintreffens der Berichte bei der Transatlantic, also zum von ihm vorge-

stellten Veröffentlichungs- und damit Vollendungszeitpunkt, jedenfalls die Bürstenabzüge des inhaltsgleichen Artikels der Roten Fahne dort bekannt sein würden. Wenn der Angeklagte dies aber wußte, hätte geprüft werden müssen, ob sein Vorsatz hinsichtlich der Transatlanticveröffentlichung auf die Veröffentlichung geheimer Nachrichten gerichtet war. Dies hätte vom Senat problemlos mit der bereits hinlänglich strapazierten Theorie vom relativen Geheimnis[254], wonach die Kenntnis der Nachrichten durch einen beschränkten Personenkreis nicht zu einem Nichtgeheimnis führten, bejahen können. Es ist nicht einleuchtend, daß hierauf verzichtet und statt dessen auf eine bedenkliche Vorsatztheorie zurückgegriffen wurde.

Abgesehen davon treffe den Angeklagten aber - so das Urteil weiter - auch die strafrechtliche Verantwortung für den Artikel in der Roten Fahne. Zwar habe der Angeklagte den Artikel weder selber geschrieben noch nach Form und Inhalt gekannt. Insoweit komme er als Täter oder Mittäter nicht in Betracht. Er sei aber als Gehilfe anzusehen. Denn er habe dem Verfasser des Artikels, also dem Täter, durch Verschaffung des Materials und Erteilung des Einverständnisses mit einer Veröffentlichung in der Roten Fahne wissentlich Hilfe geleistet.

(E 9) Erstaunlich ist hier, daß der Angeklagte die gleiche prozessuale Tat (Veröffentlichung von Nachrichten gleichen Inhalts) zweimal, nämlich als Gehilfe und als Täter begangen haben soll. Diese Betrachtungsweise ist eine Folge des relativen Geheimnisbegriffs, der unter anderem besagt, daß auch eine bereits veröffentlichte Nachricht noch geheim im Rechtssinne sein könne.

Selbst wenn Täter der Zeuge Frölich (MdR), gewesen sein sollte, was nicht feststehe, könne sich der Angeklagte nicht auf Art. 38 WRV berufen, wonach er den Mitgliedern des Reichstages Tatsachen anzuvertrauen berechtigt sei. Denn soweit der Angeklagte dem Zeugen Frölich Tatsachen anvertraut habe, sei es ihm um des Zeugen Stellung bei der Roten Fahne und nicht um dessen Eigenschaft als Mitglied des Reichstages gegangen.

(E 10) Dies wird von den Feststellungen nicht getragen. Denn Oehme konnte unwiderlegt behaupten, er habe Reichstagsabgeordneten die Nachrichten anvertraut und erst im Nachhinein einer Veröffentlichung zugestimmt.

---

254 Seit RGSt 10, 420 st. Rspr.

Die Abgeordnetenimmunität des Zeugen Frölich könnte, wäre dieser der Verfasser des Artikels, nicht einmal ihn selbst und deshalb erst recht nicht den Angeklagten vor Strafverfolgung schützen. Denn die journalistische Tätigkeit zähle weder zu der Abstimmung eines Abgeordneten noch zu den in Ausübung seines Berufes getanen Äußerungen (Art. 36 WRV). Schließlich stelle Art. 36 WRV nur einen persönlichen Strafausschließungsgrund dar, der dem Teilnehmer nicht zugute komme.

Die Nachrichten seien ferner zum Wohl des Reichs und im Interesse der Landesverteidigung geheimzuhalten gewesen. Sie enthielten den Vorwurf, das Reichswehrministerium als Teil der Reichsregierung organisiere neben der Reichswehr einen selbständigen gesetzwidrigen Grenzschutz unter Verwendung und Ausbau der aufgelösten, illegalen Selbstschutzverbände, die mit Waffen ausgerüstet würden und deren Einsatz gegen Einfälle der östlichen Grenznachbarn Deutschlands beabsichtig gewesen sei. Dies beinhalte zugleich die Behauptung, die Reichsregierung verletze den Art. 177 des Versailler Vertrages und die zu seiner Ausführung ergangenen Reichsgesetze vom 31. August 1919 und vom 22. März 1922. Die Bekanntgabe dieser Nachrichten hätte nicht nur die in den Berichten genannten Länder, sondern namentlich auch Frankreich aufs höchste reizen müssen. Dies wiederum hätte dazu führen können, daß die angeblichen Verletzungen des Versailler Vertrages durch Zwangsmaßnahmen geahndet, beziehungsweise solchen Zwangsmaßnahmen nicht entgegengetreten worden wäre. Dem stehe auch nicht entgegen, daß sich die sozialdemokratischen Minister und die preußischen Oberpräsidenten sehr skeptisch gegenüber den dargelegten Plänen geäußert haben sollen. Denn die maßgebende Regierungsstelle, das Reichswehrministerium, habe nach Darstellung des Angeklagten auf deren Durchführung beharrt.

Einer Bestrafung stehe auch nicht entgegen, daß der Angeklagte angeblich gesetzwidriges Regierungshandeln habe rügen wollen. Denn wäre der Angeklagte tatsächlich der Meinung gewesen, ein Reichsminster hätte Reichsgesetze verletzt, so hätte er bei einem der ihm bekannten Reichstagsabgeordneten auf die Einleitung eines Verfahrens nach Art. 59 WRV (Ministeranklage) hinwirken können.

> **(E 11)** Dieser Überlegung steht entgegen, wie sich allerdings erst später herausstellen sollte, daß ein Verfahren nach Art. 59 WRV nie stattgefunden hat.[255] Im übrigen hatte Oehme den Sachverhalt bereits dem Reichstagsabgeordneten Frölich vorgetragen und wurde gerade auch

255 Anschütz, Die Verfassung des Deutschen Reichs, S. 331 ff. macht keinen Fall namhaft.

wegen dieser Mittteilung verurteilt. Diese Behandlungsweise läßt die Senatsansicht, die Inanspruchnahme von Reichstagsabgeordneten sei das gebotene Mittel zur Abstellung von Illegalitäten zweifelhaft erscheinen. Hinzutritt, daß auch die pazifistische Strategie, Parlamentarier durch vertrauliche Denkschriften zu Maßnahmen gegen die illegalen Rüstungen zu veranlassen, fehlschlug.[256] Insgesamt muß deshalb von der Wirkungslosigkeit isolierter rechtlicher Behelfe ausgegangen werden.[257]

Die Nachrichten seien, und insoweit schloß sich der erkennende Senat dem Gutachten des militärischen Sachverständigen an, für den Fall ihrer Wahrheit auch im Interesse der Landesverteidigung geheimzuhalten gewesen. Deshalb sei neben dem Tatbestand des § 92 Abs. 1 RStGB auch der des § 1 Abs. 2 SpG erfüllt.

Die benannten Mitteilungen wären auch an ausländische Regierungen gelangt, da sie über die Transatlantic in die führenden englischen Blätter lanciert und damit auch der englischen Regierung zu Kenntnis gebracht worden seien.

Den jedenfalls bedingten Vorsatz zur Verwirklichung der Straftatbestände schloß der Senat daraus, daß der Angeklagte in der Hauptverhandlung selbst eingeräumt habe, es sei ihm bewußt gewesen, daß ein gewisser außenpolitischer Schaden für das Reich hätte eintreten können. Dem stehe auch die Hinzufügung, er habe geglaubt, auf diese Weise der Gefahr eines Putsches vorbeugen zu können, nicht entgegen. Eine solche Erwägung rechtfertige nicht die Weitergabe von Nachrichten an das Ausland. Aber auch für die Lieferung des Materials an die Rote Fahne habe die Erwägung keinen Anlaß geben dürfen. Denn dem Angeklagten sei der verfasssungsmäßige Weg, die Angelegenheit im Reichstag zur Sprache zu bringen, den er selbst schon beschritten habe, genau bekannt gewesen. Ferner habe er die Anfertigung eines Durchschlags des Berichts vom 21. Februar untersagt, woraus sich auch auf den Verratsvorsatz des Angeklagten schließen lasse.

(E 12) Diese Ansicht begegnet schwersten Bedenken: Der Senat hat sich nicht mit der Frage auseinandergesetzt, ob ein Putsch drohte und ob die Veröffentlichung das geeignete Mittel zu dessen Verhinderung war.

---

256 Lütgemeier-Davin, Pazifismus, S. 187.

257 Gustav Radbruch (DJ III (1927/1928), 384 (385) formulierte in Erwiderung auf Jorns (DRiZ 1928, 105), daß man in einem beneidenswerten Stande der politischen Unschuld gelebt haben müsse, um zu glauben, daß juristische Behelfe genügt hätten um das Reichswehrministerium zur Abstellung von Mißständen zu bewegen.

Hierzu hätte nach dem Kapp-Putsch umso mehr Anlaß bestanden, als das Reichsgericht sich in diesem Zusammenhang, wenn auch nur obiter, mit den Voraussetzungen der Staatsnotwehr befaßt hatte.[258] Es hätte gefragt werden müssen, ob der Bestand des Staates notwehrfähig ist und ob die Handlung des Angeklagten ein geeignetes und erforderliches Mittel war. Der fast schon gebetsmühlenartige und auch zweifelhafte Hinweis auf den "verfassungsmäßigen Weg, die Angelegenheit im Reichstage zur Sprache zu bringen", ändert hieran nichts. Denn der Senat hat sich nicht die Frage gestellt, ob die Zuhilfenahme parlamentarischer Einrichtungen zur Abwendung der Gefahr eines Putsches, also der Gefahr, daß die verfassungsmäßige Ordnung mit Gewalt beseitigt würde, überhaupt geeignet war. Das Verteidigungsvorbringen des Angeklagten, er hätte die zum Gegenstand der Anklage gemachten Nachrichten öffentlich gemacht, um einen Putsch zu verhindern, hätte gewürdigt werden müssen.

cc) Bericht an die Transatlantic vom 26. Februar 1923

(1) Tatbestand

Oehme berichtete, daß verschiedene Reichswehrkommandos an die einzelnen Oberpräsidenten Anweisungen hätten ergehen lassen, die sich auf das statistische Material für die Neubildung von Selbstschutzorganisationen bezöge. Severing und Geßler hätten jedoch - jeder für seinen Dienstbereich - energische Anweisungen getroffen, die Selbstschutzorganisationen zu bekämpfen.

(2) Rechtliche Würdigung

Dieser Bericht war nach Ansicht des Senats auszuscheiden, da nur nachgeordneten Reichswehrstellen der Vorwurf der unerlaubten Verbindung mit Reichswehrstellen gemacht worden sei, die Haltung der Reichsregierung jedoch als korrekt anerkannt wurde.

---

258 Urt. v. 21. 12. 1921, RGSt 56, 259, die reichsgerichtliche Anerkennung des übergesetzlichen Notstandes erfolgte erst später, konnte also auf dieses Verfahren noch keine Anwendung finden. RGSt 61, 242 (254), Urt. v. 11. 03. 1927-Az.: I 105/26; auf diese Entscheidung weist im Zusammenhang mit den Landesverratsverfahren auch Radbruch, DJ III (1927/1928), 384 (385) hin.

b) Strafzumessung

Der Angeklagte wurde unter Freisprechung im übrigen wegen versuchten Verrats militärischer Geheimnisse in Tateinheit mit versuchtem Landesverrat in zwei Fällen zu einer Gesamtgefängnisstrafe von einem Jahr verurteilt. Dem wurde zugrunde gelegt, daß mildernde Umstände im Hinblick darauf anzunehmen gewesen seien, daß dem Reich ein erkennbarer Schaden nicht entstanden sei. Ferner wurde ihm zugute gehalten, daß er unbestraft gewesen und daß sein Vorgehen seiner Charakterveranlagung, Eitelkeit, Selbstüberschätzung und Sensationssucht geschuldet gewesen sei. Er sei wiederholt im Dienste von Regierungsstellen tätig gewesen und habe dabei mancherlei Ersprießliches geleistet.[259] Auch sei er hin und wieder zur Erreichung nicht einwandfreier Zwecke ausgenutzt worden.

> **(E 13)** Erstaunlich ist, daß der Senat keinen Anlaß zu klären gesehen hat, ob der Angeklagte als Überzeugungstäter im Sinne des § 52 der Grundzüge für den Vollzug von Freiheitstrafen (Grundzüge)[260] anzusehen war. Die Frage war für die Haftbedingungen des Gefangenen von einiger Bedeutung, da nach Absatz 1 der Vorschrift zulässige Vergünstigungen bei Vorliegen von Überzeugungstäterschaft ohne weiteres zu gewähren waren. Die Vergünstigungen betrafen Punkte, die für den Gefangenen eminent wichtig waren. Zu nennen sind hier Kleidung, Ernährung, Unterbringung, Korrespondenz und die Besuchsregelung. Dem lag die in § 48 der Grundzüge ausformulierte Überlegung zugrunde, daß die Gefangenen durch den Vollzug der Freiheitsstrafe, soweit erforderlich, an Ordnung und Arbeit gewöhnt und sittlich so gefestigt werden sollten, daß sie nicht wieder rückfällig würden. Dieser androgogische Zweck verfing bei solchen Tätern, die die Tat aus politischer Überzeugung begangen hatten, wegen deren, von ihrer Unbelehrbarkeit einmal abgesehen, sozialer und moralischer Einbettung naturgemäß nicht. Mit besonderer Härte im Strafvollzug war hier also spezialpräventiv nichts zu gewinnen. Bei politischen Straftaten konnte die Überzeugungstäterschaft oftmals bejaht werden. Öfter hat auch die Verneinung der Frage nach der Überzeugungstäterschaft in Reichsgerichtsurteilen ausdrückliche

---

259 Oehme war 1918 in der Reichskanzlei beschäftigt; er beschreibt diese Zeit in seinem 1958 erschienen Buch "Damals in der Reichskanzlei". Darüberhinaus hat Oehme im Jahre 1963 das Buch "Verschwörung der Geschlagenen" veröffentlicht, in dem er die Rüstungspolitik in der Bundesrepublik scharf kritisierte.

260 Vereinbarung der Landesregierungen über die Grundsätze für den Vollzug von Freiheitsstrafen vom 7. 6. 1923, RGBl. II, 263 (268).

Erwähnung gefunden[261]. Unter Zugrundelegung seines Verteidigungsvorbringens war anzunehmen, daß Oehme sich auf Grund seiner politischen Überzeugung zu der Tat verpflichtet fühlte, so daß Überzeugungstäterschaft leicht hätte bejaht werden können. Auf der anderen Seite hat der Senat, wenn auch in bonam partem, Sensationssucht als Triebfeder zur Tat angenommen. In Ansehung dieses aus Sicht des Senates schwierigen Motivbündels ist nicht erklärlich, warum die Anwendung der Vorschrift nicht geprüft wurde.

2. Urt. v. 27. 3. 1924 - Az.: 6J30/23 (Steinicke)

Im Verfahren gegen Otto Steinicke, das durch eine Strafanzeige des Stuttgarter Polizeipräsidenten vom 12. Februar1923 eingleitet wurde, ging es um den sogenannten "aktiven Widerstand" gegen die Besetzung des Ruhrgebiets durch französische und belgische Truppen im Jahre 1923. Der inkriminierte Artikel aus der "Roten Fahne" behandelte die Beteiligung staatlicher Stellen am Ruhrkampf und insbesondere die Frage, ob Deutschland im Rahmen des aktiven Widerstands entgegen den Bestimmungen des Friedensvertrages mobilmache und Truppenkontingente oberhalb der vom Versailler Vertrag zugelassenen Grenze unterhalte.

Für die Anzahl und das Verhältnis der Landesverratszahlen untereinander gilt das im Zusammenhang mit dem Verfahren gegen Steinicke ausgeführte: Im Jahre 1923 war der Höhepunkt der Verfolgungstätigkeit wegen publizistischen Landesverrats noch nicht erreicht.

Die Regierung Cuno verlautbarte öffentlich, der von ihr als völkerrechtswidrig angesehenen Ruhrbesetzung[262] mit passivem Widerstand zu begegnen.[263] Dies bedeutete, daß Beamte und insbesondere Bedienstete der Reichsbahn angewiesen wurden, Anordnungen der Besatzungsmächte, die Zwecken der Ruhrbesetzung dienten, nicht zu folgen[264]. Diese Haltung wurde von der großen Mehrheit der Ruhrbevölkerung und der Reichsbürger insgesamt geteilt. Ein aussagestarkes zeitgenössisches Manifest ist insoweit, neben dem gemeinsamen Protestauf-

---

261 So zum Beispiel im Urt. v. 23. 11. 1931 - Az.: 7J35/29 (Kreiser und von Ossietzky).

262 Nachweise über die Protestnote der Reichsregierung vom 23. Januar 1923 bei Huber, Deutsche Verfassungsgeschichte, VII, S. 283, dort FN 53.

263 Ruck, Die freien Gewerkschaften im Ruhrkampf 1923, S. 396.

264 Huber, Deutsche Verfassungsgeschichte, VII, S. 282.

ruf des Reichspräsidenten und der Reichsregierung,[265] der Aufruf des Deutschen Anwaltstages "an die Rechtsanwälte aller Länder", der durch die Besetzung nicht nur das Recht Deutschlands, sondern auch das Recht aller Länder verletzt sah und die ausländischen Kollegen aufrief, sich dem Kampf des Rechts gegen die Gewalt nicht zu verschließen.[266]

Unzutreffend dürfte jedoch die Behauptung der Regierung gewesen sein, der Widerstand sei spontan aus der Bevölkerung entstanden.[267] Auf politisch rechtsstehender Seite, interessanterweise mit Ausnahme der NSDAP[268], wurde mit großem Rückhalt in der Ruhrbevölkerung[269] sogenannter aktiver Widerstand betrieben. Hierbei kam es zu vielfältigen terroristischen Anschlägen gegen Einrichtungen, die dem Besetzungszweck dienten.[270] Die Reichsregierung, jedenfalls die Minister Becker, Geßler und Brauns billigten den aktiven Widerstand, hielten Kontakt zu den Saboteuren[271] und verteilten von der Industrie bereitgestellte Mittel mit Hilfe des Truppenamtes und des Wehrkreiskommandos VI in Münster an private Sabotagetrupps.[272] Dokumentiert ist ein Treffen zwischen dem in seiner Haltung zum aktiven Widerstand zwiespältigen[273] Reichskanzler Cuno und einem Repräsentanten der rechtsextremen Deutsch-Völkischen Freiheitspartei in dieser Zeit.[274] Bei diesem Repräsentanten dürfte es sich um Albert von Graefe gehandelt haben.[275] Daneben hat Cuno sich mit

---

265 Nachweise bei Huber, Deutsche Verfassungsgeschichte, VII, S. 280, dort FN 36.

266 Deutscher Anwaltstag, JW 1923, 97.

267 Ruck, Die freien Gewerkschaften im Ruhrkampf 1923, S. 531.

268 Vgl. Herbert, Best, S. 80 f.; Winkler, Weimar, S. 189 f.

269 Huber, Deutsche Verfassungsgeschichte, VII, S. 295.

270 Gumbel, Verschwörer, S. 108; Huber, Deutsche Verfassungsgeschichte, VII, S. 294 ff.; Ruck, Die freien Gewerkschaften im Ruhrkampf 1923, S. 396 ff.

271 Hallgarten, Hitler, Reichwehr und Industrie, S. 27.

272 Ruck, Die freien Gewerkschaften im Ruhrkampf 1923, S. 397; die Unterstützung durch das Wehrkreiskommando VI wird von Huber, Deutsche Verfassungsgeschichte, VII, S. 295 als schwer überprüfbar angesehen.

273 Ruck, Die freien Gewerkschaften im Ruhrkampf 1923, S. 397.

274 Schwabe in: Bracher/Funke/Jacobsen, S. 105 f. Dies erhellt auch aus den Akten ORA 6 J407/23 in welchem der Verteter der Deutsch-Völkischen Freiheitspartei Rechtsanwalt Herold im Beschwerdeverfahren gegen ein Verbot der Partei in nichtöffentlicher Sitzung vor dem StaatsGH ausführt, die DFP habe "mit ausdrücklicher Billigung und Zustimmung der Reichsregierung (RWM)" gehandelt. Als Zeugen hierfür wurden Cuno, v. Seeckt, Ludendorff und Oven benannt. Ferner Winkler, Weimar, S. 195.

275 Winkler, Weimar, S. 195.

dem Freikorpsführer Gerhard Roßbach getroffen[276], soll ihn aber kühl behandelt haben; Roßbach wurde kurze Zeit später unter dem Verdacht des Hochverrats von der preußischen Polizei verhaftet.[277]

Die Haltung der KPD, deren Zentralorgan die "Rote Fahne" war, schwenkte nach einem Referat Karl Radeks vor dem Exekutivkomitee der Komunistischen Internationale am 20. Juni 1923 auf die nationalbolschewistische Linie ein; diese Haltung war in der KPD umstritten und beinhaltete den Versuch den extremen Nationalismus für die kommunistische Revolution zu gewinnen.[278] Anlaß des Referats war die standrechtliche Erschießung des Ruhrsaboteurs *Albert-Leo Schlageter* aufgrund eines Urteils des französischen Kriegsgerichts in Düsseldorf.[279]

a) Ablauf des Verfahrens

Am 27. März 1923 forderte der Oberreichsanwalt ein Gutachten der Reichsbahndirektion über die Frage an, ob die im Artikel mitgeteilten Tatsachen zum Wohl des Reichs geheimzuhalten gewesen seien. Dies wurde von der Adressatin lapidar bejaht; zwar seien die Tatsachen unwahr, doch wären sie im Falle ihrer Wahrheit auf jeden Fall geheimzuhalten gewesen. Am 11. April 1923 wurde Steinicke richterlich vernommen. Einige Tage später reichte Justizrat *Victor Fraenkl*[280] seine Verteidiger-Vollmacht zu den Akten. Am 27. Juli 1923 schrieb der Reichsminister des Inneren an den der Justiz zur Weiterleitung an den Oberreichsanwalt - darin wird die politische Brisanz des Falles deutlich - daß der Reichsregierung durch den Artikel schwere Vorwürfe gemacht worden seien. Ihr sei zur Last gelegt worden, daß sie, entgegen ihren wiederholt abgegebenen Erklärungen, der passive Widerstand im Ruhrgebiet komme spontan aus der Bevölkerung, den aktiven Widerstand selbst mitorganisiere. Am 24. Januar 1924 wird die Anklageschrift fertiggestellt und das Hauptverfahren einen Monat später vor dem Reichsgericht eröffnet. Am 27. Februar des gleichen

276 Huber, Deutsche Verfassungsgeschichte, VII, S. 308.

277 Jasper, Der Schutz der Republik, S. 140; Winkler, Weimar, S. 195.

278 Flechtheim, Die KPD, S. 177 ff.; Huber, Deutsche Verfassungsgeschichte, VII, S. 297 ff.

279 Radek führte darin aus: " Die Geschicke dieses Märtyrers des deutschen Nationalismus sollen nicht verschwiegen, nicht mit einer abwerfenden Phrase erledigt werden. (...) Schlageter, der mutige Soldat der Konterrevolution, verdient es, von uns Soldaten der Revolution männlich-ehrlich gewürdigt zu werden. (...). Wir werden alles tun, daß Männer wie Schlageter, die bereit waren für eine allgemeine Sache in den Tod zu gehen, nicht Wanderer ins Nichts, sondern Wanderer in eine bessere Zukunft der gesamten Menschheit werden. " Zitert nach Flechtheim, Die KPD, S. 178.

280 Victor Fraenkl * 18.9.1869 in Gleiwitz, Rechtsanwalt in Berlin.

Jahres findet die Hauptverhandlung vor dem 5. Strafsenat des Reichsgerichts statt. Beteiligt sind dessen Richter Reichsgerichtsräte Dr. Paul (Vorsitzender), Hettner, Hüfner, und Oberlandesgerichtsräte Dr. Gütermann und Mengelkoch. Als Sitzungsvertreter des Oberreichsanwalt tritt Staatsanwaltschaftsrat Dr. Gutjahr auf. In der Hauptverhandlung wird das Gutachten der Reichsbahndirektion und das Schreiben des Reichsministers des Inneren verlesen. Nach der Verurteilung Steinickes zu einem Jahr und drei Monaten Gefängnis geht am 31. März 1924 das Gnadengesuch des Verteidigers Victor Fraenkl beim Reichsminister der Justiz ein. Es beklagt die rechtliche Unhaltbarkeit und menschliche Härte des reichsgerichtlichen Urteils, gegen das es Anfechtungsmöglichkeiten auf dem Instanzenwege nicht mehr gäbe. Auch sei die Gesundheit des Verurteilten angegriffen. Am 1. Mai 1925 wird Steinicke, der zwischenzeitlich auch wegen Hochverrats verurteilt worden war[281], durch den Stellvertreter des Reichspräsidenten begnadigt.

b) Urteilstatbestand

Der Angeklagte war im Februar 1923 verantwortlicher Schriftleiter der "Roten Fahne". Das Blatt resümierte in der Ausgabe vom 10. Februar 1923 eingangs einen Artikel der Süddeutschen Arbeiterzeitung (SAZ) vom 8. Februar 1923, deren Gesamtauflage wegen des Verdachts des versuchten Landesverrats beschlagnahmt worden war, wie folgt: Das beschlagnahmte Blatt berichtete über von deutschen Behörden planmäßig organisierte Sabotageakte im Eisenbahnwesen, die sich gegen die an der Ruhrbesetzung beteiligten belgischen und französischen Truppen richteten. Diese Sabotageakte hätten Eisenbahnunfälle zur Folge gehabt und zahlreiche Menschenleben gefordert. Es wurde ferner ein Bericht der französischen Kammer über derartige Sabotageakte mitgeteilt. Im Anschluß an diesen Bericht wurden folgende Fragen gestellt:

> "Ist zu diesem Zwecke (zur Verübung von Sabotageakten) die Verkehrswehr moblilisiert ?
> Sind zu diesem Zweck Stuttgarter Studenten nach dem besetzten Gebiet geschickt worden ?
> Sind zu diesem Zweck württembergische Eisenbahnbeamte nach dem besetzten Gebiet beordert worden, um die Sabotage des Verkehrswesens zu organisieren ?"

Im Bericht der Roten Fahne wurde behauptet, die Fragen beruhten auf nicht abzuleugnenden Tatsachen. Den Behörden sei das Bekanntwerden derselben unangenehm. Die Zusammenfassung des Berichts der Süddeutschen Arbeiter-

281 ORA 14aJ177/24.

zeitung wurde in der Roten Fahne dahin kommentiert, daß es sich bei der Beschlagnahme der SAZ vom 8. Februar 1923 um eine verfassungswidrige Unterdrückungsmaßnahme handele, gegen die sich nicht allein die Kommunisten, sondern die gesamte Arbeiterschaft zur Wehr setzen werde.

c) Rechtliche Würdigung

Bezugsnorm der rechtlichen Würdigung war § 92 Abs. 1 Nr. 1 RStGB.

Das Tatbestandsmerkmal der Nachrichten sei trotz der Frageform zu bejahen. Das Reichsgericht ging davon aus, daß es sich bei den Fragen um rhetorische gehandelt habe, die die Sicherheit und Unwiderleglichkeit der Behauptungen aufdrängen sollten.

Diese Nachrichten seien auch geheim gewesen. Denn der Angeklagte habe sich nicht darauf beschränkt, die der französischen Regierung durch die Mitteilung der SAZ vom 8. Februar 1923 möglicherweise bekannten Nachrichten einfach zu wiederholen. Vielmehr habe er deren Richtigkeit aus eigenem Wissen bestätigt. Damit habe er die französische Regierung in ihrer Kenntnis ganz wesentlich bestärkt.

> **(E 14)** In dieser Auffassung ist eine bedenkliche Erweiterung des ohnehin schon weiten Begriffs des relativen Geheimnisses[282] zu erblicken, dessen Zuordnung zu einem bestimmten Tatbestandsmerkmal darüberhinaus fehlt. Bedenken bestehen schon gegen die These, daß die Bestätigung bereits bekannter Nachrichten als Verrat eines Geheimnisses gelten kann, wenn der Bestätigende sich eigenen Wissens berühmt. Denn das hierdurch verratene Geheimnis ist, genau betrachtet, nicht die ursprüngliche Nachricht - diese ist bekannt -, sondern das Wissen des Berichtenden über diese Nachricht. Konsequenterweise hätte gefragt werden müssen, ob die Kenntnis eben dieses Sonderwissens zum Wohle des Reichs hätte geheim gehalten werden müssen. Zu dieser Frage hat der Senat jedoch keine Feststellungen getroffen. Soweit der Senat im Zusammenhang mit dem relativen Geheimnis ausführt, der Angeklagte habe die französische Regierung in ihrer Kenntnis ganz wesentlich bestärkt, offenbart dies Unsicherheit über die Stellung des relativen Geheimnisses im Aufbau des Tatbestandes. Ob die Kenntnis der französischen Regierung bestärkt wurde, kann bei wörtlicher Auslegung schwerlich als entscheidend für das Geheimsein angesehen werden. Auf

282 RGSt 10, 420; 61, 150; Urt. v. 23. 11. 1931 - Az.: 7J35/29 (Kreiser und von Ossietzky), st. Rspr.

die Kenntnis mag es für die Frage ankommen, ob die Veröffentlichung dem Wohl des Reichs geschadet habe. Durch die Vermischung der Merkmale "Geheimnis" und "Wohl des Reichs" wurde dem Delikt des Landesverrats ein neuer Charakter, der in Richtung "landesschädigender Veröffentlichungen" wies, gegeben. Dadurch wurden die späteren, oben bereits erwähnten Verschärfungstendenzen, wenn auch in Grenzen, de lege lata vorweggenommen. In der Konsequenz konnte nämlich die Wiederholung einer bereits bekannten, außenpolitisch unerwünschten Nachricht nach § 92 RStGB strafbar sein.

Der Senat führte weiter aus, die inkriminierten Nachrichten seien auch zum Wohle des Reichs geheimzuhalten gewesen. Sie seien als Beschuldigungen der deutschen Regierung dazu angetan, dem Reich, Volk und Vaterland großen Schaden zu bereiten. Denn sie seien dazu geeignet und bestimmt gewesen, der deutschen Regierung öffentlich vorzuwerfen, daß sie im Widerspruch zu ihren amtlichen Kundgebungen, wonach der passive Widerstand in dem widerrrechtlich besetzten Ruhrgebiet völlig spontan aus dem freien Willen der Bevölkerung hervorgegangen sei, ihrerseits den aktiven Widerstand organisiere. Selbst bei Kenntnis der französischen Regierung von den Nachrichten durch den erwähnten Artikel in der SAZ habe deren Bestärkung die Lage der Reichsregierung in noch weit höherem Grade als bisher verschlechtern können.

Den Vorsatz geheime Nachrichten zu veröffentlichen, schloß der Senat aus der Hinzufügung des Angeklagten, daß den Behörden die Veröffentlichung der Nachrichten unangenehm gewesen sei. Er sei also davon ausgegangen, daß die Nachrichten im Ausland noch nicht bekannt gewesen seien.

(E 15) Diese Ausführungen zum Vorsatz korrespondieren im Tatsächlichen mit der oben bereits erwähnten rechtlichen Vermischung der Tatbestandsmerkmale "Geheimnis" und "Wohl des Reichs". Die Aussage, die Veröffentlichung sei den Behörden unangenehm, indiziert, daß die veröffentlichte Nachricht behördlich als unerwünscht angesehen, also möglicherweise als dem Wohl des Reichs abträglich betrachtet wurde. Dies läßt jedoch keinen Schluß auf einen Vorsatz bezüglich des Geheimseins zu.

Die in Frageform gekleideten Behauptungen, so der Senat weiter, hätten nicht den Tatsachen entsprochen. Deshalb sei nur der Versuch des Verbrechens zu bejahen gewesen. Rechtlich bedeutungslos sei auch der Hilfsbeweisantrag des Verteidigers auf Ladung des Reichskanzlers a.D. Cuno als Zeugen dafür, daß er vor Veröffentlichung des Artikels ein Gespräch mit dem Oberleutnant a.D.

Roßbach geführt habe.. Denn nach Überzeugung des Gerichts komme eine Bestrafung des Angeklagten wegen vollendeten Landesverrats überhaupt nicht in Frage.

> **(E 16)** Die Beweisfrage, ob die Reichsregierung den aktiven Widerstand gefördert habe, hätte durch den Zeugen Cuno, wie oben bereits ausgeführt, bejaht werden müssen. Die Besonderheit bestand nun darin, daß die Bejahung der Beweisfrage zu einer Bestrafung des Angeklagten wegen vollendeter und nicht nur wegen einer nach § 44 Abs. 1 RStGB obligatorisch milder zu bestrafenden versuchten Tat geführt hätte. Interessant ist der Rollentausch zwischen Ankläger und Verteidiger: Der Verteidiger und nicht etwa der Staatsanwalt stellt einen Beweisantrag, der bei Bejahung der Beweisfrage zu einer strengeren Bestrafung des Angeklagten hätte führen müssen, und der Senat verzichtet unter Hintanstellung des im deutschen Strafprozeß herrschenden Inquisitionsprinzips auf die Erhebung von Beweisen. Wegen des Rollentauschs könnte in der Ablehnung außer einer rechtlich möglicherweise zulässigen Wahrunterstellung in bonam partem aber auch ein Indiz für politsche Justiz zu sehen sein, in der der Angeklagte auf der einen Seite -unterstützt durch einen "politischen Verteidiger"[283]- konsequente Bestrafung verlangt und die Justiz auf der anderen Seite Tatsachen unter Verzicht auf materielle Wahrheit ignoriert. Wäre dem Beweisantrag entsprochen worden, hätte die Frage nach dem aktiven Widerstand auf relativ offener Bühne diskutiert werden müssen.

Der Senat führte weiter aus, die Täterschaft des Angeklagten folge aus § 20 Abs. 2 PressG[284]. Denn er sei zum Zeitpunkt der Veröffentlichung des Artikels verantwortlicher Redakteur gewesen, und es hätten keine besonderen Umstände vorgelegen, die seine Täterschaft auszuschließen geeignet gewesen seien.

Die Behauptung des Angeklagten, er habe den Artikel nur aus Sorge darum, daß der Widerstand im Ruhrgebiet zerbröckele, veröffentlicht, sei durch den Inhalt des Artikels widerlegt. Ebenso widerlegt sei die Behauptung des Angeklagten, die Rote Fahne sei das eiserne Gerippe des Widerstands im Ruhrgebiet gewesen, während die Großindustrie bereits mit den Einbruchsmächten verhandelt und die Inflation zersetzend gewirkt habe. Denn bis zum Tag der Veröffentlichung habe es weder Verhandlungen der besagten Art gegeben, noch seien die

---

283 Der Ausdruck stammt von Kirchheimer, Politische Justiz, S. 365.

284 Gesetz über die Presse vom 7. 5. 1874, RGBl., 65.

Inflationswirkungen in dem Maße spürbar gewesen, in dem sie später zu Tage getreten seien.

(E 17) Diese Ausführungen des Senats sind im Tatsächlichen verfehlt. Zwar wird nicht ausgeführt, unter welchem rechtlichen Gesichtspunkt diese Fragen erheblich waren. Doch läßt sich unschwer erkennen, daß es hier wiederum um die Frage der Staatsnotwehr ging. Hätten die Behauptungen des Angeklagten zugetroffen, wäre, wie im Fall Oehme, zu prüfen gewesen, ob Staatsnotwehr zu bejahen war. Denn möglicherweise hätte der Ruhrwiderstand bei loyaler Haltung der deutschen Großindustrie und selbstverleugnender Opferbereitschaft der Arbeiterschaft aufrecht erhalten werden können mit der Folge, daß die Besatzungstruppen abgezogen wären. Die Einlassungen des Angeklagten waren jedenfalls in wesentlichen Teilen zutreffend. Schon seit August 1921 begann der Außenwert der Mark zu sinken, der zwar erst im Herbst 1922 in die Hyperinflation führte, aber jedenfalls seit August 1922 ein so erhebliches Maß annahm, daß durchschnittliche Arbeitslöhne den Lebensunterhalt nicht mehr zu gewährleisten vermochten.[285] Die Haltung der Großindustrie, wenn überhaupt von einer einheitlichen Haltung gesprochen werden kann, äußerte sich unter Federführung von Stinnes darin, daß durch den Stinnes/Lubersac-Pakt am 14. August 1922 eine deutsche Mitwirkung am Wiederaufbau in Frankreich in Aussicht gestellt wurde.[286] Im Oktober 1923, also unmittelbar nach Abbruch des Ruhrwiderstands, trat Stinnes mit dem Ansinnen an den französischen Rheinland - Kommandeur General Degoutte heran, sich den separatistischen französischen Rheinlandplänen geneigt zu zeigen, wenn sozialpolitische Forderungen, insbesondere die Abschaffung des Acht-Stunden-Arbeitstages und Einführung des Zehn-Stunden-Tages erfüllt würden.[287] In Ansehung dessen muß eine solidarische Haltung in der deutschen Industrie während des Ruhrkampfes unglaubhaft erschienen sein. Wenn einzelne Industrielle, wie etwa Thyssen[288] und Krupp[289] von den Besatzungsmächten strafrechtlich verfolgt wurden, lag das weniger an aufopfernder Widerstandsleistung, sondern eher daran, daß die den Industriellen von den Okkupationsmächten abgeforderten Leistungen durch die Reichsregierung unter Strafandrohung ver-

285 Winkler, Weimar, S. 143 und S. 181.

286 Hallgarten, Hitler, Reichwehr und Industrie, S. 13.

287 Hallgarten, Hitler, Reichwehr und Industrie, S. 32.

288 Herbert, Best, S. 37.

289 Huber, Deutsche Verfassungsgeschichte, VII, S. 291 f. m. w. N. bei FN 43.

boten erschienen[290] und somit nur die Wahl zwischen einer Bestrafung durch die Besatzungsmächte oder durch die deutsche Justiz bestand. Nach alledem hätte sich dem Senat, selbst unter Zugrundelegung der zweifelhaften Feststellungen, erneut die Frage nach der "Putativstaatsnotwehr" gestellt.

Das Vorbringen des Angeklagten, er habe in dem durch die Rote Fahne wiedergegebenen Artikel der SAZ keinen Landesverrat erblickt - so der Senat - begründe allenfalls einen unbeachtlichen Strafrechtsirrtum.

Für das Strafmaß von einem Jahr und drei Monaten Gefängnis sei entscheidend gewesen, daß der Angeklagte dadurch, daß er den landesverräterischen Artikel der Süddeutschen Arbeiterzeitung weiterverbreiten half, einen solchen Mangel an vaterländischer Gesinnung an den Tag gelegt habe, daß von mildernden Umständen im Sinne des § 92 Abs. 2 RStGB nicht die Rede sein könne.

> **(E 18)** Auf das Vorbringen des Angeklagten, er habe in der Absicht gehandelt, den Ruhrkampf zu stärken, ist der Senat nicht eingegangen und hat Steinicke die "vaterländische Haltung" nicht abgenommen.

Gleichwohl habe der Umstand, daß der Angeklagte bei Begehung der Tat zur Förderung der von ihm für richtig gehaltenen Parteiziele gehandelt habe und die Anwendung der §§ 43 und 44 RStGB (Versuch -d. Verf.) ermöglicht, auf eine nur zehnmonatige Zuchthausstrafe, die auf Grund § 21 RStGB in eine fünfzehnmonatige Gefängnisstrafe umgewandelt wurde, zu erkennen.

> **(E 19)** Auch hier hat der Senat die Anwendung des § 52 der Grundzüge nicht einmal in Erwägung gezogen, dafür aber die politische Motivation des Angeklagten in der Strafzumessung berücksichtigt.

3. Urt. v. 15. 3. 1927 - Az.: 7J137/26 (Riegel)

Das Verfahren gegen Willi Riegel weist zwei zeittypische Besonderheiten auf. Erstens ging es um eine besondere Veröffentlichungsform. Dem "Ruhrecho", einer kommunistischen Zeitung, wurde eine "Kruppbeilage", die Berichte über Vorgänge bei der Firma Krupp in Essen enthielt, hinzugefügt. Für die Informationsbeschaffung bedienten sich die Redakteure der Hilfe von Krupp-Arbeitern, sogenannter Arbeiterkorrespondenten, die der Redaktion von möglicherweise

290 Huber, Deutsche Verfassungsgeschichte, VII, S. 287, Hinweis auf die VOen des Reichpräsidenten vom 3. 3 und 11. 8. 1823, RGBl. I, 159, 795 f.; Ruck, Die freien Gewerkschaften im Ruhrkampf 1923, S. 74.

interessanten Vorgängen in den Werken, gewissermaßen frisch vom Erzeuger, Mitteilung machten.[291] Die Redakteure gaben diesen Mitteilungen dann eine veröffentlichungsfähige Form. Zweitens weisen die inkriminierten Artikel auf eine Rüstungskooperation zwischen Militär, Politik und Wirtschaft hin. Historisch ist dieses Geschehen in die leicht gespannten Beziehungen des Reichs zur Sowjetunion eingebettet. Die durch den Locarno-Pakt vom Dezember 1925 eingeleitete Westorientierung des Reichs hatte starke sowjetische Vorbehalte hervorgerufen, denen das Deutsche Reich durch den Berliner Vertrag mit der Sowjetunion vom April 1926 notdürftig begegnete.[292] Im Konfliktfall Völkerbund - Sowjetunion wäre das Reich in eine ausweglose Situation geraten.[293] Dies umso mehr, als Deutschland und die Sowjetunion durch verschiedene, friedensvertragswidrige Rüstungsprojekte miteinander verbunden waren[294].

Die Parteilinie der KPD hatte mittlerweile nach dem geradezu nationalistischen Zwischenspiel der Schlageter-Linie, während des Ruhrkonflikts Linkskurs bekommen.[295] Doch war sie noch nicht in die nach Stalins Rede vom Dezember 1927 einsetzende ultralinke Generallinie eingeschwenkt[296].

In die Zeit von Aufnahme der Ermittlungen Ende Juli 1926 bis zum Urteil des Reichsgerichts im März 1927 fallen zwei Ereignisse, die die Situation der Reichswehr in den Augen der Öffentlichkeit sehr veränderten. Im Oktober 1926 schied der Chef der Heeresleitung, Seeckt, aus Anlaß der Teilnahme eines Kronprinzensohnes an einem Manöver in der Funktion eines Ordonanzoffiziers, aus dem Amt.[297] Ursächlich für den Vorgang dürfte der Wunsch Stresemanns gewesen sein, den der deutschen Außenpolitik schadenden General loszuwerden[298] und die fehlende Bereitschaft des Reichswehrministers, wie des Reichspräsidenten Hindenburg, Seeckt im Amt zu halten[299]. Damit verlor die Reichswehr ihren eminent politischen militärischen Chef und blieb mit einem Reichswehrminister Geßler zurück, der den Eindruck vermittelte, dem Militär

---

291 Koszyk, Deutsche Presse, Teil III, S. 325 f. Institutionalisiert wurde diese Einrichtung erst im Dezember 1927 durch die Gründungskonferenz der deutschen Arbeiterkorrespondenzbewegung in Berlin.

292 Winkler, Weimar, S. 315.

293 Huber, Deutsche Verfassungsgeschichte, VII, S. 575.

294 Zeidler, Reichswehr und Rote Armee, S. 143 f.

295 Flechtheim, Die KPD, S. 228 ff.; Hallgarten, Hitler, Reichwehr und Industrie, S. 31.

296 Dupeux, "Nationalbolschewismus" in Deutschland, S. 437f.; Kurz, Blutmai, S. 133.

297 Huber, Deutsche Verfassungsgeschichte, VII, S. 596 ff.

298 Koszyk, Stresemann, S. 312 f.

299 Huber, Deutsche Verfassungsgeschichte, VII, S. 598.

mit seinen ständigen Eigenmächtigkeiten nicht gewachsen zu sein. Im Dezember des gleichen Jahres hielt Philipp Scheidemann vor dem Reichstag eine Rede, in der er sich gegen die notorische, durch den Versailler Vertrag verbotene Zusammenarbeit der Reichswehr mit der Roten Armee wendet. Diese Aussage kam, gerade nach Ansicht der Pazifisten, in Ansehung der bereits jahrelang andauernden militärischen Kooperation zwischen Deutschen und Sowjets sehr spät, ganz abgesehen davon, daß ihre Einzelheiten nicht neu waren[300]. Die Rede, wenn sie das Problem auch in die breite Öffentlichkeit brachte, mußte wegen der Aufnahme Deutschlands in den Völkerbund im September 1926 obstruktiv wirken und war wenig geeignet, zur internationalen Glaubwürdigkeit Deutschlands beizutragen. Ob sie innenpolitisch durchdacht war, ist zweifelhaft.[301] Der Historiker *Salewski* jedenfalls, nennt die Rede einen Schildbürgerstreich.[302]

1926 erreichen die Verfahrenszahlen wegen publizistischen Landesverrats mit dreiundfünfzig und allgemeinen Landesverrats mit zweihundertdreiunddreißig das absolute Maximum des Untersuchungszeitraums. Die Erklärung für diese Zahlen mag im Kraftfeld der letzten Regungen der Interalliierten Militärkontrollkommission zu suchen sein. Die Abrüstungsverhandlungen hatten sich verfahren, alliiertes Mißtrauen war nicht zuletzt durch Presseveröffentlichungen gesät worden und insbesondere die französische Bereitschaft, die interalliierte Kontrolle zu beenden, schwand[303], wenn auch die Rede Scheidemanns keine negativen Auswirkungen auf das für den 31. Dezember 1927 terminierte Ende der Interalliierten Militärischen Kontrollkommission hatte.[304] Die große Zahl pazifistischer Veröffentlichungen, wie zum Beispiel die Publikation "Die deutsche Militärpolitik seit 1918" von Mertens, Lehmann-Rußbüldt und Widerhold[305] mögen zur mißtrauischen französischen Haltung beigetragen haben[306].

---

300 Winkler, Weimar, S. 319 f.; Zeidler, Reichswehr und Rote Armee, S. 146.

301 Caspar, Die sozialdemokratische Partei und das deutsche Wehrproblem, S. 32 unter Verweis auf die Hoffnung in der SPD, in einer großen Koalition Einfluß auf die Heeresleitung nehmen zu können.

302 Salewski, Entwaffnung und Militärkontrolle in Deutschland, S. 200.

303 Salewski. Entwaffnung und Militärkontrolle in Deutschland, S.332 ff.

304 Salewski, Entwaffnung und Militärkontrolle in Deutschland, S. 198.

305 Hinter diesem Namen verbirgt sich Walter Kreiser, der später mit Carl von Ossietzky verurteilt wurde.

306 ORA 7J200/26, eine Art Sammelverfahren gegen Büsching, von Ossietzky, Ruppel, Jacob-Salomon, Sander, Stucke und Kreiser, das aufgrund der Amnestie vom 14. Juli 1928 durch Beschluß des 4. Strafsenats eingestellt wurde. Zeitgenössisch und aus Sicht des Reichswehrministerium zu dieser Veröffentlichung: Carlowitz, Wissen und Wehr, Band 12 (1931), 194 (202 ff.).

Scheidemann, der SPD und den Pazifisten ging es darum, vor Abzug der Kontrollkommission sicherzustellen, daß die illegalen und unkontrollierbaren Aufrüstungsmaßnahmen ein Ende fanden.[307] In dieser Zeit dürfte sich die alliierte Spionagetätigkeit intensiviert haben, um Belege für die Verletzung der Abrüstungsbestimmungen zu finden und auf diese Weise ihre Verhandlungsposition dem Reich gegenüber zu stärken.

a) Ablauf des Verfahrens

Am 28. Juli 1926 erstattete das Direktorium der Alfr. Krupp AG in Essen Strafanzeige gegen unbekannt wegen einer Veröffentlichung im Ruhrecho. Am 13. Oktober 1926 legte das Reichswehrministerium ein Gutachten vor, das zu dem Ergebnis gelangte, die in der Veröffentlichung mitgeteilten - unwahren - Nachrichten seien im Falle ihrer Wahrheit zum Wohl des Reichs geheimzuhalten gewesen. Dies beruhe darauf, daß Verstöße gegen Abrüstungsbestimmungen des Versailler Vertrages behauptet worden seien, die der Kontrollkommission und den Ententestaaten Anlaß zu Repressalien hätten geben können. Die Anklageschrift des Oberreichsanwalts datiert vom 12. Januar 1927. In der Hauptverhandlung am 15. März 1927 vor dem 5. Strafsenat, besetzt mit dem Präsidenten Reichert und den Reichsgerichtsräten Dr. Baumgarten[308], Dr. Hüfner, Mengelkoch und Rheinisch, trat Amtgerichtsrat Dr. Eschenauer als Sitzungsvertreter des Oberreichsanwalts auf. Das Urteil warf ein Strafmaß von einem Jahr Gefängnis aus. Hiergegen richtete sich der Wiederaufnahmeantrag des Verurteilten vom 26. März 1927. Er wurde hierbei durch seinen Verteidiger Rechtsanwalt Obuch[309] aus Düsseldorf vertreten. Den Antrag erachtete der Senat durch Beschluß vom 3. Mai 1927 als zulässig, lehnte ihn jedoch durch

---

307 Winkler, Weimar, S. 318.

308 Dr. Alexander Baumgarten, dessen Personalakte dem Verfasser nicht zugänglich war, wird von Hueck, Der StaatsGH, S. 97 f. und FN 441 ebd. unter Bezugnahme auf BA Koblenz, RG-Personalia, Nr. 32 Bd. 1, biografisch folgendermaßen beschrieben: *8. 1 . 1868, gest. 7. 10. 1933, seit 1. 1. 1920 Reichsanwalt, RGRat ab 1. 4. 1921 als Mitglied des 4. Strafsenats, zum 1. 9. 1922 Mitglied des StaatsGH, seit 1929 Senatspräsident und Vorsitzender des 4. Strafsenats (Der Verf. hält die Ansicht, B. sei 1929 zum Senatspräsidenten befördert worden für unzutreffend; im Urt. v. 23. 11. 1931 - Az.: 7J35/29 (Kreiser und von Ossietzky) wird er als RGRat aufgeführt. Auch Kaul, Reichsgericht, S. 262, erwähnt eine solche Beförderung nicht. Kritisch zu B. insbesondere Ingo Müller in: FS für Richard Schmid, 297 (304 ff.); Kaul, Reichsgericht, S. 262 fügt noch hinzu, Baumgarten habe 1. und 2. juristische Staatsprüfung mit „ausreichend“ bestanden.

309 Gerhard Obuch * 14.3.1884, Rechtsanwalt in Düsseldorf, kommunistischer Abgeordneter im preußischen Landtag, vor 1918 SPD, Vorsitzender der Roten Hilfe Deutschlands, war mit seinem Sozius Horstmann der erste Rechtsanwalt, der durch Beschlüsse des 4. Strafsenats aus dem Jahre 1926 mit der Begründung von der Verteidigung ausgeschlossen wurde, er sei der Begünstigung seines Mandanten verdächtig; deshalb verbiete sich seine weitere Mitwirkung im Interesse der objektiven Wahrheit. Vgl. König, Dienst am Recht, S. 16 f.

Beschluß vom 27. März 1928 nach Anhörung des Oberreichsanwalts als unbegründet ab. Der Verurteilte wurde zum Haftantritt am 1. Mai 1928 geladen, am 2. Mai erging Haftbefehl. Das Straffreiheitsgesetz vom 14. Juli 1928 amnestierte den Verurteilten jedoch, so daß es zu einer Strafvollstreckung nicht mehr kam.

b) Urteilstatbestand

Gegenstand des Verfahrens war ein aus mehreren Teilen zusammengesetzter Artikel im "Ruhrecho" vom 17. Juli 1926. Der Artikel hatte folgende Nachrichten zum Inhalt: In einem Werksteil der Firma Krupp seien vor einigen Monaten neue Maschinen für neue Geschütze eingerichtet worden. Sowohl die Entente als auch der deutsche Staat lasse schon wieder neue Mordwaffen bei Krupp herstellen. Unter anderem würden Geschützrohre für 21er Mörser mit dem Stempel aus dem Jahre 1904 hergestellt. In einem anderen Werksteil würden vierzigtausend Gewehrläufe für Maschinengewehre angefertigt. Demgegenüber sei ein Auftrag über zwanzig Lastkraftwagen für den Konsumverein "Eintracht" in Essen nicht angenommen worden. Scheinbar sei die Herstellung von Mordwaffen für Krupp profitabler als die von Lastautos. Der Angeklagte sei zum Zeitpunkt der Veröffentlichung verantwortlicher Redakteur des "Ruhrecho" gewesen. Er habe Kenntnis von den Angaben des in Rede stehenden Artikels gehabt, diese von einem Arbeiter der Firma Krupp erhalten und für wahr gehalten. Auch habe er vor Erscheinen der Zeitung Kenntnis vom Artikel gehabt, der mit seinem Wissen in Druck gegangen sei. Die mitgeteilten Nachrichten seien nach den eidlichen Bekundungen des Zeugen Siegert (eines Krupp-Direktors -d. Verf.) unwahr. Sie hätten aber, im Falle ihrer Wahrheit, einen Verstoß gegen die Rüstungsbeschränkungsbestimmungen des Versailler Vertrages dargestellt.

c) Rechtliche Würdigung

Im vorliegenden Fall bestand die Besonderheit darin, daß sich dem Urteil der verwerfende Beschluß über den zulässigen Wiederaufnahmeantrag anschloß, so daß ausnahmsweise eine erneute Rechtsprüfung des Urteils, wenn auch durch den gleichen Senat, hätte erfolgen können.

aa) Urteil des Reichsgerichts

Rechtlicher Ausgangspunkt des Senats war auch hier § 92 Abs.1 Nr. 1 RStGB in seinem Versuchstatbestand.

Die Vollendung schied nach Ansicht des Senats deshalb aus, weil die mitgeteilten Nachrichten nicht wahr gewesen seien. Dies habe sich aus dem in der Hauptverhandlung verlesenen Gutachten des Reichswehrministeriums und der eidlichen Vernehmung des Zeugen Siegert ergeben. Die Nachrichten seien auch zum Wohl des Reichs geheimzuhalten gewesen, weil sie als Unterlage für eine Verletzung des Versailler Vertrages hätten Verwendung finden können. Auch dies ergebe sich aus dem Gutachten des Reichswehrministeriums. Dessen sei sich der Angeklagte als Schriftleiter einer politischen Tageszeitung auch sehr wohl bewußt gewesen. Denn es habe doch keinem Zweifel unterliegen können, daß er sich gesagt habe, das Deutsche Reich dürfe ohne Verletzung des Versailler Vertrages keine 40.000 Maschinengewehrläufe anfertigen, so daß beinahe auf jeden zweiten deutschen Soldaten ein Maschinengewehr käme.

> **(E 20)** Interessant ist hier zum einen, daß der Senat die Behauptung, es würden 21er Mörser mit dem Stempel von 1904 hergestellt, nicht unter dem Aspekt einer Gefährdung der Sicherheit des Reichs geprüft hat. In einem späteren Verfahren spricht ein anderer Spruchkörper - der 4. Strafsenat - aus, daß jede Mitteilung über die Herstellung von bestimmtem Kriegsmaterial zu bestimmter Zeit an bestimmter Betriebsstätte zur Erforschung durch ausländische Mächte Anlaß geben kann, mithin im Interesse der Landesverteidigung geheimzuhalten sei, wenn der Gegenstand selbst nicht bereits zum allgemein bekannten gehöre[310]. Unter Anwendung dieser Rechtsansicht wäre es zu einer Verurteilung wegen der härter sanktionierten versuchten Spionage gekommen. Im Tatsächlichen ist bemerkenswert, daß der 5. Strafsenat keine Veranlassung sah, die Herkunft seiner Feststellung, daß der Angeklagte von der Illegalität der Produktion von vierzigtausend Maschinengewehrläufen wußte, zu erläutern. Die genaue zahlenmäßige Beschränkung bestimmter Waffen war keinesfalls so bekannt, wie das Verbot bestimmter Waffengattungen. Die schlichte Feststellung, die Kenntnis des Angeklagten könne "keinem Zweifel unterliegen", ist nicht nachvollziehbar.

Daß der Angeklagte - so der Senat weiter - die Mitteilungen des Artikels nicht als landesverräterische Handlungen angesehen habe, vermöge ihn nicht zu entlasten, da es sich insoweit um einen unbeachtlichen Strafrechtsirrtum handeln würde. Die Ausführungen des Verteidigers, der Angeklagte habe kein Interesse daran gehabt, der Entente etwas zu verraten, weil die KPD überhaupt gar keine pazifistischen Gedanken hege, vielmehr der Ansicht sei, Deutschland müsse wehrhaft sein, treffe nicht den Kern der Frage. Auch dann nicht, wenn es dem

---

310 Urt. v. 23./24. 7. 1930 - Az.: 14aJ336/29 (Stibi), sub I. 10.

Angeklagten nur um sozialpolitische Fragen und darum gegangen wäre "Krupp eine zu versetzen". Zunächst hätte es, wenn es dem Angeklagten nur um sozialpolitische Fragen gegangen wäre, einer drucktechnischen Hervorhebung der Worte "neue Geschütze, 21er Mörser und 40.000 Gewehrläufe" nicht bedurft. Es hätte vollauf genügt hervorzuheben, daß der Auftrag über zwanzig LKW nicht angenommen worden sei. Hiervon aber abgesehen, könne der Zweck der "sozialpolitischen Erwägungen" die Handlung des Angeklagten nicht straflos machen. Dieser Zweck würde den Gebrauch eines solchen Mittels nie zu rechtfertigen vermögen.

> **(E 21)** Dadurch, daß der Senat nicht generell sagt, daß verfolgte Zwecke für die Strafbarkeit wegen Landesverrats unbeachtlich seien, eröffnet er die Möglichkeit, in jedem Landesverratsfall eine Abwägung zwischen verfolgtem Zweck und verwandtem Mittel vorzunehmen. Eine solche Betrachtung - grundsätzliche Rechtsgüterabwägung - liegt auch dem vier Tage jüngeren Urteil des 1. Strafsenats zum übergesetzlichen, rechtfertigenden Notstand[311] zugrunde. Diese Betrachtung fand in den Fällen des publizistischen Landesverrats keine Anwendung, sondern wurde vom 4. Strafsenat ausdrücklich und unter zweifelhafter Bezugnahme auf die Riegel-Entscheidung für unanwendbar erklärt.[312]

Der Angeklagte sei auch Täter eines versuchten Landesverrats. Dies ergäbe sich aus § 20 Abs. 2 PressG, wonach der verantwortliche Redakteur einer periodischen Druckschrift als Täter zu bestrafen sei, wenn nicht besondere Umstände die Annahme seiner Täterschaft ausschlössen. Der Angeklagte sei, dies habe er eingeräumt, zum Zeitpunkt des Erscheinens der Veröffentlichungen verantwortlicher Redakteur gewesen und habe es abgelehnt, den Verfasser zu nennen. Der Angeklagte habe sich dahin eingelassen, er sei am Tage des Erscheinens nicht in Essen, sondern in Berlin gewesen. Er habe ferner den Artikel nicht gelesen; hätte er ihn jedoch gelesen, wäre der Artikel in der vorliegenden Form nicht erschienen. All dies begründe jedoch keine besonderen Umstände im Sinne der genannten Vorschrift. Vielmehr sei dem Angeklagten sogar nachgewiesen, den kritischen Artikel mit Wissen und Wollen der Öffentlichkeit übergeben zu haben. Der Angeklagte habe in der Hauptverhandlung eingeräumt, daß er bei seiner polizeilichen Vernehmung zugegeben habe, die Angaben von einem Krupparbeiter erhalten und an deren Richtigkeit geglaubt zu haben. Bei seiner Vernehmung durch den Untersuchungsrichter habe er bereits eingeräumt, vor Erscheinen der Zeitung vom Artikel Kenntnis gehabt zu haben. Die Veröffentli-

---

311 Urt. v. 11. 3. 1927, RGSt 61, 242.

312 Urt. v. 23. 11. 1931 - Az.: 7J35/29 (Kreiser und von Ossietzky) sub I. 11.

chung sei mit seinem Wissen erfolgt. In der Hauptverhandlung seien keine Tatsachen festgestellt worden, welche dafür gesprochen hätten, daß die erwähnten Zugeständnisse der Wahrheit zuwider gelaufen seien.

> **(E 22)** Mit der naheliegenden Frage, ob der Angeklagte bei seiner Vernehmung in der Voruntersuchung andere hat schützen wollen, setzt sich der Senat nicht auseinander.

Für die Strafzumessung habe der Senat folgende Erwägungen angestellt. Zunächst sei der Angeklagte nach eigenem Vorbringen von Oktober 1924 bis zum 1. Januar 1925 in der Redaktion der "Roten Fahne" in Berlin tätig gewesen, habe also von der Verurteilung durch Urteil des Reichsgerichts vom 27. März 1924, 6 J 30/23[313] gegen deren früheren Redakteur wegen versuchten Landesverrats gewußt. Dennoch habe er gleichfalls ein solches Verbrechen begangen und damit einen solchen Mangel an vaterländischer Gesinnung an den Tag gelegt, daß vom Vorliegen mildernder Umstände - § 92 Abs. 2 RStGB - keine Rede habe sein können. Innerhalb des danach einschlägigen Strafrahmens des § 92 Abs. 1 RStGB sei strafmindernd berücksichtigt worden, daß der Angeklagte nicht vorbestraft gewesen und dem Deutschen Reich ein Schaden durch seine Handlungsweise anscheinend nicht entstanden sei. Danach habe der Senat eine Zuchthausstrafe von acht Monaten, nach § 21 RStGB umgewandelt in eine Gefängnisstrafe von einem Jahr, dem Verschulden für angemessen erachtet.

bb) Beschluß des Reichsgerichts im Wiederaufnahmeverfahren

Der Wiederaufnahmeantrag, der sich auf § 359 Nr. 5 StPO stützte, wurde als unbegründet abglelehnt. Die neuen Zeugen, ein Zeitungsbote und ein Redakteur, die auf Beschluß des Senats unbeeidigt vor ersuchten Richtern an den Amtsgerichten Essen und Erfurt aussagten, bezeugten, daß der Verurteilte keine Kenntnis vom Inhalt des inkriminierten Artikels gehabt habe. Der Bote habe die Information für das Erscheinen des Artikels erst am Vortage der Veröffentlichung erhalten, somit zu einem Zeitpunkt zu dem sich der Verurteilte bereits in Urlaub befunden habe. Auch sei die Mitteilung von der Ablehnung der LKW-Lieferung durch die Alfr. Krupp AG in Essen am 16. Juli 1926, also während des Urlaubs des Verurteilten gemacht worden. Die Zeugen wurden vom Senat als unglaubwürdig angesehen. Denn sie hätten unbeeidigt infolge Verfolgungsverjährung nach dem PressG (§ 22) sehr leicht wahrheitswidrige Angaben ma-

---

313 Urt. v. 27. 3. 1924 - Az.: 6J30/23 (Steinicke), sub I. 1.

chen können.[314] Zunächst sei die Beeidigung nicht in Betracht gekommen, da gerichtsbekannt sei, daß die Zeugen als Kommunisten parteiseits durch Presseveröffentlichungen zu strafrechtlich relevanter Begünstigung von Parteigenossen angehalten seien.[315] Nicht nachvollziehbar sei ferner, warum der Verurteilte sich vor dem Ermittlungsrichter der Wahrheit zuwider hätte belasten sollen. Auch hätten die Zeugen wegen der nach § 22 PressG bereits eingetretenen Verfolgungsverjährung gefahrlos als Zeugen präsentiert werden können. Aus alledem folge, daß es dem Verurteilten nicht gelinge, dem Gericht die volle Überzeugung darüber zu verschaffen, die Veröffentlichung sei gegen seinen Willen erfolgt und die Veröffentlichung sei bei Kenntnis des Inhalts des Artikels unterlassen worden. Insoweit werde Bezug genommen auf RGSt 22, 85.

> **(E 23)** Eine solche Verfahrensweise ist zweifelhaft. Einerseits wurde die fehlende Glaubwürdigkeit der Zeugen darauf gestützt, daß sie unbeeidigt leicht -nämlich straflos- falsch aussagen würden; andererseits wurden sie der "Feuerprobe" der Eidesleistung gerade nicht unterzogen. Der zeitgeschichtlich informierte Lesende wird merkwürdig berührt; einerseits war die Eidespraxis der Rechtsprechung, den falsch Aussagenden sehenden Auges in den Meineid laufen zu lassen, geradezu berüchtigt.[316] Andererseits schnitt man Kommunisten wegen notorischer Strafvereitelungsabsicht gerade dieses Beweismittel ab. Die Meinung, Glaubwürdigkeit von Zeugen ohne persönlichen Eindruck beurteilen zu wollen, ist nicht nachvollziehbar. Der Senat wäre nicht gehindert gewesen, sich diesen Eindruck selbst zu verschaffen. Recht besehen schlossen sich Ergebnis der Hauptverhandlung und Aussage der neuen Zeugen gerade nicht aus; es war eben zu untersuchen, ob Riegel die Aussage vor dem Untersuchungsrichter gemacht hatte, um andere vor strafrechtlicher Verfolgung zu schützen, also eine Haltung einnahm, die der Senat ohnehin als gerichtskundig ansah.

---

314 Eine Strafbestimmung über die uneidliche Falschaussage besteht erst seit 1943 (Einfügung des § 153 RStGB durch Art. 7 a) der Verordnung zur Angleichung des Strafrechts des Altreichs und der Alpen- und Donau-Reichsgaue, Strafrechtsangleichungsverordnung, vom 29. 5. 1943, RGBl. I, S.340); vgl. hierzu Vormbaum, Eid, Meineid und Falschaussage, S. 136 ff.

315 Die gleiche Behauptung wurde im sogenannten Tscheka-Prozeß aufgestellt. Hier wurde Rechtsanwalt Obuch selber als "ungeeigneter oder wertloser" Zeuge angesehen. Vgl. Hannover/Hannover, Politische Justiz, S. 222.

316 Vgl. Sling, Richter und Gerichtete, S. 294 ff.

Im fast drei Jahre und damit ungewöhnlich lange dauernden[317] Verfahren gegen Jacob-Salomon[318] und Küster[319] ging es um die Einstellung sogenannter Zeitfreiwilliger in die Reichswehr. Es handelte sich um Personen, die entgegen den Bestimmungen des Versailler Vertrages für einen erheblich kürzeren als den zwölfjährigen Wehrdienst, zu einer Art Reserveübung[320] eingestellt wurden.[321] Die Einstellung kürzere Zeit dienender Soldaten wurde von Reichswehrminister Geßler für eine Übergangsphase, nämlich für das Jahr 1923 konzediert. Danach soll es zu solchen Einstellungen nicht mehr gekommen sein. Dies ist, wie bereits geschildert, sehr zweifelhaft.

Der Veröffentlichung vom 11. April 1925, die den ursprünglichen Verfahrensgegenstand bildete, ging folgende historische Situation voraus: Am 5. Januar 1925 übergaben die Alliierten nach einer militärischen Generalinspektion eine Kollektivnote an die Reichsregierung, in der sie die Nichterfüllung der Entwaffungsvorschriften des Friedensvertrages bemängelten und sich demzufolge weigerten, die für den 10. Januar 1925 terminierte Räumung der Rheinlandzone ("Kölner Zone") durchzuführen. Die Beanstandungen waren detailliert und bemängelten auch, daß Freiwillige entgegen Art. 174 des Versailler Vertrages auf

---

317 Grossmann, 13 Jahre republikanische Justiz, S. 64 f., legt nahe, daß es nur wegen einer erneuten "Dreistigkeit" Küsters zur Eröffnung des Hauptverfahrens trotz großen Zeitablaufs gekommen sei. Wie der Ablauf des Verfahrens jedoch zeigen wird, war die Länge der Verfahrensdauer auf die aktive Verteidigung der Angeklagten im Vorverfahren zurückzuführen.

318 Jacob-Salomon wurde teilweise nur mit Salomon, seinem bürgerlichen Namen, teilweise mit Jakob apostrophiert. Seine Artikel pflegte er mit Jakob zu zeichnen, wohingegen er das Protokoll seiner ersten richterlichen Vernehmung mit Jacob-Salomon unterschrieben hat. Hieraus schließt der Verfasser, daß es seinem Willen entsprochen haben dürfte, als Berthold Jacob-Salomon in Erinnerung zu bleiben. Die Ansicht des Reichsgerichts, es habe sich um einen "Decknamen" gehandelt, ist wegen der damit verbundenen Unterstellung, Berthold Jacob-Salomon, ein äußerst couragierter Journalist, habe sich auf diese Weise seiner strafrechtlichen Verantwortung entziehen wollen, zutiefst ungerecht. Auf der anderen Seite erscheint es dem Verfasser unangemessen, allein aus der Verwendung des Namens Jacob-Salomon auf Antisemitismus bei Strafverfolgungsbehörden und Reichsgericht zu schließen, wie es etwa von Sternburg, Carl von Ossietzky, S. 160, annimmt.

319 ORA RG 7J63/25; das Urteil ist teilweise abgedruckt in RGSt 62, 65; die vollständigere Veröffentlichung findet sich bei Schücking, DJ III (1927/1928), 509 ff.; Grossmann, 13 Jahre republikanische Justiz, S. 68 ff. gibt die mündliche Urteilsbegründung wieder.

320 Eschenburg, Hören Sie mal zu, S. 167, berichtet zeitgenössisch über Reserveübungen von Verbindungsstudenten; vgl. auch Deutsche Liga für Menschenrechte, Deutschlands geheime Rüstungen?, S. 18 f.

321 Vgl. zum Begriff der schwarzen Reichswehr, Gumbel, Verschwörer, S. 109.

kurze Zeit eingestellt und ausgebildet würden.[322] Diese Situation hatte sich im Jahre 1928, in dem das Urteil verkündet wurde, grundlegend gewandelt. Die Kölner Zone war geräumt, Deutschland war dem Völkerbund beigetreten und die Mitglieder der Interalliierten Militärkontrolle hatten deutschen Boden längst verlassen.

Der Verurteilte Jacob-Salomon ist von *Lion Feuchtwanger* in der Figur des Friedrich Benjamin im Roman "Exil" sehr einfühlsam skizziert worden.[323] Bei Jacob-Salomon muß es sich um eine integere und der pazifistischen Sache verpflichtete Persönlichkeit gehandelt haben. Wieviel Haß und Verachtung dieser Mann in der Weimarer Republik zu erdulden hatte, und unter welchen Torturen er, nach zunächst geglückter Flucht über Spanien und Portugal im NS-Deutschland starb, ist von der Schriftstellerin *Ruth Greuner* gewürdigt worden[324]. Gleichwohl wurden Jacob-Salomon und seine Freunde noch nach Ende der NS-Herrschaft posthum vom immerhin demokratischen Reichswehrminister a.D. Geßler kaum verhüllt als "gehässig" und als "reine Lumpen" bezeichnet.[325]

Die Verfolgungstätigkeit des Oberreichsanwalts wegen publizitischen Landesverrats schwankt im Zeitraum von der Aufnahme der Ermittlungen bis zum Urteil sehr stark. Während im Jahr der Aufnahme der Ermittlungen neunzehn Verfahren festzustellen sind, steigt diese Zahl 1926 auf dreiundfünfzig Verfahren um 1927 auf siebenundvierzig abzusinken und 1928, im Jahr der Verurteilung, mit dreizehn Verfahren das absolute Minimum zu erreichen. Ausweislich der Akten des Oberreichsanwalts schwebte gegen Jacob-Salomon als Mitbeschuldigten ein weiteres Ermittlungsverfahren, das auf Grund des Straffreiheitsgesetzes vom 14. Juli 1928 eingestellt wurde[326]. Gegen Friedrich Küster wurde neben dem hier zu schildernden Verfahren zwischen 1924 und 1932 in sechs Fällen ermittelt[327]. Alle Verfahren, mit Ausnahme des zur Verurteilung führenden, wurden vom Oberreichsanwalt aus verschiedenen Gründen, die von

---

322 Huber, Deutsche Verfassungsgeschichte, VII, S. 538 ff.

323 Wenn der Aufbau-Verlag in der Nachbemerkung zur Fischer-Taschenbuchausgabe die Aussage Feuchtwangers herauszustellt, die Figur des Friedrich Benjamin habe nicht das geringste zu tun mit dem existierenden Manne Berthold Jacob, so ist dem entgegenzuhalten, daß die Lebensläufe beider sehr viele Gemeinsamkeiten aufweisen.

324 Greuner, Gegenspieler.

325 Geßler, Reichswehrpolitik, S. 173.

326 ORA 7J200/26 (Büsching, von Ossietzky, Ruppel, Jacob-Salomon, Sander, Stucke und Kreiser).

327 ORA 7J66/24; 7J64/26; 7J91/26; 7J125/30; 7J119/31; 7J84/32.

116

politischer Opportunität[328] bis zur Verfolgungsverjährung[329] reichten, eingestellt. Damit dürfte der publizistisch und für die Deutsche Friedensgesellschaft engagierte Küster[330] zu den meistverfolgten Personen der Weimarer Republik gezählt haben.

a) Ablauf des Verfahrens

Die Ermittlungen des Oberreichsanwalts wurden auf Grund einer Strafanzeige des Reichsministers der Justiz vom 7. Mai 1925 eingeleitet, die den Artikel "Zeitfreiwilligengrab in der Weser" in der Zeitschrift "Das andere Deutschland" zum Gegenstand hatte. Am 25. Juni des gleichen Jahres erstattete das Reichswehrministerium auf Anforderung durch den Oberreichsanwalt ein Gutachten, das zwar verneinte, daß die im Artikel mitgeteilten Nachrichten wahr seien; gleichwohl seien sie, ihre Wahrheit unterstellt, zum Wohle des Reichs geheimzuhalten gewesen. Am 15. Juli und am 5. August 1925 wurde der Beschuldigte Küster als Schriftleiter der Zeitschrift "Das andere Deutschland" verantwortlich vernommen. Zwischen beiden Vernehmungen Küsters, nämlich am 27. Juli 1925 wandte sich die Republikanische Beschwerdestelle[331] mit einem Schreiben an Reichspräsidenten, -kanzler und -justizminister gegen Ermittlungen in der Sache Küster/Jacob-Salomon.[332] Während der letzten Vernehmung bot Küster an, den Wahrheitsbeweis für die mitgeteilten Nachrichten anzutreten, also zum einen das Reichswehrministerium der Erstattung eines falschen Gutachtens zu überführen und zum anderen nicht nur den Versuchs- sondern auch den Vollendungstatbestand des Landesverrats einzuräumen. Am 25. September 1925 erstattete das Reichswehrministerium unter Vorlage des zweiten Artikels "Weitermachen" ein zweites Gutachten, in welchem dargelegt wurde, daß den Entente - Mächten die im Artikel mitgeteilten Nachrichten unbekannt gewesen seien. Ferner hätten auch die Reden des Reichskanzlers und des Reichswehrministers im Januar und im Mai des Jahres vor dem Reichstage nur klargestellt, daß es sich bei der Einstellung von Zeitfreiwilligen um vorübergehende, zum Erscheinungszeitpunkt des Artikels längst abgelaufene Notmaßnahmen des Jahres 1923 gehandelt habe. Hieraus folge, daß die Beschuldigten nicht davon

---

328 ORA 7J66/24: Das Reichswehrministerium legte dem Oberreichsanwalt die Einstellung nahe, obwohl die Strafanzeige aus dem Ministerium stammte.

329 ORA 7J84/32.

330 Zur Rolle Küsters in der Friedensbewegung, vgl. Jung, VfZ 34 (1986), 207 ff. und insbesondere 236 f.

331 Vgl. zu dieser Einrichtung - eine Art privater Verfassungsschutz, der im Wirkungskreis der Deutschen Liga für Menschenrechte im Jahre 1924 gegründet wurde -, Jung, VfZ 35 (1987), 65 ff. und ders. Senatspräsident Freymuth, S. 294 ff.

332 BA R 43 I/557, S. 72 f. Dieses Schreiben ist nicht Bestandteil der Ermittlungsakten.

hätten ausgehen können, daß die Regierung die Frage der Zeitfreiwilligeneinstellung als nicht mehr geheimhaltungsbedürftig angesehen habe. Am 2. Oktober 1925, also zu einem Zeitpunkt zu dem die "Schutzschrift" der republikanischen Beschwerdestelle schon beim Reichsminister der Justiz eingegangen sein mußte, wurde Jacob-Salomon als Beschuldigter vernommen; am 14. Dezember1925 folgte eine erneute Vernehmung Küsters. In seiner Vernehmung am 17. des gleichen Monats erklärte Jacob-Salomon, daß er Entlastendes erst in der Hauptverhandlung vortragen werde, weil er die Einstellung des Verfahrens gerade nicht intendiere. Nachdem der Beschuldigte am 11. Januar 1926 erneut vernommen worden war, legte der sozialdemokratische Reichstagsabgeordnete Rechtsanwalt Dr. Paul Levi[333] am 15. Januar seine Verteidiger-Vollmacht für Jacob-Salomon vor. Zwei Tage vorher wurde Lothar Schücking[334] von Küster als Verteidiger bestellt. Am 10. März beantragte der Oberreichsanwalt die Eröffnung der Voruntersuchung, die unmittelbar danach vom Reichsgericht unter Bestellung des Landgerichtsrats Knauer zum Untersuchungsrichter erfolgte. Am 8. und am 25. Mai 1926 wurden Küster und dann Jacob-Salomon vom Untersuchungsrichter vernommen. Am 20. November legte das Reichswehrministerium ein abschließendes Gutachten über die Frage vor, ob die Zeitungsartikel dem Wohl des Reichs geschadet haben. Der Sachbearbeiter, Oberst Wetzell, führte darin aus, daß Presseveröffentlichungen über Zeitfreiwillige 1924 zu einer Generalinspektion durch die Interalliierte Kontrollkomission und zur Nichträumung der Kölner Zone durch die Besatzungsmächte 1925 geführt hätten. Ferner seien solche Veröffentlichungen Vorwand für die Entwaffnungsnote vom 4. Juni 1925[335] gewesen, deren restlose Erledigung auch zur Zeit noch nicht anerkannt sei. Ob die hier verfahrensbefangenen Zeitungsartikel Einfluß auf die Entschließungen der Alliierten gehabt hätten, sei naturgemäß schwer zu entscheiden. Es müsse aber daran festgehalten werden, daß jede derartige Veröffentlichung die Interessen Deutschlands in schwerster Weise geschädigt hätte, da sie dazu gedient habe, im Ausland Propaganda gegen Deutschland zu treiben. Die Angaben im Artikel seien sämtlich unwahr. Die kurzfristige Freiwilligeneinstellung sei seitens des Reichswehrministeriums Anfang September 1924 verboten worden. Die Anklageschrift des Oberreichsanwalts vom 21. Februar 1927 wirft Küster als verantwortlichem Redakteur und und Jacob-Salomon als Verfasser beider Artikel versuchten Landesverrat vor. § 3 des Gesetzes über die Straffreiheit vom 17. August 1925 könne mit Rücksicht auf die Hartnäckigkeit des verbrecherischen Willens der Angeklagten und die schwere Schädigung

333 Paul Levi * 11. 3. 1883 in Hechingen, Rechtsanwalt in Frankfurt/M, MdR der SPD. vgl. auch Hermann Weber in: Benz/Graml (Paul Levi).

334 Lothar Schücking * 30.4.1873 in Wolin, Rechtsanwalt und Notar in Dortmund, sozialdemokratischer Kommunalpolitiker vor 1919.

335 Vgl. Salewski. Entwaffnung und Militärkontrolle in Deutschland, S. 300 ff.

vaterländischer Belange keine Anwendung in Bezug auf den ersten Artikel finden. Rechtsanwalt Schücking beantragte mit Schriftsatz vom 8. März 1927 die Voruntersuchung dahin zu ergänzen, ob die Einstellung von Zeitfreiwilligen noch geheim im Sinne des § 92 RStGB war. Als Zeugen dafür, daß die in den Artikeln mitgeteilten Nachrichten bekannt waren, benennt er die bekannten Pazifisten Lehmann-Russbülth und Gerhard Seger sowie den Auslandsredakteur der Baseler Nationalzeitung als Zeugen.[336] Mit Schriftsatz vom 25. März 1927 beantragte Levi das Hauptverfahren nicht zu eröffnen. Er führt aus, daß die in den Artikeln kritisierten Maßnahmen ihrerseits den Tatbestand des Landesverrats erfüllt hätten und daß deren Preisgabe "aus Gründen der Aufrechterhaltung des sachlichen Bestandes (des Reichs -d. Verf.) und der inneren Ordnung" nicht selbst Landesverrat sein könnten. Das Reichswehrministerium habe die gesetzwidrigen Maßnahmen auf die Gefahr hin und in der Erwartung vorgenommen, daß sie bekannt würden. Hierfür wurden der Reichswehrminister Geßler und Generaloberst von Seeckt als Zeugen benannt. Auch wird, des kurzen Zeitabstandes wegen, eine Kausalität zwischen den Presseveröffentlichungen und der im Gutachten des Reichswehrministeriums genannten Entwaffnungsnote bestritten. Im übrigen habe Reichskanzler Luther in einer Rede vom 21. Januar 1925 eingeräumt, daß die Reichsregierung der Entente bereits vor längerem Mitteilung über ihre Verfehlungen gemacht habe. Levi beantragte daher, diese Mitteilung in ihrem Wortlaut nebst einem Gutachten des Auswärtigen Amtes heranzuziehen. Ferner habe niemand in Ansehung der öffentlichen Behandlung des Zeitfreiwilligenproblems durch die Regierung davon ausgehen können, daß noch ein Geheimhaltungsbedürfnis bestanden habe. Der Tätervorsatz habe deshalb die Geheimeigenschaft der Nachrichten nicht umfaßt. Es fehle den Artikeln darüberhinaus die von der Rechtsprechung des Reichsgericht geforderte Behauptung eines den Versailler Vertrag absichtlich verletzenden Willens der Regierung. In einem Artikel werde lediglich behauptet, die Regierung trüge "die Verantwortung für die Fortwirkung des Systems". Dies sei aber allenfalls ein politisches Urteil, keinesfalls aber eine Nachricht. Es müßten schließlich diejenigen als Sachverständige ausgeschlossen sein, die an der behaupteten strafbaren Handlung (der Unterhaltung des Zeitfreiwilligensystems -d. Verf.) beteiligt seien. Dies gelte für die Angehörigen des Reichswehrministeriums. Zu diesen Ausführungen nahm der Oberreichsanwalt am 7. April 1927 Stellung: Es bedürfe der angetretenen Beweise nicht. Es sei nicht streitig, daß die Regierung Verfehlungen in den Jahren 1923/24 eingeräumt habe. Auf diese bezögen sich die Veröffentlichungen aber nicht. Die Auffassung der Regierung zu einer späteren Einstellung von "Zeitfreiwilligen" gehe aus den bisherigen Stellungnahmen

---

336 Lütgemeier-Davin, Pazifismus, S. 121 behauptet, Ludwig Quidde sei als Sachverständiger im Prozeß gegen Küster und Jacob-Salomon aufgetreten; dies läßt sich den Akten ORA 7J63/25 nicht entnehmen.

hinreichend deutlich hervor, so daß es weder einer Vernehmung des Reichswehrministers, noch des früheren Chefs der Heeresleitung bedürfe. Aus den angeführten Äußerungen des Reichskanzlers Luther ergebe sich nicht das den Angeklagten fehlende Bewußtsein über die Geheimhaltungsbedürftigkeit der Einstellung von Zeitfreiwilligen. Schließlich ergäben die vom Verteidiger wiedergegebenen Reden des Reichskanzlers vom 21. und des Reichswehrministers vom 28. Januar 1925 gerade nicht, daß die Regierung die "Verantwortlichkeit für die Fortwirkung" des Zeitfreiwilligensystems übernommen habe. Für das verlangte Gutachten des Auswärtigen Amtes sei die Beweisfrage allenfalls, ob die Äußerungen der Angeklagten für das Wohl des Reichs auch in Ansehung der Stellungnahmen von Regierungsstellen abträglich gewesen seien oder hätten sein können. Am 7. Mai 1927 beschloß das Reichsgericht die Einstellung des Verfahrens bezüglich des ersten Artikels auf Grund des Gesetzes über die Straffreiheit vom 17. August 1925 und die Erweiterung der Voruntersuchung bezüglich des zweiten Artikels zu der Frage, ob die Formulierung im zweiten Artikel über "(...) die erneute Änderung des Systems der Ausbildungen bei der Reichswehr, wonach man heute keine Leute mehr auf zwölf Jahre verpflichte, sondern ihnen für drei Monate die Namen und die Papiere von wirklichen Soldaten der Reichswehr gebe (...) dem Wohle des Reichs abträglich gewesen sei. Ferner, warum, verneinendenfalls, die Bekanntgabe der Nachricht abträglich hätte sein können (...).", durch ein Gutachten des Auswärtigen Amtes. Dieses Gutachten wurde am 15. September 1927 schriftlich erstattet und kam zu dem Ergebnis, daß ein Schaden für das Wohl des Reichs durch die Artikelpassage nicht eingetreten sei, aber außenpolitischer Schaden durch die Veröffentlichung hätte eintreten können. Vorher, am 13. Mai, hatte Rechtsanwalt Schücking die Sachverständigen des Reichswehrministeriums ausdrücklich wegen Besorgnis der Befangenheit abgelehnt. Am 3. November 1927 legte er ein Rechtsgutachten seines Bruders Professor Dr. Walter Schücking[337] vor, nach welchem die Einheit der Rechtsordnung geböte, Personen, die Verfehlungen gegen den Versailler Vertrag aufdeckten, strafrechtlich nicht zu verfolgen. Hiergegen wandte sich der Oberreichsanwalt in seiner Stellungnahme vom 30. Januar 1928. Die Durchführung des Versailler Vertrages läge sowohl innerstaatlich als auch völkerrechtlich nur dem Reich und nicht dem einzelnen Bürger ob. Dies bedeute auch keinesfalls eine Sabotage der Durchführung des Vertrages, da dem Bürger neben den strafrechtlich sanktionierten Presseveröffentlichungen genügend andere Wege zur Verfügung stünden, auf die Durchführung des Vertrages hin-

337 Walter Schücking * 6.1.1875 in Münster, zuletzt Ordinarius für öffentliches Recht und Direktor des Instituts für internationales Recht der Universität Kiel, MdR der DDP, Mitglied zahlreicher internationaler Organisationen; zu Walter Schücking vgl. auch Wolfgang Kohl in: Benz/Graml (Schücking), der auch dessen politische Aktivitäten in der Friedensbewegung und der DDP beleuchtet.

zuwirken. In der Hauptverhandlung vor dem 5. Strafsenat in der Besetzung mit dem Präsidenten Reichert und den Reichsgerichtsräten Dr. Baumgarten, Dr. Hüfner, Mengelkoch und Rheinisch am 13. März 1928 plädierte der Sitzungsvertreter des Oberreichanwalts, Reichsanwalt Jorns[338], auf ein Jahr und drei Monate Gefängnis für die Angeklagten, während die Verteidiger Freispruch beantragten. Der Befangenheitsantrag, der durch Rechtsanwalt Schücking in der Voruntersuchung gestellt worden war, ist ausweislich der Aktenlage nicht beschieden worden. Nach der Verurteilung zu einer Festungsstrafe von neun Monaten verwandten sich Dr. Kurt Rosenfeld[339] und die Deutsche Liga für Menschenrechte für eine Aussetzung der Strafvollstreckung. Küster und Jacob-Salomon wurden durch das Straffreiheitsgesetz vom 14. Juli 1928 amnestiert.[340]

b) Urteilstatbestand

Gegenstand des Verfahrens waren zwei Artikel der in Hagen erscheinenden pazifistischen Wochenzeitschrift "Das andere Deutschland". Verfasser der Artikel war Jacob-Salomon, veranwortlicher Redakteur der Zeitschrift war Küster. Der erste Artikel "Das Zeitfreiwilligengrab in der Weser, Herr Geßler antworten Sie..." vom 11. April 1925 befaßte sich mit einem Unglück, dem einige Reichswehrsoldaten zum Opfer gefallen waren. Der Artikel führt aus, der Verfasser wisse, daß die genauer bezeichneten Kompanien eines bestimmten Reichswehrregiments "eine stattliche Anzahl von kurzfristig eingestellten Soldaten" zähle. Der Verfasser habe zum Ausdruck zu bringen, daß endlich Schluß gemacht werden müsse mit dem System der Vertragsverletzungen, als deren mittelbare Folge die Toten erschienen. Des Reichswehrministers General von Seeckt habe das Heer zum Tummelplatz aller schwarz-weiß-roten Geister gemacht. Im Heer werde Revanchegeist gehegt und gepflegt. Schließlich müsse der Reichswehrminister wissen, daß dessen Untergebene ständig gegen deutsche Reichsgesetze verstießen, die ihnen verböten, Freiwillige auf kurze Zeit einzustellen. Die allzuwilligen Kollegen Geßlers von der Justiz hätten bisher alle Versuche, von dem ungeschriebenen Rechte der Einrede und zum Protest

338 Paul Jorns, dessen Personalakten sich nicht im Bestand des Bundesarchivs finden, war in der Weimarer Republik skandalumwittert. Seine unrühmliche und gehilfennahe Rolle als Untersuchungsrichter in der Mordsache zum Nachteil Rosa Luxemburg und Karl Liebknecht wurde in dem über zahlreiche Instanzen geführten, von Jorns veranlaßten Strafverfahren wegen übler Nachrede gegen den verantwortlichen Redakteur der Zeitschrift "Das Tagebuch", Josef Bornstein beleuchtet. Vgl. Hannover/Hannover, Politische Justiz, S. 200 ff. und auch ORA Generalia 147b Beiheft I zu Band 2, Prozeß gegen den Reichsanwalt Jorns.

339 Dr. Kurt Rosenfeld * 1. 2. 1877, Rechtsanwalt in Berlin, MdR der SPD.

340 Christoph, Die politischen Reichsamnestien, S. 269.

Gebrauch zu machen, mit Landesverratsverfahren beantworten lassen. Heute sei die Zeit der Landesverratsprozesse vorüber. Der zweite Artikel, "Weitermachen", vom 25. Juli 1925 führte unter Hinweis auf den ersten Artikel aus, daß sich das System der Ausbildung bei der Reichswehr erneut geändert habe. Man verpflichte keine Soldaten mehr auf zwölf Jahre, sondern man gäbe den Neueingestellten für drei Monate die Namen und die Papiere von wirklichen Soldaten, die während dieser Zeit beurlaubt würden. Dieses Vorgehen sei bei einem bestimmten Regiment festgestellt worden.

c) Rechtliche Würdigung

Da das Urteil in seinen Entscheidungsgründen veröffentlicht wurde[341], kann die Darstellung sich auf eine geraffte Zusammenfassung der veröffentlichten Teile beschränken und die unveröffentlichten in der bereits geübten Manier darlegen. Rechtlich Neues, insbesondere gegenüber den Verfahren gegen Oehme und Steinicke, bringt das Urteil nur hinsichtlich der Stellungnahmen des Senats zur Geltung der Art. 118 und 4 WRV (Meinungs- und Pressefreiheit und Geltung von Völkerrecht).

Das Reichsgericht hat zunächst den Versuch des Landesverrats, § 92 Abs.1 Nr.1 RStGB in seinen objektiven und subjektiven Merkmalen als erwiesen angesehen. Bei den Veröffentlichungen habe es sich um Nachrichten gehandelt, die unwahr gewesen seien. Dies ergebe sich aus dem Umstand, daß die im zweiten Artikel benannten Reichswehreinheiten nach den Feststellungen des Gerichts keine Zeitfreiwilligen ausgebildet hätten. Der im Artikel erwähnte Zeuge sei auf Grund einer strafgerichtlichen Verurteilung zum Zeitpunkt der angeblichen Ausbildungsmaßnahmen bereits aus der Reichswehr entfernt gewesen.

> **(E 24)** Interessant ist hier die Wiederholung der bereits oben im Fall Steinicke dargelegten Hintanstellung der Inquisitionsmaxime. Die Angeklagten pochen auf ein vollendetes Delikt, während der Senat, diesmal durch Inzweifelziehung der Glaubwürdigkeit eines belastenden, durch die Angeklagten benannten Zeugen, von dessen Vernehmung absieht. Welchem Fehlverständnis der Senat hinsichtlich seiner aus § 244 RStPO erwachsenden Untersuchungspflicht unterlag, erhellt aus einem von *Gustav Radbruch*[342] und *Kurt Grossmann*[343] überlieferten Teil der münd-

---

341 RGSt 62, 65 und vollständiger bei Schücking, DJ III (1927/1928), 509 ff.; eine Wiedergabe der mündlichen Urteilsbegründung findet sich bei Grossmann, 13 Jahre republikanische Justiz, S. 68 ff.

342 Vorwärts v. 21. 3. 1928, abgedruckt in GRG 12, S. 217 (218).

343 Grossmann, 13 Jahre republikanische Justiz, S. 68 ff. insbesondere S. 70.

lichen Urteilsbegründung, nach der die Verteidigung es aus Sicht des Senats "begreiflichen Gründen" unterlassen habe, einen Wahrheitsbeweis zu führen, damit nicht ein vollendeter Landesverrat herauskäme.

Die Angeklagten hätten die Nachrichten gleichwohl für wahr gehalten. Die Veröffentlichungen seien schließlich auch geeignet gewesen dem Reiche schweren Schaden in der Frage der Militärkontrolle zuzufügen. Denn derartige Veröffentlichungen unwahren Inhalts lieferten nach den gemachten Erfahrungen dem ehemaligen Feindbunde Material, um der Reichsregierung eine Verletzung des Versailler Vertrages vorzuwerfen, zumal wenn darin, wie im fraglichen Artikel, bestimmte Einzelfälle angeführt werden. Die Einstellung von Zeitfreiwilligen habe einen der wesentlichsten Vorwürfe der (am Versailler Vertrag -d.Verf.) beteiligten fremden Regierungen gegenüber der Deutschen Regierung dargestellt. Die Frage der Einstellung Zeitfreiwilliger sei gegenüber der Botschafterkonferenz endgültig erst durch Notenwechsel von Ende Januar 1927, also erst nach Erscheinen der Artikel, erledigt worden. Diese Tatsachen seien erwiesen durch Verlesung der inkriminierten Artikel, der Angaben der Angeklagten, durch Verlesung der beiden Gutachten des Auswärtigen Amtes und durch die Aussage des als Zeugen und Sachverständigen vernommenen Majors Ott vom Reichswehrministerium.

Dieser Darlegung schließen sich die Darstellungen, die vollständig, abgesehen von einigen sprachlichen Berichtigungen, in RGSt 62, 65 ff. veröffentlicht sind, an. Hervorzuheben sind insoweit die Ausführungen darüber, daß das natürliche Recht auf Verteidigung von Staatsinteressen, nämlich Schutz von Staatsgeheimnissen, unverzichtbar sei. Denn die Preisgabe dieses Rechts würde auch das Recht auf Selbstverteidigung, das dem Reich auch seitens der Alliierten ausdrücklich zugestanden worden sei, preisgeben. *Deshalb* bestehe auch kein Widerpruch zu Bestimmungen des Versailler Vertrages. Zurückgewiesen wurde ferner die Ansicht, daß die Rüge der Verletzung einer innerstaatlichen Norm niemals einen Landesverrat darstellen könne. Gewiß sei von der Einheit der Rechtsordnung auszugehen. Doch folge weder aus Art. 4 noch aus Art. 118 WRV noch aus dem Naturrecht eine Straflosigkeit der Verbreitung von Nachrichten den ehemaligen Feindbundmächten gegenüber, die dem Wohl des Reichs schadeten. Es gäbe keine anerkannte Regel des Völkerrechts, die den einzelnen Bürger berechtigen würde, gesetzwidrige Zustände, von denen er wisse, daß diese zum Wohle seines Heimatlandes geheimzuhalten seien, einer fremden Regierung mitzuteilen. Aus Art. 118 WRV ergäbe sich nichts anderes, da dieser die Meinungs- und Pressefreiheit nur im Rahmen der allgemeinen Gesetze gewährleiste, zu denen die Vorschriften des RStGB sonder Zweifel zählten. Aus dem Naturrecht ergäbe sich schließlich gerade, daß eine Treuepflicht eines jeden Staatsbürgers seinem Vaterlande und Volke gegenüber bestünde.

(E 25) Die Ansicht des Senats zum Begriff der allgemeinen Gesetze in Art.118 WRV entsprach der herrschenden Meinung[344], war jedoch nicht so unumstritten, wie die Formulierung "sonder Zweifel" glauben macht[345]. Die Naturrechtsüberlegungen sind eine reine Negation des Verteidigungsvorbringens.

Wenn schließlich, fährt der Senat fort, der Verteidiger Salomons vorbringe, der einzelne Staatsbürger habe keine andere Möglichkeit, Illegalitäten zu rügen, als sie öffentlich zu machen, da er bei staatlichen Stellen kein Gehör finde, gehe dies fehl. Dem Einzelnen stehe es frei seine Beschwerden an die zuständigen Behörden in Ländern und Reich zu richten, die Volksvertretung gemäß Art. 126 WRV anzurufen oder die Sache einem Abgeordneten anzuvertrauen. Nur auf diese Weise, nicht aber durch Denunziation bei ausländischen Regierungen könne auf die Beobachtung der bestehenden Gesetze hingewirkt werden.

(E 26) Mit dem Verteidigungsvorbringen, der illegalen Aufrüstung könne auf gesetzlichem Wege nicht begegnet werden, setzt sich das Urteil nicht auseinander. Hierzu hätte umso mehr Anlaß bestanden, als das Reichsgericht die Inanspruchnahme von Reichstagsabgeordneten zur Abstellung von Illegaliäten im bereits geschilderten Fall Oehme[346] als Landesverrat angesehen hat. Der Senat hätte verschiedene Varianten unterscheiden müssen: Erstens hätte es der Feststellung bedurft, ob die benannten staatlichen Stellen zur Unterbindung illegaler Rüstungen von den Angeklagten in Anspruch genommen worden waren. Zweitens wäre zu fragen gewesen, ob diese Maßnahmen erfolgreich waren oder erfolgreich hätten sein können. Drittens schließlich wäre die Frage zu beantworten gewesen, ob, verneinendenfalls, die Strafbarkeit der Angeklagten unter dem Gesichtspunkt fehlender Rechtswidrigkeit ausgeschlossen gewesen wäre. Spätestens in dieser Entscheidung hätte übergesetzlicher rechtfertigender Notstand zur Prüfung gestanden, denn der 1. Strafsenat formulierte am 11. März 1928, also vor Erlaß des Urteils gegen Küster und Jacob-Salomon im Zusammenhang mit dem ärztlichen Schwanger-

---

344 Rothenbücher, VVDStRL 4 (1928), 1 ff.; Anschütz, Die Verfassung des Deutschen Reichs, S. 554.

345 A. A. Smend, VVDStRL 4 (1928), 44 (50).

346 Urt.v. 28. 8. 1923 - Az.: 7J69/23 (Oehme), sub I. 1. und insbesondere (E 10).

schaftsabbruch: "In Lebenslagen, in welchen eine den äußeren Tatbestand einer Verbrechensform erfüllende Handlung das einzige Mittel ist, um ein Rechtsgut zu schützen oder eine vom Recht auferlegte Pflicht zu erfüllen, ist die Frage, ob die Handlung rechtmäßig oder verboten ist, an der Hand des dem geltenden Recht zu entnehmenden Wertverhältnisses der im Widerstreit stehenden Rechtsgüter oder Pflichten zu entscheiden."[347] Auch die Frage des Staatsnotwehrrechts hätte nach dem Stand der Rechtsprechung[348] Erörterung finden können. Dem entging der Senat dadurch, daß er das Vorhandensein illegaler Aufrüstung negiert und staatliches Eingreifen als mithin gar nicht notwendig ansieht. Unter Zugrundelegung der unvollständigen Feststellungen des Senats wäre jedenfalls das Vorliegen einer putativen Notwehr- oder Notstandslage zu prüfen gewesen. Im übrigen lassen die reichsgerichtlichen Ausführungen im Tatsächlichen keinen Anknüpfungspunkt für den Begriff "Denunziation" erkennen; den Angeklagten ging es ausweislich der Feststellungen nicht darum, dem Ausland Kenntnis der Nachrichten zu verschaffen, sondern darum, die öffentliche Meinung im Inland gegen illegale Rüstungsmaßnahmen zu mobilisieren. Insoweit ist der Ausdruck der "Denunziation", der eine beabsichtigte Anzeige aus persönlichen Beweggründen beinhaltet, sicher nicht richtig.[349]

Der übrige Teil des Urteils bejaht die Frage, ob es sich bei den veröffentlichten Nachrichten in Ansehung des ersten straffrei gebliebenen Artikels um neue gehandelt habe. Hierzu verweist der Senat auf das Urteil gegen Steinicke, wonach auch in der Bestätigung und Bekräftigung früherer Mitteilungen unter Hinzufügung neuer Nachrichten die öffentliche Bekanntmachung geheimzuhaltender Nachrichten zu erblicken sei.

Für die Strafzumessung, neun Monate Festungshaft, sei entscheidend gewesen, daß dem Reich kein nachweisbarer Schaden entstanden sei und daß die Hand-

---

347 RGSt 61, 242, 254, Urt. v. 11. 3. 1927-Az.: I 105/26; auf diese Entscheidung weist im Zusammenhang mit den Landesverratsverfahren auch Radbruch, DJ III (1927/1928), 384 (385) hin.

348 Im Urteil vom 21. 12. 1921, RGSt 56, 259, 268 gesehen, aber noch offengelassen (Kapp-Putsch); Im Urteil vom 8. 5. 1929, RGSt 63, 215 (Fememord) wurde ein Notwehrrecht des einzelnen Staatsbürgers gegenüber rechtswidrigen Angriffen auf die Lebensinteressen des Staates ausdrücklich bejaht (S. 220).

349 In der amtlichen Sammlung RGSt 62, 65 (67) wird der Begriff der "Anzeige" benutzt. Nicht mehr nachzuvollziehen ist die vom Vorsitzenden in der mündlichen Urteilsbegründung geäußerte Ansicht, die Angeklagten hätten eine "Amtsanmaßung" begangen, weil sie sich ein Recht angemaßt hätten, das ihnen nicht zugestanden habe. Vgl. Grossmann, 13 Jahre republikanische Justiz, S. 68 ff. und insbesondere S.74 f.

lungen der Angeklagten auf politische Überzeugungen zurückzuführen gewesen seien.

5. Urt. v. 19./20. 6. 1928 - Az.: 13J107/26 (Gabel)

Dem in diesem Verfahren angeklagten KPD-Funktionär Valentin Gabel wurde neben Spionage, auch Hochverrat und ein Verstoß gegen das RepSchG vorgeworfen. Die rechtlichen und politischen Implikationen dieser Straftatbestände sind nicht Gegenstand der Arbeit.[350] Genauswenig kann hier der bedenkliche und durch den Strafsenat nicht berücksichtigte Einsatz eines militärischen Lockspitzels berücksichtigt werden. Der Verfasser hat darüberhinaus gezögert, den Fall Gabel überhaupt aufzunehmen; denn nach den Feststellungen des Strafsenats kam es dem Angeklagten auf die Weitergabe von Nachrichten an den Nachrichtendienst der KPD und nicht auf deren Veröffentlichung in der Presse an. Für die Aufnahme sprach jedoch, daß Gabel nach eigenen Einlassungen die Weitergabe der Nachrichten an eine kommunistische Zeitung bezweckte.

Der Zeitraum des Verfahrens umspannt etwa den des Verfahres gegen Willi Riegel mit den herausragenden Ereignissen der Demission von Seeckts und der Scheidemannrede. Am 14. Januar 1928 kam der Rücktritt des zunehmend einflußlosen Reichswehrminsters Geßler hinzu. Er demissionierte wegen Fehlverwendung schwarzer Reichswehrmittel durch den Kapitän zur See Lohmann; aus diesem Geheimfonds wurden seit 1922/23 friedensvertragswidrige Rüstungsarbeiten für die Marine finanziert.[351] Geßler wurde von General Groener abgelöst, der sich jedenfalls im ersten Drittel des Jahres 1928 als "Mann des gesunden Pazifismus" verstand.[352] Was hierunter verstanden wurde, ergibt sich aus der hauseigenen und damit wohl authentischen Interpretation dieser Aussage durch den militärischen Sachverständigen im Ulmer Hochverratsprozeß gegen die nationalsozialistischen Reichswehroffiziere Wendt, Scheringer und Ludin

---

350 Zum Hochverrat: neuestens und ausführlich Böttger, Hochverrat, passim und Hueck, Der StaatsGH, S. 136 ff.; Hannover/Hannover, Politische Justiz, S. 228 ff.; Neusel, Höchstrichterliche Strafgerichtsbarkeit, S. 23 ff.; zeitgenössisch, v. Weber in: Die Reichsgerichtspraxis im deutschen Rechtsleben Band V, 173 (180 ff.); zum RepSchG umfänglich: Hueck, Der StaatsGH, S. 142 ff.

351 Zur Lohmann-Affäre, Huber, Deutsche Verfassungsgeschichte, VII, S. 618 ff.; Hürter, Groener, S. 54 ff.

352 Reichstagsrede vom 14. 3. 1928, zitiert nach Hürter, Groener, S. 295, Fn. 413; auf einen inhaltsähnlichen Brief Groeners nimmt auch Radbruch, DJ III (1927/1928), 384 (386) Bezug.

vor dem 4. Strafsenat des Reichsgerichts im Jahre 1930[353]: "Wenn der Reichswehrminister sich einmal im Reichstag zu einem gesunden Pazifismus bekannt hat, so heißt das gleichzeitig, daß wir den Pazifismus im landläufigen Sinne, der im allgemeinen mit ideellem Landesverrat verbunden ist, entschieden ablehnen."[354] Groener mußte gleich zu Anfang seiner Amtszeit den in den Landesverratsprozessen öfter anklingenden Konflikt um den Bau des Panzerschiffs A bewältigen. Hier ging es um den Bau eines von den Rüstungsbeschränkungen des Versailler Vertrages nicht erfaßten, schnellen, kleinen Schlachtkreuzers, der die Möglichkeit eines Offensivvorstoßes in die hohe See eröffnete.[355] Dieser Plan, in Gestalt des Marineetats, wurde vom linken Flügel der SPD, in Sonderheit von Mitgliedern der sozialdemokratischen Reichstagsfraktion abgelehnt und bekämpft[356], während die KPD, neben parlamentarischer Opposition sogar ein, wenn auch erfolgloses Volksbegehren gegen Panzerschiffe und Kreuzer einleitete[357]. Für die Ausrichtung der KPD, deren Funktionär Gabel war, galt die ultralinke Parteilinie, die kurz nach Prozeßende, zwischen Juli und August 1928 auf dem 6. Weltkongreß der Komintern festgelegt wurde[358]. Anders als die folgenden Verfahren gegen kommunistische Angeklagte stand der Prozeß gegen Gabel noch nicht unter dem bedrückenden, das ganze Volk spaltenden Eindruck der blutigen Maiunruhen 1929.

a) Ablauf des Verfahrens

Am 13. August 1926 erstattete der selber der Spionage verdächtige spätere Zeuge Laschette bei der Polizeibehörde in Kassel Strafanzeige gegen Valentin Gabel. Dieser habe versucht, ihn zum Spionieren zu bewegen. Am 17. August 1926 wurde Gabel verhaftet und nach einer ersten Vernehmung auf Grund eines Haftbefehls vom gleichen Tage in Untersuchungshaft genommen. Am 9. September 1926 beantragte der Oberreichsanwalt die Eröffnung der Voruntersu-

---

353 Huber, Deutsche Verfassungsgeschichte, VII, S. 685 ff.

354 Zitiert nach v. Carlowitz, Wissen und Wehr, Band 12 (1931), 194 (194). Groener selber schränkte ein, daß er nicht den Pazifismus meine, der einer knechtischen Gesinnung entspringe (Reichstagsrede Groeners vom 14. 3. 1928, zitiert nach Hürter, Groener, S. 295 und FN 413 ebd.).

355 Hürter, Groener, S. 65.

356 Caspar, Die sozialdemokratische Partei und das deutsche Wehrproblem, S. 82 f.; Hürter, Groener, S. 69: "Kinderspeisung statt Panzerkreuzer - Weg mit dem Panzerschiff"; Huber, Deutsche Verfassungsgeschichte, VII, S. 638 ff; Winkler, Weimar, S. 338 ff.

357 Huber, Deutsche Verfassungsgeschichte, VII, S. 644 f.; Winkler, Weimar, S. 339 f.

358 Hallgarten, Hitler, Reichwehr und Industrie, S. 31; Kurz, Blutmai, S. 133; etwas abweichend Flechtheim, Die KPD, S. 248 ff, der den Beginn der ultralinken Generallinie mit einem Beschluß des 9. Exekutivkomitee der Kommunitischen Internationale (Plenum) im Februar 1928 datiert.

chung gegen den mittlerweile durch den Kasseler Rechtsanwalt Dr. Lewinski vertretenen Gabel, was antragsgemäß einige Tage später am 14. September vom 4. Strafsenat beschlossen wurde. Am darauffolgenden Tag erfolgte eine Vernehmung durch den Untersuchungsrichter. Am 10. Dezember wurde Gabel aus der Untersuchungshaft entlassen. Am 21. Juni 1927 erstattete das Reichswehrministerium ein Gutachten, das besagte, daß die von Gabel erfragten Informationen zum Wohle des Reichs und im Interesse der Landesverteidigung geheimzuhalten gewesen seien. Die Anklageschrift datiert vom 20. September 1927 und wirft Gabel neben Vorbereitung zum Hochverrat, Bestechung und Verstößen gegen das RepSchG Ausspähung, § 3 Abs. 1 SpG vor. Der inhaltsgleiche Eröffnungsbeschluß des Strafsenats erging am 3. November des gleichen Jahres. Die Hauptverhandlung fand am 19. und 20. Juni 1928 vor dem 4. Strafsenat, besetzt mit dem Senatspäsidenten Lorenz und den Reichsgerichtsräten Schleyer, Coendgens, Dr. Schwarz und Dr. Sonntag[359] statt, Anklagevertreter war der Amtgerichtsrat Dr. Speckhardt. Das Urteil erkannte wegen der im Eröffnungsbeschluß genannten Taten auf Freiheitsstrafe von einem Jahr und sechs Monaten Zuchthaus und Geldstrafe in Höhe von 150,-- RM. Drei Monate und drei Wochen Freiheits- und die Geldstrafe waren durch die Untersuchungshaft verbüßt.

b) Urteilstatbestand

Der Angeklagte, Vater von sechs Kindern, Träger des EK I und II, war Funktionär der KPD und bereits wegen Hochverrats[360] und Vergehens gegen das RepSchG[361] verurteilt. Nach den Feststellungen des Reichsgerichts, die auf den Zeugenaussagen des Anzeigenerstatters, eines weiteren Zeugen und auf dem Gutachten des Sachverständigen des Reichswehrministeriums gründen, habe Gabel den anzeigenerstattenden Zeugen Laschette veranlaßt, Verbindung zu einem Angehörigen der Reichswehr, zum zweiten Zeugen, herzustellen. Erstgenannter sei zum Schein, unter Benachrichtigung der Polizei, auf das Ansinnen des Angeklagten eingegangen und habe Kontakt mit einer Vertrauensperson der Abwehrstelle eines Reichswehrgruppenkommandos hergestellt. Dieser, der zweite Zeuge, habe sich auf das Ansinnen des Angeklagten nun bereiterklärt, Geheimsachen über schwarze Reichswehr, Straßenkämpfe, Wehrverbände der Rechtsparteien, Mobilmachungspläne und solche Unterlagen, die die Behandlung eingehender Postsachen beträfen, soweit er deren habhaft werden könne,

---

359 Kurt Sonntag * 10.6.1877 in Gotha, beide juristische Staatsprüfungen „ausreichend“, seit 1.2. 1930 Reichsgerichtsrat, Angaben bei Kaul, Reichsgericht, S. 293

360 ORA 12J655/22.

361 ORA 14aJ344/24.

zu beschaffen. Der Angeklagte habe das Material für seine Partei haben wollen und habe den Zeugen versichert, daß dies sicher nicht "ins Ausland" ginge. Der zweite Zeuge habe erklärt, er müsse für die Beschaffungen entschädigt werden und habe vom Angeklagten 5 RM erhalten. Für weitere Beschaffungen seien ihm Zahlungen in Aussicht gestellt worden. Die Behauptung des Angeklagten, er habe das Material nur für Veröffentlichungen über die schwarze Reichswehr in der "Neuen Arbeiterzeitung" haben wollen, sah der Senat als widerlegt an. Vielmehr habe der Angeklagte das Material an den Nachrichtendienst der KPD weitgeben wollen, welche auch unter Zuhilfenahme derartigen Materials darauf abziele, die Verfassung des Reichs zu stürzen.

c) Rechtliche Würdigung

Der Senat war der Ansicht, daß sich der Angeklagte wegen Vorbereitung eines hochverräterischen Unternehmens in Tateinheit mit einem Vergehen gegen § 7 Ziffer 4 RepSchG[362] (Teilnahme an einer staatsfeindlichen Verbindung), versuchtem Verbrechen gegen § 3 Abs.1 SpG (Ausspähung) und Bestechung strafbar gemacht habe.

Rechtlicher Ausgangspunkt des Senats für den Schuldspruch wegen der hier relevanten Ausspähung war § 3 Abs. 1 SpG. Die Vollendung schied aus, weil das dem Angeklagten übergebene Material wegen der Manipulation durch die Reichswehrstellen den Interessen der Landesverteidigung nicht habe schaden können. Zu beurteilen hatte der Senat also die Frage, ob ein strafbarer Versuch vorlag. Zunächst wurde bejaht, daß der Angeklagte versucht habe, sich den Besitz von Gegenständen der in § 1 Abs.1 SpG bezeichneten Art zu verschaffen. Die dem Angeklagten übergebenen Unterlagen - Schriften im Sinne des § 1 Abs.1 SpG - wären, im Falle ihrer Wahrheit, nach dem Gutachten des miltärischen Sachverständigen im Interesse der Landesverteidigung geheim zu halten gewesen. Dies gelte jedenfalls für die Mobilmachungspläne und die Verbindungen der Reichswehr zu vaterländischen Verbänden. Die Zusammenarbeit zwischen Reichswehr und vaterländischen Verbänden wäre vorliegendenfalls sicherlich illegal gewesen. Dies würde aber am Interesse der Landesverteidigung nichts zu ändern vermocht haben. Auch habe der Angeklagte in der Absicht gehandelt, die Gegenstände zu einer die Sicherheit des Reichs gefährdenden Mitteilung zu gebrauchen. Denn er habe die Geheimschriften an die KPD weitergeben wollen, bei der sie zusammen mit anderen gesammelten Materialien dazu dienen sollte, die Verfassung des Reichs zu stürzen. Daß die KPD dies bezwecke, sei dem Reichsgericht aus zahlreichen Verhandlungen bekannt. Die

362 Vom 21.7.1922, RGBl. I, S. 585, abgedruckt bei Hueck, Der StaatGH, S. 315 und Jaspers, Der Schutz der Republik, S. 293 bis 300.

Absicht des Täters brauche sich nicht auf die Mitteilung an den äußeren Feind zu richten. Es genüge, wenn irgendeine Gefährdung der Sicherheit des Reichs beabsichtigt sei.

> **(E 27)** Dieser Ansatz war neu. Denn er implizierte, daß das Rechtsgut des SpG nicht die äußere Sicherheit des Reichs war, also dessen Schutz vor äußeren Feinden, sondern dessen Sicherheit an sich, wozu auch der Bestand der verfassungsmäßigen Ordnung zu zählen war. Damit gab der Senat das sichere Abgrenzungskriterium zum Hochverrat - äußere Sicherheit des Reichs - auf. Den Bedenken der Literatur gegen diese Entscheidung gab *Schneidewin* Ausdruck.[363] Diese Ansicht erlaubte im vorliegenden Fall, den Strafrahmen aus § 3 SpG zu entnehmen, der mit Zuchthaus bis zu zehn Jahren weiter war als die Strafandrohungen der konkurrierenden Delikte.

Für die Strafzumessung, so der Senat denn auch weiter, sei maßgebend gewesen, daß die Strafe dem Gesetz zu entnehmen war, das die schwerste Strafe androht, hier § 3 SpG. Mildernde Umstände hätten nicht vorgelegen; der Angeklagte sei mehrfach wegen politischer Delikte vorbestraft, ohne daß die Gefängnisstrafe ihn von weiteren Straftaten abgehalten hätte. Auch habe er die Vorbereitung zum Hochverrat durch die Bestechung des Zeugen zur Erlangung von Geheimakten besonders gewissenlos durch die schwere Straftat des Verbrechens gegen § 3 SpG energisch betrieben. Strafmindernd sei lediglich in Betracht gekommen, daß der verbrecherische Versuch keinen Erfolg gehabt und der Angeklagte sich im Kriege ausgezeichnet habe. Der Angeklagte sei schließlich politischer Überzeugungstäter gewesen.

6. Urt. v. 10. 1. 1930 - Az.: 14aJ128/29 (Bredel)

Das Urteil gegen Willi Bredel, einen bekannten späteren DDR-Schriftsteller der frühen Generation[364], ist das erste in einer Reihe gegen kommunistische Redakteure nach den Maiunruhen in Berlin 1929. Diese Unruhen wirkten als Katalysator der obstruktiven vor allem gegen die Sozialdemokraten als angebliche "Sozialfaschisten"[365] gerichteten kommunistischen Politik.[366] Die für das Ur-

---

363 Schneidewin in: Stenglein, 5. Auflage, § 1 SpG, zu Absatz 1, Anm. 6.

364 Franke in: Kindlers Literaturgeschichte, 296 (300), spricht den Werken Bredels die "höhere Qualität" ab. Bredel gehörte zu den sogenannten proletarischen Schriftstellern.

365 Dupeux, "Nationalbolschewismus" in Deutschland, S. 438; Flechtheim, Die KPD, S. 269 ff.; Huber, Deutsche Verfassungsgeschichte, VII, S. 681 f.

366 Kurz, Blutmai, S. 137 ff.; Winkler, Weimar, S. 351.

teil maßgebenden Zeitläufte sind gekennzeichnet durch die umstrittene Annahme des Young-Planes, der, in Revision des Dawes-Planes, durch vorfristige Räumung des Rheinlands von alliierter Besetzung und Freigabe der Reichspfänder Reichsbahn, Reichsbank, Zölle und Verbrauchssteuern nachhaltig zur Emanzipation Deutschlands von den Siegermächten beitrug, dem Reich aber andererseits auch in Zeiten wirtschaftlicher Depression Reparationszahlungen auferlegte und damit krisenverschärfend wirken mußte.[367] Kennzeichnend ist ferner, daß nach dem Ende der interalliierten Militärkontrolle keine großen Rücksichten mehr auf alliierte, insbesondere französische Sicherheitsinteressen genommen wurden.[368] Die allgemein-politische Lage wurde durch die beginnende Weltwirtschaftskrise sehr schwierig und führte ab März 1930 in das System der Präsidialkabinette. Der Tod des Reichsaußenministers Stresemann, für sich genommen schon destabilisierend, bewirkte auch eine zunehmend rechtslastige Haltung "seiner" bis dahin republiktragenden und liberalen Deutschen Volkspartei[369]. Diese Haltung hat den Bruch der Großen Koaltion und die Preisgabe des Parlamentarismus zugunsten des Präsidialregime im Jahre 1930 mitverursacht.

Statistisch auffällig ist, daß die Verurteilungsquote der 1929 eingeleiteten Verfahren wegen publizistischen Landesverrats mit vier Verurteilungen ihr absolutes Maximum in einem Zeitraum ohne Reichsamnestien erreicht und damit ungefähr der Verurteilungsquote allgemeinen Landesverrats entspricht.

Im Verfahren gegen Bredel standen wiederum Hoch - und Landesverrat teils tateinheitlich, teils tatmehrheitlich zur Aburteilung. Soweit es sich um Hochverrat gehandelt haben soll, stehen die Veröffentlichungen im Zusammenhang mit der vom Berliner Polizeipräsidenten Zörgiebel angeordneten polizeilichen Unterbindung der Maikundgebung der KPD 1929 und der nachfolgenden Vorgänge, bei denen es zu zahlreichen Toten und Verletzten auf Seiten der Demonstranten und auch Unbeteiligter gekommen ist. Die hier darzustellende Veröffentlichung ist wiederum die Publikation einer Arbeiterkorrespondenz. Die Akten des Oberreichsanwalts sind unvollständig. Erhalten sind, soweit ersichtlich, nur die reichsanwaltlichen Handakten, so daß zum Ablauf des Verfahrens nur gesagt werden kann, daß mit Anklageschrift vom 17. Oktober 1929 Anklage erhoben und Bredel durch Urteil vom 10. Januar 1930 zu einer zweijährigen Festungshaft und einer Geldstrafe von 200,-- RM verurteilt wurde. Am Urteil

---

367 Winkler, Weimar, S. 348.

368 Als Beispiel für die Offenheit, mit der deutsche Miltärs über Rüstungsmaßnahmen berichteten, vgl. von Hammerstein bei Bennett, German Rearmament, S. 81.

369 Huber, Deutsche Verfassungsgeschichte, VII, S. 696 f. und 726 ff.; Winkler, Weimar, S. 373.

wirkten Senatspräsident Lorenz als Vorsitzender und die Reichsgerichtsräte Dr. Kessler, Driver[370]„ Glenders und Dr. Schwarz[371] mit. Anklagevertreter des Oberreichsanwalts war der Erste Staatsanwalt Dr. Iber[372].

a) Urteilstatbestand

Der Angeklagte Bredel war vom 14. Februar bis zum 2. Mai 1929 verantwortlicher Redakteur der kommunistischen Zeitungen "Hamburger Volkszeitung" und "Norddeutsche Zeitung". In der Ausgabe beider Zeitungen vom 18. Februar 1929 erschien ein Artikel mit der Überschrift "Kriegsrüstungen in den Betrieben. Bericht aus dem Drägerwerk Lübeck - Arbeiter, Augen auf !." Im Artikel wurde behauptet, die deutschen Imperialisten betrieben in fieberhaftem Tempo ihre imperialistische Aufrüstung. Nicht nur das, was im Versailler Vertrag erlaubt sei, würde restlos durchgeführt, sondern darüber hinaus würden geheime Rüstungen bis ins kleinste betrieben. Zu den Betrieben, die solche Rüstungen ausführten, gehöre auch das Drägerwerk Lübeck. Ein Arbeiter aus diesem Betrieb schreibe, daß das Werk Gasmasken und hundertausende von Augenringen für Gasmasken herstelle und für die Reichswehr liefere. Das Werk werde häufig von Vertretern der Reichswehr und der Marine besucht und besichtigt; in dieser verschleierten Form rüste Deutschland zum Krieg gegen Sowjetrußland. Der Angeklagte habe in der Hauptverhandlung erklärt, er habe den Artikel vor Erscheinen gelesen und die Nachrichten für wahr gehalten. Auch habe er nach eigener Einlassung gewußt, daß derartige Lieferungen gegen den Versailler Friedensvertrag verstießen. Nach dem für ihn maßgebenden Standpunkt habe er keine Rücksicht darauf nehmen können, daß die von ihm veröffentlichten Nachrichten für das Wohl des Reichs dem Ausland gegenüber geheimgehalten hätten werden müssen. Er habe nur ein Vaterland und das sei Sowjet-Rußland, in dem die Arbeiterherrschaft aufgerichtet sei.

---

370 Marcell Driver * 26. 9. 1866 in Oldenburg, 1. juristische Staatsprüfung „bestanden", 2. juristische Staatsprüfung „bestanden", Reichsgerichtsrat ab 1. 12. 1924, Ruhestand 1. 10. 1934; Angaben bei Kaul, Reichsgericht, S. 265.

371 Otto Schwarz * 21. 1. 1876 in Piaten, 1. juristische Staatsprüfung „gut", 2. juristische Staatsprüfung „ausreichend", Reichsgerichtsrat ab 17. 5. 1926, Ruhestand 30.4. 19941, Beamter auf Widerruf 1. 5. 1941, Angaben bei Kaul, Reichsgericht, S. 293.

372 Dr. Hans Iber * 24. 9. 1886 in Schmalkalden; 1. Staatsprüfung "gut", 2. Staatsprüfung "ausreichend", seit 18.4.1933 Mitglied des NSRB und seit 30. 10. 1934 Mitglied des NSV, ab 1.8. 1936 Reichsgerichtsrat. Dr. Iber ist wohl nach dem Kriege in einem sowjetischen Internierungslager verstorben. BA R 022/061556 fol.1; Kaul, Reichsgericht, S. 275 fügt hinzu, I. sei seit 1937 Mitglied der NSDAP gewesen

b) Rechtliche Würdigung

Ausgangspunkt war neben den Bestimmungen über den Hochverrat und neben §§ 9,10, und 11 RepSchG wiederum § 92 Abs.1 RStGB.

Den objektiven Tatbestand sah der Senat als gegeben an, da die mitgeteilten Nachrichten wahr und nach dem aus Sicht des Gerichts überzeugenden Gutachten des militärischen, in der Hauptverhandlung vernommenen Sachverständigen der Reichswehr zum Wohle des Reichs geheimzuhalten gewesen seien. Aus den Einlassungen des Angeklagten ergäbe sich auch ein diesbezüglicher Vorsatz. Zu einer Veröffentlichung sei der Angeklagte nach keiner Richtung befugt gewesen; insoweit wurde zur Gänze auf RGSt 62, 65[373] verwiesen. Der Angeklagte habe sogar bewußt widerrechtlich gehandelt.

> **(E 28)** Erstaunlich ist, daß der Senat nicht geprüft hat, ob eine Straftat nach § 1 SpG vorlag. Dies hätte hinsichtlich der Mitteilungen über Gasmasken für die Reichswehr nahegelegen, weil die Literatur unter Berufung auf ein Urteil des 5. Strafsenats aus dem Jahre 1927 alle geheimen Verhältnisse des deutschen Heeres, insbesondere Bewaffnung und Stärke als im Sinne von § 1 Abs. 2 SpG geheimhaltungsbedürftig ansah.[374]

Das Gericht hat dem Angeklagten mildernde Umstände nach § 92 Abs. 2 RStGB zugebilligt, weil er bislang nicht bestraft gewesen sei. Er sei zwar wegen Vergehens gegen § 7 Abs. 4 RepSchG in Tateinheit mit Urkundenfälschung zu neun Monaten Gefängnis verurteilt worden, da er für überführt erachtet worden sei, für die KPD während des Verbotes Waffen bestellt zu haben. Vor Rechtskraft des Urteils sei das Verfahren jedoch auf Grund einer Hamburger Amnestie eingestellt worden. Ferner sei zu berücksichtigen gewesen, daß die Veröffentlichungen, soweit feststellbar, keine schädlichen Wirkungen für das Deutsche Reich gehabt hätten. Andererseits sei zu berücksichtigen, daß der Standpunkt des Angeklagten, er schulde dem deutschen Vaterlande, obwohl selber Deutscher, keine Treuepflicht, entschieden zu verurteilen sei. Mildernd sei ferner in Betracht gezogen worden, daß die Veröffentlichung in politisch hocherregter Zeit geschah. Ferner habe dem Sicherungscharakter der Strafe Rechnung getragen werden müssen, da es sich bei dem Angeklagten um einen

---

373 Verfahren gegen Berthold Jacob-Salomon und Friedrich Küster, RGSt 62, 65-RG Urt.v. 14.3.28 Az.:7J63/25, sub I. 4.

374 Schneidewin in: Stenglein, 5. Auflage, § 1 SpG, zu Absatz.1, Anm. 2. b) unter Verweis auf das Urteil des 5. Strafsenats vom 26. 4. 1927-Az.: 6J90/26 (gemeint ist wohl das Urteil gleichen Datums Az.: 7J90/26 gegen Ludwig Grützner -d. Verf).

politischen Fanatiker handele, der unbekümmert um die Interessen seines Vaterlandes und unter deren bewußter Nichtachtung vorgegangen sei. Der Angeklagte habe sich nach der Anschauung des Senats auf Grund seiner politischen Überzeugung zu der Tat für verpflichtet gehalten und sei daher als Überzeugungstäter anzusehen.

7. Urt. v. 1. 4. 1930 - Az.: 7J80/29 (Schwotzer)

Im Verfahren gegen Kurt Schwotzer ging es um Veröffentlichungen in der "Hamburger Volkszeitung" über die angebliche militärische Zusammenarbeit des Reichs mit Dänemark und um Berichte über die Verstärkung von Nordseefestungen. Die Veröffentlichungen rankten sich zeitlich um den 1. August 1929, den von der KPD ausgerufenen Antikriegstag. Gegen Schwotzer, den verantwortlichen Redakteur, wurde in dieser Eigenschaft in sehr kurzen Abständen dreimal ermittelt. Zwei Verfahren wurden eingestellt, weil das vom Oberreichsanwalt angeforderte Gutachten des Reichswehrministeriums die Geheimeigenschaft der mitgeteilten Nachrichten verneinte.[375]

a) Ablauf des Verfahrens

Am 13. August 1929 gab der Hamburger Generalstaatsanwalt dem Oberreichsanwalt Kenntnis der Veröffentlichung vom 11. Juli 1929. Es schloß sich ein Ermittlungsverfahren wegen eines Artikels in der gleichen Zeitung vom 8. August desselben Jahres an. Nach der obligaten - bejahten - Anfrage des Oberreichsanwalts beim Reichswehrministerium, ob der Inhalt der Artikel die Sicherheit oder das Wohl des Reichs gefährde, beschloß der Untersuchungsrichter beim Reichsgericht am 16. November die Eröffnung der Voruntersuchung. Schwotzer, der verantwortliche Redakteur der Zeitung im maßgeblichen Zeitraum, wurde am 25. November 1929 verantwortlich vernommen und schwieg, abgesehen von den Angaben zur Person. Die Anklageschrift, die Schwotzer Spionage und Landesverrat in Tatmehrheit vorwirft, datiert vom 28. Januar 1930. Das Urteil des 4. Strafsenats unter Vorsitz des Senatspräsidenten Lorenz und Mitwirkung der Reichsgerichtsräte Dr. Baumgarten, Dr. Kessler, Driver und Dr. Schwarz, das mit einer Strafe zu einem Jahr Festungshaft, zwei Jahren Gefängnis und dem Verlust der vom Angeklagten bekleideten Ämter und seiner aus Wahlen hervorgegangenen Rechte endete, wurde am in der Hauptverhand-

375 ORA 7J79/29, Zeitungsartikel vom 09.7.1929 -Methoden der Aufrüstungsverschleierung-;
ORA 7J81/29, Zeitungsartikel vom 13.7.1929 -U-Bootherstellung auf der Germaniawerft-.

lung am 1. April 1930 verkündet. Beamter der Staatsanwaltschaft war Reichsanwalt Dr. Nagel. Am 7. April 1930 fragten die Verteidiger, Rechtsanwälte Hegewisch und Dr. Hecht aus Hamburg an, aus welchen Gründen sie das Urteil nur "leihweise ausgehändigt" bekämen und ob es rechtlichen Bedenken unterliege, die Entscheidung einem Reichstagsabgeordneten auszuhändigen. Diesem Begehren lag zugrunde, daß Reichstagsabgeordnete sich bereit erklärt hatten, sich des Falles anzunehmen und gleichzeitig auf eine allgemeine Amnestie hinzuwirken. Dies wurde vom Oberreichsanwalt durch Schreiben vom 15. Mai 1930 strikt und unter Hinweis auf den Ausschluß der Öffentlichkeit in der Hauptverhandlung abgelehnt. Ende April wurde Haftbefehl gegen Schwotzer, der die Haftstrafe nicht angetreten hatte, erlassen. Über den Inhalt des Urteils wurde im "Hamburger Echo" vom 2. April 1930 berichtet. Der Artikel beklagte einerseits eine notorische Leichtfertigkeit der Volkszeitung, brachte auf der anderen Seite zum Ausdruck, daß die Staatssicherheit vorrangig verlange, landesverräterische Pläne, die Rechts ausgeheckt würden, zu bekämpfen. Nach Antritt der Strafe kam Schwotzer noch in den Genuß des § 2 Abs. 2 des Straffreiheitsgesetzes vom 20. Dezember 1932 und wurde amnestiert.

b) Urteilstatbestand

Der erste Artikel vom 11. Juli 1929 unter der Überschrift "Die Rüstungbetriebe der Wasserkante" beschrieb Rüstungsproduktion für Kriegsheer und Marine.

Vorausgeschickt wurde, daß der Bau von U-Booten nach den Entwaffungsbestimmungen des Versailler Vertrages nicht erlaubt sei. Es wurde ferner behauptet, daß 3,2 Millionen Reichsmark im Haushalt des Reichswehrministeriums für die Fortsetzung der Wirtschaftlichkeit der Werften eingestellt seien. Betrachtet wurden zwei Werften, nämlich Vulkan und Germania. Die Reichsmarine habe die Verwertung ihrer Erfahrungen aus der Kriegszeit mit Hilfe der benannten Werften, wo sich die Konstruktionsbüros befänden, im Ausland versucht. In Deutschland würden die Zeichnungen hergestellt und die Anfertigung der kompliziertesten Teile vorgenommen, während in Spanien, auf der Werft Eche Vanieta in Vigo, U-Boote fertiggestellt würden. Beziehungen bestünden ferner mit Dänemark. Auf dänischem Gebiet würden zur Erprobung von Typen, die nach dem Versailler Vertrag verboten seien, Minenwerfer- und Torpedo-Schießübungen abgehalten. Schließlich werde vom Kriegsamt auch eifrig auf die Lagerung von Giftgasen und Rohstoffen aller Art hingearbeitet. Es erfolgte ein Hinweis auf ein Unglück mit dem Kampfstoff Phosgen auf dem Hamburger Betriebsgelände der Firma Dr. Stolzenberg. Auch würden über den Hamburger Hafen große Transporte ins Ausland exportiert. Verschiedene Hamburger Firmen böten Waffen zum Kauf an. Die Verbundenheit mit dem Reichswehrministerium werde offengelassen.

Der zweite Artikel vom 8. August 1929 erschien unter der Überschrift "Kriegsvorbereitungen an der Nordseeküste-Stärkste Befestigungswerke auf Sylt-Sensationelle Mitteilungen eines Arbeiterkorrespondenten über Militärbauten an der Nordsee". Die Veröffentlichung handelte von einer Neueinrichtung der Geschützvorrichtungen in List auf Sylt. Zunächst wurde die noch aus der Kaiserzeit stammende Befestigung KW II[376] als das Gelände überragend und von gefüllten Munitionsunterständen übersät beschrieben. Posten und Aufseher sorgten auch nachts dafür, daß kein Unberufener Einsicht nähme. Ferner wurde die Errichtung einiger neuer Schwenkeinrichtungen für Geschütze (Pivots), mit genauer Darstellung ihrer ungewöhnlich großen Ausmaße geschildert. Der Korrespondent kommt zu dem Schluß, daß die Pivots größer seien, als für eine Vierundzwanzigzentimeterkanone erforderlich, so daß anzunehmen sei, daß das neu einzurichtende Geschütz eine viel größere Dimension besitze. Diese Mitteilungen bedeuteten nach Ansicht des Artikelverfassers eine gewisse Sensation, weil der Öffentlichkeit das riesige Ausmaß der neuestens auf Sylt nach dem Krieg gebauten "Verteidigungswerke" bis jetzt unbekannt geblieben sei. Sylt sei nur ein Beispiel dafür, wieviel Geld die Hindenburg-Republik dank der Mittel des von SPD-Ministern aufgestellten Reichswehretats für Kriegsrüstungen zu Wasser und zu Lande, in der Industrie und Landwirtschaft ausgebe. Dies diene dazu, am Raubzug gegen die Union der Sozialistischen Sowjetrepubliken teilnehmen zu können. Hierbei spiele Schleswig-Holstein eine herausragende strategische Rolle. Man sähe auf der einen Seite Werke militärtechnischer Vorbereitungen zum Kriege und auf der anderen Seite die systematische Förderung der faschistischen Bewegung gerade in Schleswig-Holstein.

c) Rechtliche Würdigung

Bezüglich des ersten Artikels, der sich mit der militärischen Kooperation mit Dänemark befaßte, kam der Senat zu dem Ergebnis, daß es sich um versuchten Landesverrat nach § 92 Abs. 1 Nr. 1 RStGB handele.

Die Angaben über gewisse Beziehungen zwischen der Reichsmarine und Dänemark über Torpedo- und Minenwerferschießübungen zur Erprobung von Typen, die nach dem Versailler Vertrag verboten sind, seien unwahr. Dies ergebe sich aus dem überzeugenden Gutachten des Kapitänleutnants Engel vom Reichswehrministerium. Derartige Beziehungen hätten niemals bestanden.

376 Wohl ein Akronymon für Kaiser Wilhelm II.

Wenn diese Angaben wahr gewesen wären, so seien sie für das Wohl des Reichs geheimzuhalten gewesen, weil sie einen von der Reichsregierung geduldeten Verstoß gegen den Versailler Friedensvertrag enthalten hätten.

> **(E 29)** Auffällig ist, daß der Senat den Sachverhalt, der sich nach eigenen Feststellungen in Spanien abgespielt haben soll, keiner rechtlichen Würdigung zugeführt hat. Auch insoweit wäre Landesverrat oder Spionage in Betracht gekommen.

Bezüglich des zweiten Artikels, der sich mit den Befestigungsanlagen auf Sylt befaßte, bejahte der Senat ein vollendetes Delikt nach § 1 Abs. 2 SpG.

Die im Artikel enthaltenen Behauptungen seien nach dem Gutachten des bereits benannten Sachverständigen im großen und ganzen wahr; zwar hätten die ehemaligen Feindmächte, die früher auf Sylt vorhanden gewesenen Geschütze zugestanden, indessen nach dem Weltkrieg neue Befestigungsarbeiten nicht zugelassen. Die Bettungsarbeiten seien auf der Insel Sylt mit einem großen Stacheldrahtzaun umgeben und so in ihren Einzelheiten dem Einblick neugieriger Spaziergänger entzogen. Über die Frage, ob die Veröffentlichung dem Reich Schaden zugefügt habe, habe sich der Sachverständige dahin geäußert, daß ein bestimmter Beweis dafür zwar nicht erbracht sei, der ausländische und insbesondere der französische Nachrichtendienst aber alle Vorgänge der deutschen Marine mit größtem Interesse verfolge. So gäbe es Fragebogen auch über die Befestigungen, die die deutsche Marineleitung vornehme. In dieser Weise seien nachgewiesenermaßen in den Jahren 1926 bis 1928 in über hundert Fällen Artikel, die in deutschen Zeitungen erschienen seien, von den fremden Nachrichtendiensten ausgewertet worden. Darauf sei es wohl auch zurückzuführen gewesen, daß sich der französische Außenminister Briand seinerzeit der Räumung der Rheinlande mit der Begründung widersetzt habe, Deutschland erfülle die Vorschriften des Versailler Friedensvertrages noch nicht in ausreichender Weise.

Demgegenüber habe der Angeklagte in der Hauptverhandlung geltend gemacht, er habe mit der Veröffentlichung der beiden Artikel nicht die Absicht gehabt, Deutschland zu schädigen. Vielmehr habe er beabsichtigt, die Wiederkehr einer großen Kriegsgefahr zu beseitigen, indem er die breite Öffentlichkeit darauf habe hinweisen wollen, daß durch fortgesetzte vertragswidrige militärische Rüstungen Deutschlands ein neuer imperialistischer Krieg heraufbeschworen werde, ähnlich demjenigen von 1914. Die Angaben im ersten Artikel habe er für wahr gehalten, denn sein Gewährsmann sei eine glaubwürdige Persönlichkeit. Er halte die bekanntgegebenen Nachrichten nicht für geheim, denn die ausländischen Regierungen hätten das in den Artikeln vorgebrachte längst gewußt, ja, sie hätten die geheimen Rüstungen geduldet, um im Verein mit Deutschland gegebenenfalls ihre gemeinsamen Rüstungen in einem Kriege gegen Sowjetrußland zu verwerten.

Die als Schutzbehauptungen bezeichneten Einlassungen konnten den Angeklagten nach Ansicht des Senats nicht entlasten. Zwar könne man dem Angeklagten nicht widerlegen, daß er nicht die Absicht gehabt habe, Deutschland zu schädigen und es ihm vielmehr darauf angekommen sei, die Wiederkehr eines Krieges zu verhindern. Doch setzten weder § 92 RStGB noch § 1 Abs. 2 SpG eine solche Absicht (animus hostilis) voraus, sondern verlangten nur den Vorsatz des Täters. Hinsichtlich des § 92 RStGB genüge daher zum inneren Tatbestand, daß dem Angeklagten bewußt gewesen sei, daß der Inhalt der Veröffentlichung einer anderen Regierung gegenüber für das Wohl des Deutschen Reichs geheimzuhalten war. Daß sich der im dreiunddreißigsten Lebensjahr stehende, recht intelligente Angeklagte hierüber klar gewesen sei, gehe aus dem ersten Artikel selbst hervor, in dem gesagt werde, die Beziehungen, die Deutschland zu Dänemark unterhalte, seien erhebliche Verfehlungen gegen den Versailler Vertrag. Daß das Veröffentlichte dem Ausland schon bekannt gewesen sei, sei schon aus dem Grunde ausgeschlossen, weil die behaupteten Beziehungen zu Dänemark gar nicht bestanden hätten. Dadurch, daß der Angeklagte die tatsächlich unwahren Nachrichten für wahr gehalten habe, liege ein versuchtes Verbrechen nach § 92 RStGB vor.

> **(E 30)** Die reichsgerichtliche Argumentation ist an dieser Stelle nicht nachvollziehbar; der Angeklagte kann auch bezüglich unwahrer Nachrichten angenommen haben, sie seien den Feindmächten bekannt. Dies kann nur dann ausgeschlossen sein, wenn festgestellt worden wäre, der Angeklagte habe die Nachrichten selbst erfunden. In diesem Falle wäre sein Vorsatz aber nicht auf das Verbreiten einer wahren Nachricht gerichtet gewesen. Zu den entsprechenden, nicht völlig unglaubhaften Einlassungen verhält sich das Urteil nicht.

Anders sei die Veröffentlichung des zweiten Artikels rechtlich zu würdigen. Hinsichtlich des Geheimhaltungsbedürfnisses der Nachrichten wurde auf das Gutachten des Kapitänleutnants Engel Bezug genommen. Nach Überzeugung des Senats habe der Angeklagte auch gewußt, daß die Nachrichten im Interesse der Landesverteidigung geheimzuhalten gewesen seien und daß sie insbesondere den ausländischen Regierungen nicht bekannt gewesen seien. Der hierauf gerichtete bedingte Vorsatz ergäbe sich aus der fettgedruckten Überschrift: "Sensationelle Mitteilungen...", die bei Bekanntheit der Nachricht überflüssig gewesen wäre. Dies bewiesen auch die Worte gegen Ende des Artikels, die besagten, daß die Mitteilungen eine gewisse Sensation bedeuteten, weil der Öffentlichkeit das riesige Ausmaß der Verteidigungswerke unbekannt geblieben sei.

> **(E 31)** Dieser Schluß ist nicht zwingend: Es ist nach Haltung des Angeklagten durchaus denkbar, daß er angenommen hat, die Nachrichten seien zwar dem Ausland, in Sonderheit den Partnern einer möglichen Kriegsallianz gegen die Sowjetunion bekannt, nicht aber der deutschen Öffentlichkeit. Hierfür spricht die den Feststellungen zu entnehmende Ansicht des Angeklagten, daß ein Krieg gegen die Sowjetunion drohe und dieser nur mit Hilfe des revolutionären Proletariats verhindert werden könne.

Weiter sei der Senat auch davon überzeugt, daß diese geheimen Nachrichten an ausländische Regierungen gelangt seien und der Angklagte dies gewußt habe. Denn der militärische Sachverständige habe ausgeführt, daß die Feindmächte sehr aufmerksam alle Mitteilungen der deutschen Presse über Maßnahmen der deutschen Heeresleitung und insbesondere darüber, ob das Deutsche Reich den Versailler Vertrag verletzt, verfolgten.

> **(E 32)** Es ist nicht ersichtlich, worauf diese Feststellung beruht. Die Annahme, der Artikelinhalt sei ausländischen Regierungen zur Kenntnis gelangt, ist nicht belegt. Es wäre interessant, aber auch angemessen gewesen, zu erfahren, woran der Sachverständige erkannt haben will, ob der Artikel dem feindlichen Ausland bekannt geworden oder ihm verborgen geblieben ist.

Auch habe der intelligente Angeklagte damit rechnen müssen, daß seine Veröffentlichung zu gefährlichen Verwicklungen für das Deutsche Reich führen könne. Er habe also auch mit dem Bewußtsein der Gefährdung der deutschen Reichssicherheit bei der Veröffentlichung des Artikels gehandelt. Deshalb sei der äußere und innere Tatbestand des § 1 Abs. 2 SpG gegeben.

Die Taten stünden ferner in Tatmehrheit (§ 74 RStGB).

> **(E 33)** Interessant ist hier, daß der Senat keine Veranlassung gesehen hat das Vorliegen eines Fortsetzungszusammenhangs zu prüfen, der

nach damaliger Rechtsprechung Tateinheit ergeben[377] und damit eine dem Verurteilten günstigere Strafzumessung notwendig gemacht hätte.

Was die Strafzumessung anbeträfe, so seien dem Angeklagten mildernde Umstände zugebilligt worden. Sie seien darin gefunden worden, daß er nicht in feindseliger und gehässiger Absicht, sondern als politischer Fanatiker und in dem Glauben gehandelt habe, er müsse als kommunistischer Redakteur mit Entschiedenheit gegen deutsche Rüstungen eintreten.

(E 34) In dieser Entscheidung spricht der Senat für den Landesverrat aus, daß politischer Fanatismus mildernde Umstände begründe.

Auf der anderen Seiten hätten die Strafen aber auch nicht gering ausfallen können. Denn die Straftaten seien als staatsgefährliche anzusprechen und der Angeklagte sei unbekümmert um die Interessen seines Vaterlandes und unter deren bewußter Nichtachtung vorgegangen. Er sei auch wiederholt vorbestraft.

(E 35) Über die Art der Vorstrafen trifft das Urteil keine Feststellungen.

Deshalb sei wie geschehen zu erkennen gewesen. Der Senat folge dem Antrag des Oberreichsanwalts und verhänge eine Nebenstrafe[378], denn wer in so vaterlandsloser Weise sich öffentlich betätigt habe, sei nicht geeignet, die von ihm bekleideten Ämter weiterzuführen. Der Angeklagte habe sich schließlich auf Grund seiner politischen Überzeugung zu der Tat für verpflichtet gehalten und sei daher als Überzeugungstäter anzusehen.

8. Urt. v. 2. 5. 1930 - Az.: 14aJ381/29 (Hinkelmann)

Im Verfahren gegen den KPD - Funktionär Karl Hinkelmann ging es wiederum um Hoch- und Landesverrat in Tateinheit. Was den Umfang des Tatbestands angeht, standen die als Hochverrat bewerteten Handlungen im Vordergrund. Hinkelmann dürfte zu den meistverfolgten Journalisten der Weimarer Republik gezählt haben. Neben dem hier zu besprechenden, mit einer Verurteilung endenden Verfahren, waren allein im Jahre 1929 fünf weitere Ermittlungsverfahren, davon eines wegen Hochverrats und die restlichen wegen Landesverrats

---

377 Zusammenfassung der bisherigen Rspr. durch Beschl. des GrS vom 11. 7. 1936, RGSt 70, 243 (244 f.) .

378 Diese Möglichkeit ergab sich aus § 32 Abs. 1 RStGB., nach dem auch dann auf Verlust der bürgerlichen Ehrenrechte erkannt werden konnte, wenn die Gefängnisstrafe wegen Annahme mildernder Umstände an Stelle von Zuchthausstrafe ausgesprochen wird.

gegen ihn anhängig. Sämtliche Redakteure der zeitweise von Hinkelmann geleiteten kommunistischen Zeitungen "Das Echo" und "Der Kämpfer" waren der Strafverfolgung in gleicher Weise ausgesetzt. Gegen die Redakteure Hauschild, Bobach, Keller und König ist es zu Verurteilungen wegen Hochverrats gekommen. Gegen Hirsch ebenfalls, wobei dieser auch wegen Landesverrats verfolgt worden war[379]. Zu Ermittlungsverfahren wegen Landesverrats ist es auch gegen die Redakteure Otto Schreiber[380], Ernst Schneller[381], der auch Mitglied des Reichstages war, und schließlich gegen Rudi Reinwarth[382] gekommen. Mit Ausnahme des hier zu behandelnden Verfahrens sind sämtliche Ermittlungsverfahren vom Oberreichsanwalt eingestellt worden. Dies war auf eine Besonderheit in der kommunistischen Presse zurückzuführen. Die Artikel wurden mehrfach von den Kopfzeitungen, also von Regionalausgaben größerer Blätter übernommen, so daß die jeweils inkriminierten Artikel in der Regel Zweitveröffentlichungen waren. In diesen Fällen war nach Ansicht des Oberreichsanwalts, interessanterweise in Abweichung von der Ansicht des Reichsgerichts[383], davon auszugehen, daß die Zweitveröffentlichung nicht mehr geheim, dem Beschuldigten jedenfalls kein Vorsatz hinsichtlich der Geheimeigenschaft der Nachricht nachzuweisen wäre.

Die Hauptakten des hier untersuchten Prozesses finden sich nicht im Bestand des Oberreichsanwalts, so daß zum Verfahrensablauf keine Einzelheiten wiedergegeben werden können. Das Urteil ist in der Sammlung sämtlicher Erkenntnisse des Reichsgerichts in der Bibliothek des Bundesgerichtshofs in Karlsruhe erhalten. Der 4. Strafsenat erkannte unter Vorsitz des Senatspräsidenten Lorenz und unter Beteiligung der Reichsgerichtsräte Dr. Kessler, Driver, Dr. Schwarz und Dr. Klimmer auf ein Jahr und sechs Monate Festungshaft. Die Anklage wurde vom Ersten Staatsanwalt Dr. Iber vertreten.

a) Urteilstatbestand

Gegenstand des Verfahrens waren fünf Veröffentlichungen in den Zeitungen "Das Echo" und "Der Kämpfer". Die hier interessierende Publikation vom 16. Juli 1929 stand unter der Überschrift "Sächsische Maschinenfabrik - ein Teilbetrieb der imperialistischen Kriegsrüstungen (Arbeiterkorrespondenz). In dem

---

379 ORA 7J57/27.

380 ORA 7J52/28

381 ORA 7J118/27.

382 ORA 7J99/32.

383 Urt. v. 23./24. 7. 1930 - Az.: 14aJ336/29 (Stibi); Bestätigung des Urt.v. 30. 1. 1913-Az.: C11/12 (Ewald).

Artikel werde unzutreffend behauptet, die Sächsische Maschinenfabrik stelle Teile von Flugzeugen für Kriegszwecke her. Ferner sei die Produktion der Einzelstücke darauf abgestellt, Vorräte für den Kriegsfall zu schaffen und die Montage für Flugzeuge auf die geringste Zeit zu beschränken. Schon am 15. Juli sei in den Zeitungen unter der Überschrift "Klassenjustiz schützt imperialistische Rüstungen! Organisiert den Massensturm. Belegschaften, schafft Arbeiterkorrespondenzen. Entlarvt die Rüstungen!" darauf hingewiesen worden, daß von dem Oberreichsanwalt gegen die "Neue Arbeiterzeitung" in Hannover ein strafrechtliches Verfahren wegen versuchter Spionage eingeleitet worden sei, weil sie Berichte über Kriegsrüstungen gebracht habe. Der Angeklagte habe vom 15. Juli bis zum 15. August 1929 die Vertretung der Schriftleitung der Zeitungen "Das Echo" und "Der Kämpfer" geführt.

b) Rechtliche Würdigung

Rechtlicher Ausgangspunkt des Senats war der Versuchstatbestand des § 92.

Die Unwahrheit der Nachrichten über die Herstellung von Flugzeugteilen in der Sächsischen Maschinenfabrik ergebe sich aus den Ausführungen des (im Urteil nicht genannten -d.Verf.) militärischen Sachverständigen, der bekundet habe, im Reichswehrministerium sei von der Fabrikation nichts bekannt. Jedenfalls sei vom Reichswehrministerium keine Bestellung erfolgt. Die Nachricht sei aber geeignet gewesen, das Staatswohl zu gefährden, wenn sie wahr gewesen wäre. Denn die Mitteilung habe im Ausland den Eindruck erwecken können, daß Deutschland, und zwar das Reichswehrministerium, entgegen der Vorschrift des Art. 178 des Versailler Vertrages Mobilmachungsvorbereitungen betreibe. Bei der Aufmerksamkeit, mit der vom Ausland bestellte Agenten solche Nachrichten verfolgten und sie dem Auslande bekannt gäben, habe die Gefahr bestanden, daß die Nachricht vom Ausland benützt würde, um gegen Deutschland Repressalien einzuleiten oder diplomatische Schwierigkeiten zu machen.

> **(E 36)** Auffällig ist, daß der Senat keine Veranlassung gesehen hat zu fragen, ob die Produktion bestimmter militärischer Erzeugnisse im Interesse der Landesverteidigung geheimzuhalten gewesen war und deren Veröffentlichung folglich nach § 1 Abs. 2 SpG strafbar gewesen wäre.

Zwar habe der Verteidiger, fährt der Senat fort, eingewandt, daß sich der Artikel nur gegen die Kriegsrüstungen des Trustkapitals gewendet und mit keinem Wort angedeutet habe, daß das Reichswehrministerium hinter diesen Rüstungen stehe. Demgegenüber sei jedoch darauf hinzuweisen, daß in dem Artikel gesagt sei, die Produktion der Einzelstücke solle dazu dienen, Vorräte für den Kriegsfall zu schaffen. Solche Kriegsrüstungen könnten nur von der Reichsregierung und dem Reichswehrministerium ausgehen.

> **(E 37)** Diese Ansicht verkennt, daß nach Weltsicht des Angeklagten auch die Möglichkeit des illegalen Waffenexports in das Ausland bestanden und das Unternehmen im übrigen selbständig für Lieferungen in einem nahen Krieg Vorsorge getroffen haben könnten.

Der Angeklagte habe geltend gemacht, den Artikel veröffentlicht zu haben, um den imperialistischen Krieg zu bekämpfen. Er habe auch nicht erwartet, daß der Artikel dem Deutschen Reich außenpolitische Schwierigkeiten machen könne, da ja auch Deutschland dem Kellog-Pakt, durch den der Krieg verurteilt werde, beigetreten sei. Er könne aber auch in seinem Kampf gegen den imperialistischen Krieg auf etwaige außenpolitische Schwierigkeiten Deutschlands keine Rücksicht nehmen. Dem war aber nach Ansicht des Senats entgegen zu halten, daß der Angeklagte seine Leser bereits im benannten Artikel vom 15. Juli 1929 aufgefordert habe, ihm Nachrichten über etwaige Rüstungen zu bringen und zwar im Interesse der Förderung kommunistischer Parteiziele. Er habe dabei auch den Lesern die Gefahr einer strafrechtlichen Verfolgung klargemacht. Die Veröffentlichung der Nachrichten aus der Sächsischen Maschinenfabrik habe also in bewußter Kenntnis ihrer Strafbarkeit der Vorbereitung der Parteiziele gedient.

> **(E 38)** Die Argumentation des Senats, die wohl darauf abzielte, den subjektiven Tatbestand des Landesverrats zu belegen, erweist sich sowohl im Tatsächlichen als auch im Rechtlichen als verfehlt. Der Umstand, daß der Oberreichsanwalt die "Neue Arbeiterzeitung" verfolgte, ließ für den Angeklagten nicht unbedingt den Schluß zu, daß, und nur darum geht es im subjektiven Tatbestand, die Veröffentlichung das Wohl des Reiches dadurch zu gefährden geeignet war, daß diplomatische Schwierigkeiten für das Reich entstehen konnten. Hierzu hätte er nämlich wissen müssen, daß Redakteure der "Neuen Arbeiterzeitung" verdächtig waren, den Tatbestand diplomatischen Landesverrats dadurch verwirklicht zu haben, daß sie ebendiese Schwierigkeiten hervorriefen. Hierzu trifft das Urteil keine Feststellungen. Ferner zwingt die Verfolgung der "Neuen Arbeiterzeitung" durch den Oberreichsanwalt in Kenntnis der zahllosen, wieder eingestellten Verfahren nicht zu der Annahme, einer Verfolgung habe strafbares Handeln zugrundegelegen. Die Überzeugung des Angeklagten, nach der der Oberreichsanwalt nicht als

Organ der Rechtspflege, sondern als Repressionsinstrument des Kapitalismus begriffen wurde, spricht für eine solche Betrachtungsweise

Die rechtlichen Erwägungen werden vom Senat dahin zusammengefaßt, daß sich der Angeklagte neben vollendeten Hochverrats und eines Verbrechens gegen § 7 Ziff. 4 RepSchG wegen der übrigen Artikel eines versuchten Verbrechens nach § 92 Abs.1 Ziffer 1 RStGB schuldig gemacht habe. Dem Angeklagten sei bekannt gewesen, daß dem Deutschen Reich Kriegsvorbereitungen untersagt gewesen seien. Er habe auch gewußt, daß die Nachrichten über solche Kriegsvorbereitungen dem Deutschen Reich Schaden haben zufügen können. Sämtliche strafbaren Handlungen bildeten eine einheitliche Handlung im Sinne von § 73 RStGB. Insbesondere liege auch eine einheitliche Handlung zwischen den nach § 86 (Hochverrat -d. Verf.) und den nach § 92 Abs.1 Ziff.1 RStGB zu beurteilenden Handlungen vor. Durch den Artikel über die Kriegsrüstungen in der Sächsischen Maschinenfabrik sollten insbesondere auch die kommunistischen Parteiziele gefördert werden. Die Strafe sei daher dem § 92 RStGB als demjenigen Gesetz zu entnehmen gewesen, das die schwerste Strafe androhe. Für die Strafzumessung seien dem Angeklagten mildernde Umstände zugebilligt worden, weil nicht nachweisbar gewesen sei, daß dem Reich aus der Veröffentlichung des Artikels ein Schaden entstanden sei und weil der Angeklagte den Artikel auf Grund einer politischen Überzeugung zur Förderung der Ziele der KPD geschrieben habe.

(E 39) Hierin ist eine Bestätigung der Rechtsprechung zu sehen, nach der Überzeugungstäterschaft strafmildernd zu berücksichtigen sei. Diese Ansicht war in anderen Verfahren, etwa gegen Gabel[384], nicht zum Tragen gekommen.

Andererseits sei zu berücksichtigen gewesen, daß der Angeklagte durch das Strafverfahren gegen den Schriftleiter der "Hannoverschen Zeitung" gewarnt gewesen sei und er sich aus dieser Warnung nichts gemacht habe.

(E 40) Hiermit nimmt der Senat wohl Bezug auf die Strafverfolgung von Redakteuren der in Hannover erschienenen "Neuen Arbeiterzeitung" Diese Verfahren sind sämtlich eingestellt worden. Es ist, wie oben schon dargelegt, nicht einzusehen, warum die bloße Strafverfolgung den Angeklagten hätte warnen sollen.

---

384 Urt. v. 19./20. 6. 1928 - Az.: 13J107/26 (Gabel), sub I. 5.

Es sei ferner zu berücksichtigen gewesen, daß auf ihn frühere Verurteilungen der Redakteure des "Kämpfer" und des "Echo" keinen Eindruck gemacht hätten, und er offen erklärt habe, sich durch die Bestrafung von der Fortsetzung seiner hochverräterischen Tätigkeit nicht abschrecken zu lassen. Es müsse daher der Sicherungszweck der Strafe in den Vordergrund treten. Mildernd komme nur in Betracht, daß die Artikel in einer kurzen Zeitspanne erschienen seien.

Der Angeklagte habe sich nach Ansicht des Senats zu der Tat auf Grund seiner Überzeugung für verpflichtet gehalten.

9. Urt. v. 11./12. 7. 1930 - Az.: 7J10/29 (Schröer)

Das Verfahren gegen Hermann Schröer zeichnet sich auf den ersten Blick durch das geringe Strafmaß -zwei Monate Festungshaft- aus. Dies ist umso auffälliger, als der Verurteilte schon vor der hier darzustellenden Entscheidung wegen einer angeblich landesverräterischen Veröffentlichung im "Ruhr-Echo", einer kommunistischen Zeitung, vom Oberreichsanwalt verfolgt worden war[385]. Unter dem Titel: "SPD für Reichswehr" führte er damals aus, die Reichswehr organisiere illegal eine Kaderausbildung, trainiere Angehörige faschistischer Verbände und erstelle Listen von Reserveoffizieren. Nachdem diese Veröffentlichung von der Staatsanwaltschaft Essen zur Anzeige gebracht worden war, bejahte das Reichswehrministerium in einem der üblichen Kurzgutachten die Tatbestandsmäßigkeit der Veröffentlichung. Inbesondere der Teil der Veröffentlichung, der sich mit der Ausbildung faschistischer Organisationen befasse sei neu und gefährde das Wohl des Reichs. Das Reichswehrministerium verneinte insbesondere, daß diese Nachrichten, so hatte sich der Beschuldigte eingelassen, mit dem Inhalt einer Rede des kommunistischen Reichstagsabgeordneten Schneller[386] vor dem Reichstage am 15. März 1928 identisch seien. Daraufhin beantragte der Oberreichsanwalt erfolgreich die Eröffnung der Voruntersuchung, die jedoch ergab, daß dem Angeklagten nicht widerlegt werden konnte, daß er die Ausbildungsmaßnahmen der Reichswehr durch die Rede von Schneller für veröffentlicht gehalten hat. Daß die Rede im In- und Ausland bereits bekannt gewesen sei, habe keiner weiteren Untersuchung bedurft. Was folgte war der Einstellungsbeschluß des Reichsgerichts aus dem tatsächlichen Grunde mangelnden Beweises. Auffällig an diesem Verfahren war zweierlei: Im Ermittlungsverfah-

385 ORA 7J114/28.

386 Gegen den selber journalistisch tätigen Schneller schwebten zwischen 1926 und 1929 vier Landesverratsverfahren, ORA 7J161/26, 7J118/27, 7J204/27, 7J100/29, die sämtlich wegen fehlender Geheimniseigenschaft der mitgeteilten Nachrichten eingestellt wurden.

ren wurde es unterlassen, die Reichstagsprotokolle, auf die sich der Beschuldigte berufen hatte, einzusehen. Zum Zeitpunkt der Ermittlungen amtierte, als Nachfolger von Ludwig Ebermayer Karl Werner[387] als Oberreichsanwalt, über den selbst der milde *Gustav Radbruch* sagte, er habe im Reichsjustizministerium als gewandter Bearbeiter der politischen Fragen mehr versprochen, als er später als Oberreichsanwalt zu halten vermochte[388]. Zweitens wäre statt der "Einstellung zweiter Klasse" aus dem tatsächlichen Grunde mangelnden Beweises, eine Einstellung aus Rechtsgründen in Betracht gekommen. Denn es hätte positiv festgestellt werden können, daß die Nachricht nicht mehr geheim und dem Beschuldigten dies bewußt gewesen war.

Der folgende Prozeß, in dem Schröer als Schriftleiter der "Niederrheinischen Arbeiterzeitung" strafrechtlich zur Veranwortung gezogen wurde, eröffnet erneuten Einblick in die Arbeiterkorrespondenzen der kommunistischen Presse.

a) Urteilstatbestand

Dem Urteil lag folgende Veröffentlichung vom 6. Dezember 1928 zu Grunde:

"Welche Betriebe arbeiten für den kommenden Krieg? Welche können auf den kommenden Krieg schnell umgestellt werden und wie? Arbeiterkorrespondenten vor die Front. Berichtet ausführlich über diese Frage an die Zeitung. Der beste Bericht bekommt den Ehrenplatz in dieser Zeitung."

Der Aufruf sei in der Form eines Inserats gehalten und an beiden Seiten von je zwei starken und einem schwachen schwarzen Balken umrahmt. Er sei im allgemeinen Teil der Zeitung abgedruckt worden, für den der Angeklagte verantwortlich gezeichnet habe, während als verantwortlich für Inserate ein gewisser Otto Zimmermann angegeben gewesen sei. Dem läge zugrunde, daß die Parteipresse der Kommunistischen Partei Deutschlands seit einiger Zeit durch Aufrufe in den kommunistischen Zeitungen versuche, aus den Reihen der in den industriellen deutschen Betrieben arbeitenden Parteimitglieder sogenannte Arbeiterkorrespondenten zu gewinnen, die den kommunistischen Zeitungen Berichte über solche Fabriken einschicken sollen, welche für Kriegszwecke arbei-

387 Von Werner wird angenommen, er sei schon vor 1933 „heimliches„ Mitglied der NSDAP gewesen, vgl. Angermund, Deutsche Richterschaft, S. 43 f. Dies wird durch die Angaben von Kaul, Reichsgericht, S. 323 allerdings nicht bestätigt. Kaul stellt unter Bezugnahme auf die Personalakte Werners unter der Rubrik „Parteizugehörigkeit“ lapidar „keine“ fest.

388 Radbruch, Der innere Weg, S. 106.

ten oder auf solche Arbeiten umgestellt werden können. Derartige Aufrufe seien auch schon in der "Niederrheinischen Arbeiterzeitung" erschienen und hätten Erfolge gezeitigt, wie Veröffentlichungen entsprechender Berichte und Eigendarstellungen über das Arbeiterkorrespondentenwesen zeigten.

In der "Roten Fahne" vom 14. Juli 1929 sei folgendes unter dem Titel "Spionageprozesse gegen die KPD-Presse" ausgeführt worden: "Die Verfolgungen durch die Klassenjustiz werden für die kommunistische Presse nur Ansporn sein, den Schutz der Sowjetunion durch das deutsche Proletariat noch stärker als bisher zu propagieren und die kriegerischen Machenschaften der Koalitionsregierung rücksichtslos aufzudecken."

In der "Freiheit"[389] sei unter der Überschrift "Enthüllung der Kriegsrüstung ist Spionage" am 15. Juli 1929 das Recht der kommunistischen Presse zur Veröffentlichung von Arbeiterkorrespondenzen betont und dabei ausgesprochen worden: "Die Kommunisten sind stolz darauf, Verräter des Vaterlandes der Kapitalisten zu sein."

b) Rechtliche Würdigung

Ausgangspunkt der rechtlichen Würdigung durch den 4. Strafsenat in der Besetzung Lorenz, Dr. Schwarz, Dr. Sonntag, Froelich[390] und Gerlach war der Vorwurf, der Angeklagte habe eine Ausspähung, § 3 Abs. 2 SpG begangen.

Hierzu führt der Senat aus, die im Artikel vom 6. Dezember 1929 angesprochenen und verlangten Nachrichten seien durchaus solche gewesen, deren Geheimhaltung im Interesse der Landesverteidigung erforderlich gewesen sei. Dies läge auf der Hand, ergäbe sich aber auch aus den Ausführungen des (im Urteil nicht namhaft gemachten -d. Verf.) militärischen Sachverständigen. Denn im Falle eines Krieges werde den Feindmächten durch die Kenntnis jener Tatsachen die Lahmlegung solcher Betriebe (z.B. durch Luftangriffe und durch Innensabotage) erheblich erleichtert. Auch hätten die Nachrichten veröffentlicht werden sollen. Dies ergäbe sich daraus, daß der besten Nachricht ein Ehrenplatz in der Zeitung zugesichert wurde. Dadurch sei auch die Angabe des Angeklagten wi-

---

389 Das Urteil läßt nicht erkennen, um welche Zeitung es sich handelt. In Betracht kamen hier die gleichnamigen Blätter aus Duisburg oder Hanau, vgl. Koszyk, Deutsche Presse, Teil III, S. 324.

390 Walter Froelich * 27. 7. 1880 in Berlin; beide Examina "gut"; Reichsgerichtsrat seit 17. 5. 1932; vorher Hilfsrichter beim Reichsgericht, seit 14. 2. 1934 Mitglied des NSRB, seit 1. 4. 1936 Mitglied des RDB, seit 1. 6. 1936 Mitglied des NSV; bis 1933 Mitglied der DVP, dann der DNVP bis zur deren Auflösung beigetreten. Diese Angaben sind auch bei Kaul, Reichsgericht, 269 zu finden.

derlegt, der Aufruf habe nur bezweckt, Material zu statistischen Übersichten und zur Weitergabe an die Reichstagsfraktion der KPD zu gewinnen. Der Aufruf sei endlich auch in der Absicht eingesandt worden, die eingeforderten Nachrichten zu einer die Sicherheit des Reichs gefährdenden Mitteilung an eine ausländische Regierung oder an eine in deren Interesse tätigen Person weiterzugeben. Es sei gerichtskundig, daß gerade die ausländischen Regierungen und ihre Spionageagenten die Veröffentlichungen in den Zeitungen der KPD über militärische Dinge mit besonderem Interesse verfolgten.

> **(E 41)** Hier hält der Senat für die Feststellung, jede kommunistische Presseveröffentlichung werde von ausländischen Regierungen verfolgt, den Sachverständigenbeweis nicht mehr für erforderlich, sondern geht hierfür von Gerichtskundigkeit aus. Dies ist deshalb problematisch, weil der 4. Strafsenat aus dem Indiz der Verfolgung von Presseveröffentlichungen durch ausländische Regierungen auf die Kenntnisnahme des inkriminierten Artikels durch diese Regierungen schließt.[391]

Der Einsender des Aufrufs habe ferner bestimmt damit gerechnet, daß bei der großen Zahl der in den Fabriken für militärische Zwecke tätigen Mitglieder der KPD sein Aufruf die Einsendung auch von geheimzuhaltenden Nachrichten der oben erwähnten Art zur Folge haben würde; sowie damit, daß diese dann veröffentlicht und so zur Kenntnis der ausländischen Regierungen gebracht werden sollten. Es sei auch Absicht des Angeklagten gewesen, dieses Ziel zu erreichen. Denn es sei vom erkennenden Senat schon oft festgestellt, daß die KPD zur Erreichung ihres Ziels, die Weimarer Verfassung zu beseitigen und in Deutschland auf dem Wege der Gewalt die Dikatur des Proletariats nach russischem Muster zu errichten, vor allem die Reichswehr als die stärkste Stütze der Republik in ihrer Kampfkraft zu schwächen suche. Eine solche Schwächung habe sich der Einsender des Aufrufs auch durch die Veröffentlichung erhofft, da diese den ausländischen Regierungen Anlaß hätte geben sollen, gegen die Rüstungsbetriebe einzuschreiten.

> **(E 42)** Hier schließt der Senat von der gerichtsbekannten Absicht der KPD, die Verfassung gewaltsam zu beseitigen, auf die Absicht, die Reichswehr als angeblich stärkste Stütze der Republik durch ausländische Intervention zu schwächen. Dieser Gedanken ist schwer nachvollziehbar. Abgesehen davon, daß die Stellung der Reichswehr als Stütze

391 So aber noch im Urt. v. 1. 4. 1930 - Az.: 7J80/29 (Schwotzer), E 32.

der Republik, wie gezeigt, erheblichen Zweifeln unterliegt[392], ist nicht einsichtig, auf welche Weise das Einschreiten ausländischer Regierungen gegen die illegale Rüstung, das ja stets diplomatisch erfolgte, dem Ziel der Errichtung der Diktatur des Proletariats Vorschub hätte leisten sollen.

Gleichwohl sei der Angeklagte nicht nach § 20 Abs. 2 ReichspressG als Täter zu bestrafen gewesen. Denn es hätten besondere Umstände vorgelegen, die seine Täterschaft ausgeschlossen hätten. Zwar sei seine Haftung nicht schon deshalb ausgeschlossen, weil es sich bei der Veröffentlichung, wie der Angeklagte eingewandt habe, um ein Inserat gehandelt habe, für das der bereits erwähnte Zimmermann haftbar zu machen gewesen sei. Dies ergäbe sich daraus, daß der Artikel nur in der äußeren Form eines Inserats gehalten gewesen und auch im allgemeinen Teil der Zeitung erschienen sei, für den der Angeklagte verantwortlich gezeichnet habe. Daß aber das "Inserat" im allgemeinen Teil der Zeitung habe erscheinen sollen, sei dem Angeklagten, wie er selber zugibt, bewußt gewesen. Daß der Angeklagte, wie sein Verteidiger behauptet, zur Verhinderung des Erscheinens gar nicht in der Lage gewesen sei, sei unerheblich, weil er es in einem solchen Fall hätte ablehnen müssen, verantwortlich zu zeichnen (RGSt 35, 315). Die besonderen Umstände, aus denen zu schließen sei, daß der Angeklagte nicht vorsätzlich, geschweige denn absichtlich gehandelt hätte, ergäben sich jedoch aus seinen Einlassungen. Er habe behauptet, er habe die Mater des Inserats unter den Manuskripten des allgemeinen Teils gesehen, dabei zwei dicke Balken festgestellt und deshalb, in der Annahme es läge ein bloßes Inserat vor, die Mater wieder unbesehen zu den Manuskripten gelegt. Diese Angaben habe der Senat dem Angklagten geglaubt, weil er in der Hauptverhandlung einen glaubhaften Eindruck gemacht habe, und seine Behauptung durch die Tatsache gestützt werde, daß es sich der Form nach tatsächlich um ein Inserat handele. Bedingter Vorsatz des Angeklagten sei deshalb ausgeschieden, weil ihm geglaubt worden sei, daß er es sich nicht als möglich vorgestellt habe, daß durch das Inserat Berichte über die Rüstungsindustrie eingefordert würden. Denn solche Berichte seien in seiner Zeitung nur vereinzelt eingefordert worden, so daß der Angeklagte nicht damit habe rechnen können, daß es sich um einen Aufruf der oben erwähnten Art handele (RGZ 39, 88). Dagegen bliebe die Tatsache bestehen, daß der Inhalt der Zeitung den Tatbestand einer strafbaren Handlung in dem dargelegten Sinn begründe und daß der Angeklagte für diesen Inhalt als verantwortlicher Redakteur gezeichnet habe. Es sei daher seine Aufgabe gewesen, sich vom Inhalt der Mater zu überzeugen. Da er dies unterlassen

392 Vgl. neben dem Ausgeführten auch Huber, Deutsche Verfassungsgeschichte, VII, S. 128 ff. und 680 ff. und Wohlfeil in: Handbuch zur deutschen Militärgeschichte Band 3, Abschnitt VI, S. 134 ff.

habe, habe er die ihm obliegende Sorgfalt gröblich verletzt, so daß er aus § 21 ReichspresseG hafte.

> **(E 43)** Es fragt sich, ob der Sorgfaltsmaßstab nicht überspannt wurde. Denn der Redakteur, der sich um Inserate kümmert, hätte sich innerbetrieblich dem Vorwurf ausgesetzt, er überschreite seine Zuständigkeit. Es hätte gefragt werden müssen, ob objektiv damit zu rechnen war, daß eine derartige Anzeige erscheinen würde.

Bei der Strafzumessung sei die Schwere der Nachlässigkeit und die Gefährlichkeit der Veröffentlichung strafschärfend ins Gewicht gefallen. Andererseits habe zugunsten des Angeklagten gesprochen, daß die eingeforderten Berichte der Arbeiterkorrespondenten nicht veröffentlicht worden seien. Eine Überzeugungstäterschaft des Angeklagten könne, da nur ein fahrlässiges Vergehen vorliege, nicht angenommen werden.

10. Urt. v. 23./24. 7. 1930 - Az.: 14aJ336/29 (Stibi)

Auch das Verfahren gegen Georg Stibi richtete sich gegen einen Redakteur, der gleichzeitig KPD - Funktionär war und gegen den bereits ein reichsanwaltliches Vorermittlungsverfahren wegen publizistischen Landesverrats stattgefunden hatte.[393] Das vorhergehende Verfahren bezog sich auf Veröffentlichungen in der Duisburger "Freiheit" vom 11. April 1929. Durch Verfügung des Oberreichsanwalts wurde von der Einleitung eines Ermittlungsverfahrens abgesehen, weil die Nachrichten, Waffenlieferungen nach Großbritannien, dem "Ruhr Echo" vom 18. März 1929 entnommen und die Nachrichten deshalb nicht mehr geheim gewesen seien.

Von den im Gerichtsverfahren gegen Stibi inkriminierten achtzehn Veröffentlichungen in rheinischen und westfälischen kommunistischen Zeitungen wurden nur zwei als landesverräterisch angeklagt und abgeurteilt. Die übrigen Publikationen wurden in der Sitzung am 24. Juli 1930, in der Dr. Iber die Anklage vertreten hatte, vom erkennenden 4. Strafsenat in der Besetzung Driver, Coenders[394], Helber, Blumberger[395] und Dr. Krüger zum weitaus größeren Teil als

---

393 ORA 7J33/29.

394 Herrmann Coenders * 2. 3. 1874 in Kaiserwerth, 1. juristische Staatsprüfung „bestanden", 2. juristische Staatsprüfung „ausreichend", Reichsgerichtsrat ab 1. 1. 1925, Ruhestand 1.10. 1934; Angaben bei Kaul, Reichsgericht, S. 264.

hochverräterisch angesehen. Zwei Veröffentlichungen enthielten nach Senatsansicht eine gegen den sozialdemokratischen preußischen Innenminister Dr. Severing gerichtete üble Nachrede, die diesen der fälschenden Erstellung eines angeblich KPD-internen Putschplanes bezichtigte.

Die inkriminierten Artikel erschienen im Juni, Juli, Dezember 1929 und im Januar 1930 und standen im gleichen historischen Kontext wie die vorangegangenen Verfahren gegen kommunistische Redakteure, der mit den Begriffen Mai-Unruhen, zunehmende Destabilisierung und Beginn der Präsidialkabinette umschrieben werden kann.

a) Ablauf des Verfahrens

Das Verfahren wurde durch eine Strafanzeige des Polizeipräsidenten Düsseldorf vom 19. Juni 1929 eingeleitet und betraf ebenfalls Veröffentlichungen in der "Freiheit". Das durch den Oberreichsanwalt eingeholte Gutachten des Reichswehrministeriums vom 31. Januar 1930 bejahte, daß die mitgeteilten Nachrichten sowohl zum Wohle des Reichs als auch im Interesse der Landesverteidigung geheimzuhalten gewesen seien. Am 1. Februar wurde Stibi auf Grund eines Haftbefehls des Untersuchungsrichters beim Reichsgericht in Untersuchungshaft genommen, die bis zu seiner Verurteilung, also etwa ein halbes Jahr vollzogen wurde. Am Tag des Haftbefehlserlasses wurden die Düsseldorfer Rechtsanwälte Obuch und Dr. Horstmann als Verteidiger bevollmächtigt. Die Anklageschrift des Oberreichsanwalts datiert vom 12. März 1930. In diesem Monat versuchte Stibi Artikelmanuskripte aus der Untersuchungshaft an seine Redaktion gelangen zu lassen, was den 4. Strafsenat veranlasste, ihm durch Beschluß auf Antrag des Direktors des Untersuchungsgefängnisses die Raucherlaubnis auf einen Monat zu entziehen. Am 16. Mai stellten die Verteidiger Beweisanträge auf Vernehmung zweier Zeugen, der Betriebsratsobleute Kalversberg und Göritz. Am 17. Mai legte der Oberreichsanwalt die Ablehnung der Beweisanträge nahe, weil die Beweistatsachen unerheblich seien. Die Hauptverhandlung fand unter Ausschluß der Öffentlichkeit statt. Das Urteil gegen Stibi erging in der Sitzung am 24. Juli 1930.

---

395 Paul Blumberger * 24. 6. 1879 in Düsseldorf, 1. juristische Staatsprüfung „gut“, 2. juristische Staatsprüfung „gut“, Reichsgerichtsrat ab 1. 7. 1930, seit 1.4. 1942 Senatspräsendent, seit 15. 6. 1938 Mitglied der NSDAP, Angaben bei Kaul, Reichsgericht, S. 264.

b) Urteilstatbestand

Gegenstand des Urteils, soweit es um Landesverratsdelikte ging, waren drei Veröffentlichungen in der "Freiheit" vom 4., 16. und 25. Juli 1929.

Die erste Veröffentlichung unter der Überschrift "Gespräch im Betrieb", publiziert in der Gewerkschaftbeilage, wurde eingeleitet mit einem fiktiven Gespräch zweier Arbeiter in einer imaginären Betriebsstätte über die Herstellung von Kanonenrohren. Die Arbeiter wurden im weiteren aufgefordert, der "Freiheit" wenigstens stichwortartig über Kriegsmaterialproduktion, selbst wenn ihr Charakter nicht eindeutig zu erkennen sei, zu berichten. Die Redaktion werde die Informationen, auch wenn sie nicht als fertige Artikel eingingen, schon weiterzuverarbeiten wissen.

Die zweite Veröffentlichung, ein Artikel mit der Spitzmarke "Krieg gegen Sowjetrußland ?" unter den Überschriften "MG-Einschießen bei Rheinmetall" und "Die Industrie im Zeichen der imperialistischen Aufrüstung. Arbeiter, wacht auf !" teilte mit, daß bei Rheinmetall in Düsseldorf Maschinengewehre eingeschossen, das heißt auf ihre Eignung geprüft würden. Insoweit handele es sich um eine Neuorientierung und Modernisierung der Kriegsproduktion. Wie von zuverlässiger Seite berichtet werde, habe die Firma Rheinmetall auch Richtvorrichtungen für Geschütze zur (nicht illegalen -d.Verf.) Bestückung des Panzerkreuzers A hergestellt. Die Rüstungsaufträge seien so umfangreich, daß Rheinmetall sie alleine nicht zu bewältigen vermöge; die Bergische Stahlindustrie in Remscheid habe einen Auftrag zur Herstellung bestimmter Teile für Küstenbatterien erhalten. Im übrigen hätte Rheinmetall 13 Millionen Mark an Subventionen erhalten.

Die dritte Veröffentlichung unter den Überschriften "Minenwerfer - Lafetten. In Elberfeld hergestellt, bei Rheinmetall weiterverarbeitet. Schafft die rote Betriebsfront gegen den imperialistischen Krieg !" teile mit, daß bei der Firma Eisenwerk G. und J. Jäger AG in Elberfeld seit langem wichtige Rüstungsteile produziert würden. Bis jetzt seien 550 Minenwerferlafetten hergestellt worden, die dann zu Rheinmetall zur Fertigstellung gingen und an die militärischen Auftraggeber abgeliefert würden.

Die Veröffentlichungen seien vor dem Hintergrund des letzten Parteitages der KPD zu sehen, auf dem der Reichtagsabgeordnete Remmele die Beobachtung und Bekämpfung der deutschen industriellen Rüstungsproduktion für die Antikriegsarbeit der KPD für notwendig erklärt habe. Zwar seien die Artikel, so der Senat, möglicherweise nicht vom Angeklagten verfaßt, jedenfalls aber gelesen worden. Denn er habe erklärt, die in den Artikeln behaupteten Tatsachen für wahr gehalten zu haben, müsse aber die Auskunft darüber verweigern, von wem die zugrundeliegenden Nachrichten stammten.

c) Rechtliche Würdigung

Rechtlicher Ausgangspunkt des Senats war der Versuchstatbestand des Verrats militärischer Geheimnisse, § 1 Abs. 2 SpG, hierzu idealkonkurrierend die vollendete Ausspähung nach § 3 Abs. 2 SpG.

Die Vollendung des Verrats militärischer Geheimnisse schied nach Ansicht des Senats aus, weil jeder positive Anhalt dafür fehle, daß die veröffentlichten Nachrichten auch wirklich von einer ausländischen Regierung oder von einem ihrer Agenten aufgenommen worden seien.

> **(E 44)** Diese Feststellung ist insoweit interessant, als der Senat in vorangehenden[396] und nachfolgenden[397] Entscheidungen wie auch in dieser als gerichtsbekannt annimmt, daß ausländische Geheimdienste die deutsche Presse auf Nachrichten über offene oder geheime Rüstung intensiv durchsehe. Diese Feststellung hat dem Senat mehrfach genügt, um die Kenntnisnahme eines ausländischen Geheimdienstes zu bejahen. Hiervon weicht der Senat in der vorliegenden Entscheidung ab, ohne Gründe hierfür anzugeben.

Jedoch hätten, so fährt das Urteil fort, die inkriminierten Veröffentlichungen Nachrichten enthalten, die im Interesse der Landesverteidigung geheim zu halten gewesen seien. Dies gelte für die oben benannte zweite Veröffentlichung über das Maschinengewehreinschießen, das bei Rheinmetall tatsächlich stattgefunden habe, aus doppeltem Grunde. Zum einen sei die Fabrik zur Herstellung von Maschinengewehren nicht zugelassen gewesen. Dies beinhalte eine Verletzung des Vertrages mit den ehemaligen Feindmächten; zum anderen hätte es sich bei den hergestellten Gewehren in der Tat, so der Sachverständige des Reichswehrministeriums, um eine Neukonstruktion gehandelt. Dies gelte auch für die Berichte über die Herstellung von Teilen von Küstenbatterien in Remscheid bei der Bergischen Stahlindustrie und auch für die dritte Veröffentlichung über die Herstellung von Minerwerferlafetten bei der Jäger AG, weil diese Fabriken nicht für die benannte Produktion zugelassen gewesen seien. Bezüglich letzter Produktionsstätte käme hinzu, daß mit den angeführten 550

---

396 Urt. v. 1. 4. 1930 - Az.: 7J80/29 (Schwotzer).

397 Urt. v. 23. 11. 1931 - Az.: 7J35/29 (Kreiser und von Ossietzky).

Stück die insgesamt zugelassene Zahl an Minenwerfern erheblich überschritten worden sei, und ferner ebenfalls eine Neukonstruktion vorgelegen habe. Die Herstellung der Geschützrohre bei Rheinmetall sei nicht geheimhaltungsbedürftig gewesen, weil die Fabrik für Produktionen dieser Art zugelassen gewesen sei, und es sich auch nicht um eine Neukonstruktion gehandelt habe. Demgegenüber seien die Nachrichten über die Betriebsstätte der Bergischen Stahlindustrie, in der Teile von Küstenbatterien erzeugt wurden, und über die Verwendung der Jäger AG zur Herstellung von Minenwerferlafetten geheimzuhalten gewesen. Denn mit den Berichten über die Bergische Stahlindustrie seien Nachrichten bezüglich einer neuen Betriebsstätte zur Herstellung von Kriegsmaterialien veröffentlicht worden. Insoweit sei der militärische Sachverständige in Übereinstimmung mit Senat und Oberreichsanwalt davon ausgegangen, daß Geheimhaltung derjenigen Nachrichten, mit denen Überschreitungen der Zulassungen angezeigt seien, zum Wohle des Reichs im Sinne des § 92 RStGB geboten sei, während Nachrichten über Neukonstruktionen im Interesse der Landesverteidigung geheimzuhalten gewesen seien (§ 1 Abs. 2 SpG). In Bezug auf Rheinmetall gelte, soweit Maschinengewehre und für die Jäger AG soweit Minenwerferlafetten betroffen seien, daß diese wegen der Neukonstruktionen im Interesse der Landesverteidigung geheimzuhalten gewesen seien. Denn die Verwendung einer nicht zugelassenen Fabrik könne als Anzeichen einer Neukonstruktion gelten, wie dies tatsächlich für die Wahl der Firma Rheinmetall zu abredewidrigem Bau von Maschinengewehren bestimmend war, und daß dieses Anzeichen auswärtigen Mächten Veranlassung habe geben können, gerade diese Ausführung zum Gegenstand der Erforschung durch ihre Kundschafter zu machen. Darüber hinaus sei der Senat der Ansicht, daß jede Mitteilung über die Herstellung von bestimmtem Kriegesmaterial zu bestimmter Zeit an bestimmter Betriebsstätte zur Erforschung durch ausländische Mächte Anlaß geben könne, mithin im Interesse der Landesverteidigung geheimzuhalten sei, wenn der Gegenstand selbst nicht bereits zum allgemein Bekannten gehöre. Ebenso schädige die Mitteilung über die Überschreitung von Grenzen der Kriegsmaterialbeschaffung die Landesverteidigung, weil dies in erster Linie dazu führen könne und werde, daß die Beschaffung auf den zulässigen Umfang herabgesetzt und damit die Erzeugungsvorrichtungen auf die bestimmten Betriebsstätten zum Schaden der Leistungsfähigkeit im Kriege beschränkt werden müßten.

(E 45) Hier zeichnet sich eine weitere Änderung der Rechtsprechung ab. Die Aufdeckung illegaler Rüstungsmaßnahmen, zu denen auch die Zusammenarbeit mit Wehrverbänden oder die Durchführung von Reserveübungen wie etwa im Falle Küster und Jacob-Salomon gehört hätten, werden nunmehr unter Spionage und nicht mehr unter diplomatischen Landesverrat subsumiert.

Durch den Artikel "Gespräch im Betrieb" schließlich sei zwar keine Nachricht im Sinne des SpG veröffentlicht worden, doch hätte die Publikation der Ausspähung derartiger Nachrichten gedient. Diese sei im Gegensatz zur Ansicht der Anklage auch nicht nur versucht, sondern vollendet worden. Denn der Angeklagte sei durch den Artikel darauf ausgegangen, Nachrichten, wie er sie später veröffentlicht habe, also gerade auch geheimzuhaltende zu erlangen. Dies folge nicht nur aus dem anschließenden Handeln, sondern schon daraus, daß auch Mitteilung über nicht eindeutig erkennbare Kriegsmaterialherstellung, auch über nur verdächtige Erzeugnisse, erfolgen sollte. Diese Aufforderung habe auch Erfolg gehabt.

> **(E 46)** Es fragt sich hier, auf Grund welcher Feststellungen der Senat meint, eine Kausalität zwischen dem inkriminierten Aufruf und der Mitteilung der dann später veröffentlichten Nachrichten bejahen zu können. Wie aus dem Verfahren gegen Schröer gerichtsbekannt sein mußte, hatte es schon vor dem Aufruf ähnliche Appelle in der "Freiheit" gegeben, die ebensogut Quelle der dann veröffentlichten Nachrichten hätten sein können.

Bezüglich des Vorsatzes sei zunächst festzustellen, daß der Angeklagte die Absicht gehabt habe, die Sicherheit des Reiches zu gefährden, denn diese sei zugestandenermaßen auf die Unterbindung der Kriegsrüstungen des Reichs und damit auf eine Schwächung seiner Verteidigungskraft gerichtet gewesen. Aber auch der Vorsatz zum Gelangenlassen dieser Nachrichten an das Ausland sei wenigstens in seiner bedingten Form zu bejahen gewesen. Zwar sei dem Angeklagten ohne weiteres zu glauben, daß er nicht nach Art der Mehrzahl der Landesverräter den Verrat aus Gewinnsucht begangen habe und die Mitteilung der Nachrichten an die im Gesetz bezeichneten Stellen zum ersten und alleinigen Zweck gehabt habe. Doch hätte (Konjunktiv im Original -d. Verf.) er Nachrichten zur Verbesserung der Bewaffung der oft genannten Sowjetunion mitgeteilt und er habe auch erkannt und gebilligt, daß im In- und Ausland Amtspersonen oder Agenten auswärtiger Mächte, die ein Interesse am Rüstungsstand des Reiches nähmen, von seinen Veröffentlichungen Kenntnis erlangten. Dies folge daraus, daß sich die Veröffentlichung an eine unbeschränkte Öffentlichkeit und nicht an einen beschränkten Kreis inländischer Arbeiterschaft richteten. Wie gerichtsbekannt sei und der militärische Sachverständige im übrigen bestätige, verfolge das Ausland die deutsche Presse auf Nachrichten über offene und geheime, von Regierungen oder vaterländischen Verbänden betriebene Rüstungen aller Art, und dies gelte sicher am allermeisten von der Presse im rheinisch-westfälischen Industriegebiet. Dies alles müsse sich der mit politischen

Vorgängen befaßte und mit guten Verstandeskräften begabte Angeklagte gesagt haben. Im übrigen habe der Angeklagte auch die preßgesetzliche Verantwortung für Artikel gehabt, die Landesverratsverfahren zum Gegenstand gehabt hätten und deren Kenntnis eingeräumt. Unter anderem habe es in einem Artikel der "Freiheit" vom 20. Juli 1930 geheißen: " Landesverratsparagraphen, Staatsanwälte und Standrecht können uns auch weiterhin nicht von der Aufdeckung der imperialistischen Kriegsrüstungen und der Mobilisierung der Arbeitermassen zur Verteidigung der Sowjetunion abhalten. " Auch habe der Angeklagte zumindest bedingten Vorsatz hinsichtlich des Geheimhaltungsbedürfnisses gehabt. Zwar habe er behauptet, er habe nicht daran gedacht, daß ein Verstoß gegen Entwaffnungsvorschriften vorliege, und es sei ihm auch nicht bekannt gewesen, daß die Arbeiterschaft bei Rheinmetall zu strengster Verschwiegenheit über alle Werksvorgänge verpflichtet war. Weil aber der Angeklagte keinerlei bestimmte Kunde über die Einhaltung der Abmachungen mit den gegnerischen Mächten gehabt habe, habe er damit rechnen müssen, daß auch Überschreitungen vorgelegen hätten.

> **(E 47)** Hieraus ergibt sich eine Art Beweisregel, nach der bei einer Veröffentlichung über militärische Produktionen damit gerechnet werden mußte, diese seien illegal.

Der Angeklagte, fährt der Senat fort, habe auch damit gerechnet, denn der zuletzt benannte Artikel habe die Nachrichten selbst als "Enthüllungen der offenen und versteckten Kriegsrüstungen der deutschen Imperialisten" bezeichnet. Schließlich habe er in Bezug auf den Artikel über das MG-Einschießen damit gerechnet, daß es sich bei den Maschinengewehren um eine militärische Neuerung gehandelt habe. Diese sei durch die Mitteilungen der Ausspähung durch den feindlichen Kundschafterdienst ausgesetzt worden. In dem benannten Artikel werde auch gesagt, es handele sich um eine Neuorganisation und Modernisierung der Kriegsproduktion. Die Einwendung, daß die Maschinengewehrherstellung schon deshalb nicht mehr geheim gewesen sei, weil jeder Vorbeigehende das Schießen habe wahrnehmen und als Maschinengewehrfeuer erkennen können, träfe nicht zu. Weder habe das Maschinengewehrfeuer von jedem wahrgenommen werden können, da es in einem unterirdischen Tunnel stattgefunden habe, dies ergäbe sich aus den Zeugenaussagen von Becker, Calversberg und Göritz[398], noch hätten die Geräusche von jedem als Maschinengewehrfeuer zur Kenntnis genommen werden können, da der Schall nach Aussage des militärischen Sachverständigen dem eines Schnellfeuergeschützes ähnle, für welches die Rheinmetall-Produktionsstätte zugelassen sei. Schließlich hätte es sich,

398 Calversberg und Göritz waren von Obuch, Stibis Verteidiger, bereits in der Voruntersuchung benannt worden.

wenn die Einwendung des Angeklagten zuträfe, um einen örtlich beschränkten Kreis gehandelt, weshalb die Pflicht zur Geheimhaltung noch nicht beseitigt gewesen wäre. Selbst durch die Veröffentlichung in einer Zeitung werde einem im Sinne des SpG geheimen Gegenstand diese Eigenschaft noch nicht ohne weiteres genommen. (RG v. 30. 1. 1913 C11/12 -gegen Ewald, d. Verf.).

Schließlich sei für die Anwendung des § 3 Abs. 2 SpG gleichgültig, ob neben der Absicht des Gelangenlassens noch andere Beweggründe, wie Stärkung der KPD und innenpolitische Schwächung der Staatsmacht eine Rolle gespielt hätten (RG v. 21. 4. 1917 C 2/15 -gegen Mellissen -d.Verf.).

Das hier vollendete Verbrechen der Ausspähung militärischer Geheimnisse gehe im Versuch des Verrats solcher Geheimnisse auf, da die Ausspähung nur Vorbereitungshandlung für den Verrat oder seinen Versuch sei (RGSt 25, 50; 49, 422).

Der Senat hat die Strafe gemäß § 73 RStGB dem schwersten Gesetz, § 1 Abs. 2 SpG entnommen. Dem Angeklagten seien in Übereinstimmung mit dem Oberreichsanwalt mildernde Umstände zuzubilligen gewesen, weil die Tat im Versuch steckengeblieben und ein Schaden für die Landesverteidigung nicht nachgewiesen sei. Überdies habe der Angeklagte auch lediglich als Überzeugungstäter gehandelt. Andererseits habe der Angeklagte jedoch in der Hochverratsvorbereitung eine umfängliche Tätigkeit entfaltet und sei mit der Beleidigung eines Mitgliedes der Reichsregierung an die äußersten Grenzen des Möglichen gegangen. Deshalb sei unter Berücksichtigung des Strafmaßes des nächstschwereren Gesetzes, § 86 RStGB, ein Strafmaß von zwei Jahren Gefängnis angemessen gewesen. Nebenstrafen seien nicht verwirkt. Insbesondere sei wegen der Überzeugungstäterschaft nicht auf Ehrverlust zu erkennen gewesen.

> **(E 48)** In einem vorhergehenden, völlig gleichgelagerten Fall[399] hatte der Senat eine Nebenstrafe verhängt und auf Verlust der bürgerlichen Ehrenrechte erkannt.

Schließlich sei festgestellt worden, daß der Angeklagte sich nach seiner politischen Überzeugung zur Begehung der ihm zur Last fallenden Gesamttat verpflichtet gehalten habe.

---

399 Urt. v. 1. 4. 1930 - Az.: 7J80/29 (Schwotzer), sub I. 7.

11. Urt. v. 23. 11. 1931 - Az.: 7J35/29 (Kreiser und von Ossietzky)

Der Weltbühne - Prozeß[400] gegen Walter Kreiser und Carl von Ossietzky war das letzte und zugleich das bedeutendste Gerichtsverfahren wegen publizistischen Landesverrats in der Zeit der Weimarer Republik. Dies liegt nicht nur an dessen rechtlicher Problematik, sondern auch an der Sonderstellung, die sein Protagonist Carl von Ossietzky im öffentlichen Leben einnahm. Hier ist nicht der Platz, auf das Wirken und Leben von Ossietzky einzugehen. Für den Fall hervorzuheben ist aber, daß Carl von Ossietzky Schriftleiter der linksliberalen, pazifistischen, von Siegfried Jacobsohn gegründeten Zeitschrift "Die Weltbühne"[401] war und zu den herausragenden publizistischen Repräsentanten des Pazifismus zu zählen ist. In seinem Kampf gegen die Wiederaufrüstung Deutschlands hat er auch strafrechtliche Verfolgung in Kauf genommen und sich den Konsequenzen seines publizistischen Schaffens nie entzogen.[402] Darüber hinaus handelte es sich um eines der wenigen Verfahren wegen publizistischen Landesverrats, das mit einer Verurteilung wegen vollendeter Spionage endete.[403] Aus diesen Gründen kann der Prozeß als Kulminationspunkt der Landesverratsrechtsprechung des Reichsgerichts angesehen werden.

Wichtig ist das Verfahren auch deshalb, weil prozeßöffentlich wurde, daß das Reichswehrministerium, um weiteren Nachfragen aus dem Reichstag zu entgehen, tarnende Maßregeln zur Weiterführung der Aufrüstung ergriffen hat. Vor diesem Hintergrund erhält die schon öfter zitierte und kritisierte Argumentation des Reichsgerichts, zur Abstellung von Mißständen hätte sich der Bürger an die hierfür berufenen Organe zu wenden, besondere Bedeutung.

Gegenstand des Strafverfahrens, das mit einer Gefängnisstrafe von jeweils einem Jahr und sechs Monaten endete, war ein vom Mitangeklagten Walter

---

400 Vgl. die Zusammenfassung bei Lang, Staat, Recht und Justiz, S. 188 ff. und insbesondere Apfel, Behind the Scenes of German Justice, p. 108 ff.

401 Vgl. Koszyk, Deutsche Presse, Teil III, S. 283 ff.; Haacke/Pötter, Die politische Zeitschrift, S. 369 f; den justizkritischen Beitrag der Zeitschrift beleuchtet Lang, Staat, Recht und Justiz.

402 Kurze Würdigung, im Zusammenhang mit dem Weltbühne-Prozeß etwa bei Alfred Kantorowicz, Die Weltbühne, 15. 11. 1946 (neue Ausgabe), S. 293 ff.; Klug in: FS für Baumgärtel, 249 (258 f.); Ingo Müller in: FS für Richard Schmid, S. 297 (301).

403 Ein weiteres Urteil wegen vollendeter Spionage: Urt. v. 1. 4. 1930 - Az.: 7J80/29 (Schwotzer), I. 7.

Kreiser unter dem Pseudonym Heinz Jäger verfaßter Artikel[404], der verdeckte, illegale deutsche Militärflugzeugrüstung, nebst der damit verbundenen Etatfehlverwendung andeutete und in der Ausgabe der Weltbühne vom 12. März 1929 veröffentlicht wurde.

Um den Stellenwert der Darstellung nachzuvollziehen, muß man sich vor Augen führen, daß Etatkritik in Zusammenhang mit Aufrüstung seit der Lohmann - Affäre und dem Streit um den Panzerschiffbau, geradezu als Pflicht der Presse anzusehen war.

Die unvollkommen verdeckte deutsche Luftrüstung hat, wie neuere historische Forschungen belegen, obwohl mit der Dimension des Zweiten Weltkrieges nicht vergleichbar, qualitativ erhebliche Ausmaße gehabt[405]. Die Reichswehr arbeitete hier vornehmlich mit der Roten Armee zusammen. Diese Kooperation war, wie schon erwähnt, bereits im Dezember 1926 von dem sozialdemokratischen Abgeordneten Philipp Scheidemann vor dem Reichstag angegriffen worden.

Das gesamte hier zu behandelnde Strafverfahren lief unter der Ägide des Reichswehrministers Groener ab, der dem Pazifismus, für einen Reichswehrgeneral und Reichswehrminister auch naheliegend, mit zunehmender Abneigung gegenüberstand. Die zunächst ausgleichende Haltung, die sich im Rückgang der Zahl der Verfahren wegen publizistischen Landesverrats von 47 im Jahre 1927 auf 13 im Jahre 1928 niedergeschlagen haben mag[406], änderte sich allerdings bereits 1929. Ausweislich der durchgeführten Erhebungen stieg die Anzahl der eingeleiteten Verfahren auf 39 im Jahre 1929. Gegen die These des Historikers *Hürter*, daß erst ab März 1930 ein "systematische(s) Vorgehen des Reichswehrministers gegen den Pazifismus"[407] eingesetzt habe, spricht das deutliche neuerliche Nachlassen der Verfolgungstätigkeit des Oberreichsanwalts in Sachen publizistischen Landesverrats in den Jahren 1930 und 1931. Die Kausalität zwischen Strafverfolgung und Haltung des Reichswehrministers ergibt sich daraus, daß die verfolgungsauslösende Strafanzeige in den meisten Fällen vom Reichswehrminsterium erstattet wurde. Auf der anderen Seite ist *Hürter* zu konzedieren, daß Groeners Bemühungen, das Landesverratsrecht zu verschär-

---

404 Zuweilen, etwa Christoph, Die politischen Reichsamnestien, S. 339, FN 4, wird von Ossietzky irrtümlich als Verfasser des Artikels herausgestellt. Unklar Brauns, JZ 1995, 492 (494).

405 Zeidler, Reichwehr und Rote Armee, S. 302.

406 Einen anderen Erklärungsansatz für die rückläufigen Zahlen bietet das Straffreiheitsgesetz vom 14. 7 1928.

407 Hürter, Groener, S. 296.

fen, ab 1930 klar zunehmen[408], wobei einzuschränken ist, daß die Federführung für den "Ausbau" der Landesverratsbestimmungen schon in der Kabinettssitzung vom 30. Mai 1927 auf den Reichswehrminister übertragen worden war[409].

Groeners persönliche Ansichten werden spätestens 1931 drastisch. So spricht er den Pazifismus in der "Deutschen Allgemeinen Zeitung" vom 29. November 1931 als "organisiertes Denunziantentum" an und erklärt im Januar gegenüber einem Journalisten der "Volonté", die Pazifisten Deutschlands unterhielten engste Beziehungen mit dem französischen Generalstab und den nationalistischen Parteien jenseits des Rheines.[410]

Das Echo des Weltbühne - Urteils in der Tages- und Wochenpresse, vom Oberreichsanwalt akribisch dokumentiert[411], spiegelt auf der einen Seite die Empörung in der bürgerlichen, linksliberalen, sozialdemokratischen und linken Presse wider, die das Urteil entfachte und auf der anderen, rechten, Seite unverhohlene Genugtuung. Das liberale "Berliner Tageblatt"[412] etwa hat Anlaß gesehen, das Urteil des 4. Strafsenats "nicht nur im Interesse der demokratischen Kontrolle und der Etatkritik, sondern noch weit mehr im außenpolitischen Interesse zu verurteilen" und auf die nachteiligen Auswirkungen, die das Urteil auf die Genfer Abrüstungskonferenz[413] haben würde, hinzuweisen. *Hans Hein* meinte in der linken "Welt am Abend"[414], der neudeutsche Imperialismus sei so stark

---

408 Groener schreibt am 20. 10. 1930 sehr appellativ an seinen Ressortkollegen von der Justiz, sich seinen Vorstellungen von einer Reform des Landesverratsrechts in Richtung landesschädigender Verleumdung anzuschließen und ihn hierin tatkräftig zu unterstützen, BA R 43 I/557, S. 251 ff.

409 Vgl. das Schreiben des Reichsministers der Justiz vom 7. 11. 1930, BA R 43 I/557, S. 257.

410 Zitiert nach: Erklärung der Deutschen Friedensgesellschaft, vertreten durch Friedrich Küster, BA 43 I/513, S. 209.

411 ORA RG Generalia II, Nr. 130.

412 Berliner Tageblatt v. 23. 11. 1931.

413 Es handelte sich um die Konferenz vom 2. - 24. Februar 1932. Im Vorfeld der Veranstaltung, in der sich besonders französische und deutsche Ansichten gegenüberstanden, wurde die deutsche Verhandlungsposition mit dem Vorwurf, nach Abzug der Interalliierten Militärkontrolle hätten deutsche Geheimrüstungen stattgefunden geschwächt, vgl. Huber, Deutsche Verfassungsgeschichte, VII, S. 921. Gerade in der Vorbereitungsphase auf die Abrüstungsverhandlungen steigerte sich Groeners politisches Bemühen, pazifistische Stimmen zu diskreditieren, vgl. Hürter, Groener, S. 296 ff., der aber keinen Zusammenhang mit den langfristig anberaumten Genfer Abrüstungsverhandlungen herstellt.

414 Zu diesem Zeitpunkt galt die ursprünglich zwar linksstehende, jedoch unabhängige "Welt am Abend" bereits als "Nachtausgabe der Roten Fahne". Sie war 1928 in das Zeitungsimperium des kommunistischen Großverlegers Willi Münzenberg gelangt, Koszyk, Deutsche Presse, Teil III, S. 332.

geworden, daß er es bereits wagen könne, bürgerliche Schriftsteller für eine vorsichtige Kritik an seinem Tun und Lassen hinter verschlossenen Türen abzuurteilen und ins Gefängnis zu sperren[415]. Diese Stellungnahmen wurden von rechts, etwa in der rechtsextremen "Deutschen Zeitung"[416] vom 24. November 1931 als "vorschriftsmäßige(r) Entrüstungsrummel über das Urteil (...) gegen die Schreiber in der bolschewistisch-jüdischen Weltbühne" bezeichnet, während der "Völkische Beobachter" vom 26. November 1931 unter der Überschrift "Gefaßte Wehrverräter" hämte, daß durch das Urteil "im Eldorado des Landesverrats" (...) "die verräterische Zielrichtung in verdientem Maße getroffen wurde".

Carl von Ossietzky hat unter den Haftbedingungen erheblich gelitten, jedoch zu keinem Zeitpunkt, trotz bestehender Möglichkeiten, in ernsthafte Erwägung gezogen, Deutschland zu verlassen. Er glaubte im Gefängnis am unbequemsten zu sein.[417]

Der Mitverurteilte Walter Kreiser hat sich dem Vollzug der Strafe durch Flucht nach Frankreich entzogen und in Paris Einzelheiten aus der Hauptverhandlung vor dem Reichsgericht durch eine Artikelfolge in der rechtsgerichteten Zeitung "Echo de Paris" berichtet. Gegen Kreiser wurde deshalb erneut wegen Landesverrats ermittelt[418], während Carl von Ossietzky sich in eine äußerst mißliche Situation gebracht sah. Er fühlte sich politisch desavouiert, da sein Mitstreiter die Vorwürfe, die man ihm gemacht hatte, dadurch zu bestätigen schien, daß er mit dem aufrüstungsfreundlichen und germanophoben politischen Teil Frankreichs in Gestalt des "Echo de Paris" zusammenarbeitete und auf diese Weise die pazifistische Sache bloßstellte. Ossietzkys Situation wurde von der Frankfurter Zeitung unter dem Titel "Nachgeholter Landesverrat" folgendermaßen zusammengefaßt[419]: "Tragisch ist nur der Fall des Herrn Ossietzky geworden. Sein Irrtum über den Charakter Kreisers ist schwer bestraft worden. Kreiser aber hat ihn diesen Irrtum noch härter büßen lassen, als es das Reichsgericht im vorigen Jahr schon tat." Öffentlich hatte sich Carl von Ossietzky zu diesen Vorgängen in dem berühmten Artikel "Rechenschaft" in der "Weltbühne" vom 10.

---

415 Welt am Abend v. 24. 11. 1931.

416 Die "Deutsche Zeitung" repräsentierte den völkischen Flügel der DNVP, der sich im Alldeutschen Verband organisierte und erschien mit einer Auflage von bis zu 40.000 Exemplaren, vgl. Koszyk, Deutsche Presse, Teil III, S. 240.

417 Die Weltbühne vom 10. 5. 1932, zitiert nach Rechenschaft, S. 188 f.

418 ORA 7J11/32.

419 Frankfurter Zeitung (Morgenausgabe) v. 22. 4. 1932.

Mai 1932 recht bitter, aber um Gerechtigkeit bemüht, geäußert.[420]. Er gestünde Kreiser gerne zu, daß er mit seinen Aufsätzen im "Echo de Paris" nur der Wahrheit zu dienen glaube und sich als Instrument einer höheren sittlichen Ordnung betrachte; mit der Fühllosigkeit des echten Moralisten, dem es nur darauf ankäme, der Gerechtigkeit zu dienen, habe er jedoch nicht einen Augenblick darauf Rücksicht genommen, daß dadurch andere zu Schaden, mindestens in dubiose Bedeutung hätten kommen können.[421] In einem Brief an den Reichsminister der Justiz vom 25. Februar 1932 brachte von Ossietzky sein ganzes Unverständnis über Kreisers Verhalten zum Ausdruck und erklärte ehrenwörtlich, mit dessen Pariser Veröffentlichungen nichts zu tun zu haben.[422]

Das Verfahren ist ferner dadurch ausgezeichnet, daß bezüglich des Verurteilten Carl von Ossietzky ein - allerdings erfolgloses - Wiederaufnahmeverfahren mit dem Ziel der Freisprechung vor dem Kammergericht und dem Bundesgerichtshof stattgefunden hat. Einem solchen Verfahren kann in Ansehung der notorisch engen Voraussetzungen der Wiederaufnahme nach den §§ 359 ff. StPO[423] nicht die Bedeutung einer revisionsmäßigen Überprüfung des Urteils beigemessen werden; gleichwohl ist die reichsgerichtliche Entscheidung durch den Bundesgerichtshof obiter einer aus Sicht des Verfassers zweifelhaften Bewertung nach geltenden Rechtsmaßstäben zugeführt worden.

Für den Gang der Darstellung des Verfahrens soll zwischen dem Verfahren in der Zeit der Weimarer Republik und dem ausgezeichnet dokumentierten Wiederaufnahmeverfahren unterschieden werden.

a) Das Verfahren in der Zeit der Weimarer Republik

aa) Ablauf des Verfahrens

Die Akten des Oberreichsanwalts, die in der Strafsache gegen Carl von Ossietzky und Walter Kreiser recht umfangreich ausfallen, sind gleichwohl unvollständig. Für den Ablauf des Verfahrens ist ihnen nur zu entnehmen, daß am 1. Au-

---

420 Die Weltbühne vom 10. 5. 1932, zitiert nach Rechenschaft, S. 185 ff.

421 Die Weltbühne vom 10. 5. 1932, zitiert nach Rechenschaft, S. 190.

422 Abschrift in: ORA 7J11/32.

423 Zur Rechtslage in der Bundesrepublik, vgl. Dippel in: Jescheck/Meyer, S. 13 ff.; rechtsvergleichend: Meyer in: Jescheck/Meyer, S. 729 ff. De lege ferenda für eine grundlegende Reform des Wiederaufnahmerechts und zum Reformvorschlag der SPD-Bundestagsfraktion, BT-Drks. 13/3594, Wasserburg, ZRP 1997, 412; andererseits Stoffers, ZRP 1998, 173, der die Reformvorschläge als „Etikettenschwindel" bezeichnet, die „einen schalen Beigeschmack" hinterließen.

gust 1929 durch den Oberreichsanwalt Antrag auf Eröffnung der Voruntersuchung gestellt wurde. Am 20. August erging eine richterliche Durchsuchungsanordnung für die Redaktionsbüros der Weltbühne. Am 27. August wurde Carl von Ossietzky erstmalig durch den Untersuchungsrichter vernommen. Dieser machte protokollkundig, daß von Ossietzky Auskünfte über seine Tätigkeit während des Krieges verweigert habe. Das Urteil des 4. Strafsenats unter Teilnahme von Reichsgerichtsrat Dr. Baumgarten als Vorsitzendem, der Reichsgerichtsräte Driver, Dr. Sonntag, Drechsler und Landgerichtsdirektor Dr. Hertel[424] als weitere Mitglieder, erging am 23. November 1931. Beamter der Staatsanwaltschaft war in der letzten Sitzung Amtsgerichtsrat Dr. Bauer und nicht etwa der notorische Jorns, wie von Ossietzky in der Weltbühne nahegelegte[425]. Ob Jorns der Sachbearbeiter und Anklageverfasser war, ließ sich anhand der eingesehenen Akte nicht ermitteln.[426] Das Urteil erkannte für beide Angeklagten auf ein Jahr und sechs Monate Gefängnis, die Carl von Ossietzky, nach Strafantritt am 10. Mai 1932 absitzen mußte, bis er in den Genuß der Weihnachtsamnestie von 1932 kam. Ein Gnadengesuch seines Verteidigers Max Alsberg vom 13. Februar 1932[427], das die rechtliche Unhaltbarkeit des Urteils rügte, das Gesuch von Alfred Apfel, seines Mitverteidigers, an den Reichspräsidenten und die gesamte sehr umfängliche Kampagne zur Begnadigung von Ossietzkys hatten keinen Erfolg.[428] Zu einer Einzelamnestie kam es nicht. Am Ende wurde Carl von Ossietzky von einem Amnestiegesetz privilegiert, dessen Vorgängerregelungen er selber harsch kritisiert hatte[429] und das von den Nationalsozialisten, die ihn schließlich zu Tode brachten, mitgetragen worden war.

bb) Urteilstatbestand

Gegenstand des Verfahrens war ein von Walter Kreiser unter dem Titel "Windiges aus der deutschen Luftfahrt" verfaßter Artikel in der Weltbühne vom 12. März 1929.

---

424 Carl Hertel * 23.7.1879, beide Staatsprüfungen „ausreichend“, seit 1931 Hilfsrichter beim Reichsgericht, seit 1932 Reichsgerichtsrat, Angaben bei Kaul, Reichsgericht, S. 274.

425 Die Weltbühne vom 1. 12. 1931, zitiert nach Rechenschaft, S. 159 (161 f.)

426 Ingo Müller in: FS für Richard Schmid, 297 (306 ff.) nimmt dies an.

427 ORA 7J35/29.

428 Ein Teil dieser Kampagne ist in der Ausgabe der Zeitschrift "Die Menschenrechte" vom 5. 12. 1931 recht gut dokumentiert. Insbesondere sind dort die Ausführungen eines Mitverteidigers Carl von Ossietzkys, Dr. Alfred Apfel, auf der Protestkundgebung gegen das Urteil abgedruckt.

429 Zitiert bei Christoph, Die politischen Reichsamnestien, S. 312 f.

Carl von Ossietzky war zu diesem Zeitpunkt verantwortlicher Redakteur der Zeitschrift. Der Artikel übte Kritik am Etat des Reichsverkehrs- und an dem des Reichswehrministeriums. Unter anderem wurde darauf hingewiesen, daß die Seeversuchsanstalt "Severa" eine Tochter der Lufthansa gewesen sei, die Spatzen jedoch von den Dächern pfiffen, daß es sich um eine getarnte Abteilung der Marineleitung gehandelt habe. Dies und die Angst davor, daß die "Severa" Gegenstand einer Debatte im Reichstage werden könne, habe Groener zum Anlaß genommen, die Gesellschaft pro forma aufzulösen und darauf hinzuwirken, daß sie unter dem Namen Deutsche Lufthansa, Abteilung Küstenflug, mit dem bisherigen Zweck weiterbetrieben würde. Ferner befaßte sich der Artikel mit einer "Abteilung M" der Deutschen Versuchsanstalt für Luftfahrt. Der sozialistische Reichstagsabgeordnete Krüger habe die Regierungsvertreter im Haushaltsausschuß um Auskunft über den Zweck der Abteilung gebeten, was verweigert wurde, da die Behörden sonst darauf hätten aufmerksam machen müssen, daß "M" für Militär stehe. Die Abteilung sei nach der Anfrage auf Weisung Groeners von Adlershof auf die Johannisthaler Seite des Flugplatzes verlegt worden und würde unter dem Namen "Erprobungsabteilung Albatros" geführt. Diese Abteilung sei zu Lande das, was die "Küstenflugabteilung" zur See sei. Nicht alle der jeweils dreißig bis vierzig Flugzeuge seien immer in Deutschland.

Auf Antrag der beiden Angeklagten sei ein weiterer Artikel des Angeklagten Kreiser zur Verlesung gelangt, der zur Auslegung des inkriminierten Artikels dienen sollte. Es handelte sich um den Artikel "Atemnot der Luftfahrt", der in der Weltbühne vom 23. April 1929 erschien. Hierin wurde dem Reichstag zum Vorwurf gemacht, er gäbe sich als "Reichszapfstelle" für die Luftfahrtbürokratie her, was dieser ermögliche, ihre teils gefährlichen, teils dilettantischen Spielereien zu verwirklichen. Im Artikel wurde auch detaillierte Kritik an der Verschwendung von Luftfahrtetatmitteln geübt.

Verlesen wurde ein Brief Kreisers an Fritz Röttcher. Der Brief datierte vom 24. August 1925 und bezieht sich auf einen Beitrag über Luftfahrt, den Kreiser in der von Röttcher herausgegebenen Zeitschrift "Die Menschheit" abgedruckt sehen wollte. Er führt darin aus, daß man diese Sachen (Luftrüstung -d. Verf.) sehr vorsichtig behandeln müsse. Landesverratsprozeß sei das erste, sobald man zuviel sage. Er habe deshalb auch verschiedene Punkte sehr vorsichtig gefaßt, obwohl sie in ihrer Bejahung den Tatsachen entsprächen. Die allerwichtigsten Sachen, wie die organisatorische und strategische Vorbereitung eines Luftkrieges, habe er weggelassen. Es habe keinen Wert, Sachen zu veröffentlichen, von denen es besser sei, wenn die maßgebenden Stellen in Deutschland sich der Hoffnung hingäben, diese seien ihr alleiniges Geheimnis. Kreiser ließ sich in der Hauptverhandlung dahin ein, daß der Brief auf jugendlicher Renommage beruhe. Tatsächlich habe er zum damaligen Zeitpunkt keine Kenntnis von deutscher militärischer Luftrüstung gehabt. Seine politsche Meinung habe er im übrigen vor dem Erscheinen des inkriminierten Artikels geändert.

Zur Verlesung gelangte ferner ein Briefwechsel zwischen Kreiser und von Ossietzky. In einem Brief bat Kreiser von Ossietzky, den ersten Artikel in der Weltbühne vom 1. März 1929 erscheinen zu lassen und einen tüchtigen Zeitungsverkäufer gegen acht Uhr vor das (preußische -d. Verf.) Herrenhaus zu stellen. Dort werde der Artikel wie eine Bombe wirken, da dort zu diesem Zeitpunkt alle Prominenten der Luftfahrt zu einer Luftfahrtversammlung zusammenkommen würden.

Die Zeugen und Sachverständigen Major Himer vom Reichswehrministerium und Dr. Wegerdt vom Reichsverkehrsministerium bekundeten, daß die mitgeteilten Tatsachen der Wahrheit entsprächen, die Bezeichnung "M" jedoch nichts mit Militär zu tun habe. Es habe sich bei der Abteilung um eine getarnte militärische Einrichtung gehandelt. Die Verlegung des Flugplatzes von Adlershof nach Johannisthal sei ebenfalls zu Tarnzwecken erfolgt. Himer führte aus, die Flugzeuge hätten auch im Ausland zu militärisch-politischen Zwecken Verwendung gefunden. Der ausländische und insbesondere der französische Nachrichtendienst verfolge alle das deutsche Luftfahrtwesen betreffenden Nachrichten mit größtem Interesse. Es bestünden bei den fremden Mächten Fragebogen auch über das deutsche Flugzeugwesen, die von Zeit zu Zeit immer wieder auf Grund angestellter Ermittlungen ausgefüllt würden. Daß die durch den Artikel mitgeteilten Nachrichten im Ausland bekannt geworden seien, ließe sich daraus schließen, daß die "Weltbühne" auch vielfach im Ausland ausliege. Auch wenn jede positive Unterlage dafür fehle, daß der Artikel von einer fremden Nachrichtenstelle ausgewertet worden sei, so sei der militärische Sachverständige auf Grund seiner Erfahrung bei der Abwehr des fremdländischen Nachrichtendienstes zu der festen Überzeugung gelangt, daß er insbesondere Personen des fremdländischen Nachrichtendienstes bekannt geworden sei. Daß die Geheimhaltung der Nachrichten im Interesse der Landesverteidigung erforderlich sei, liege auf der Hand. Denn die feindlichen Nachrichtenstellen würden in den Stand gesetzt, ihre Agenten anzusetzen und die feindlichen Heeresleitungen erhielten die Möglichkeit, ihre Angriffs- und Abwehrmittel so zu ändern und zu verstärken, daß die deutschen militärischen Maßnahmen in ihrer Wirkung herabgesetzt oder gänzlich entwertet würden. Beizutreten sei dem Auswärtigen Amt darin, daß die Nachricht, auf dem Flugplatz Johannisthal würden Flugzeuge zu militärischen Zwecken unterhalten, was die Reichsbehörden zu verdunkeln suchten, die Behauptung enthalte, Deutschland verstoße gegen Art. 196

des Versailler Vertrages. Solche Behauptungen könnten leicht unerwünschte außenpolitische Folgen haben. Diesem Gutachten der beiden Sachverständigen und dem Gutachten des Auswärtigen Amtes hat sich der Senat angeschlossen.

Demgegenüber hatte von Ossietzky vor dem Untersuchungsrichter ausgeführt und hatte dies in der Hauptverhandlung aufrecht erhalten, daß der Artikel von ihm nicht als militärpolitisch aufgefaßt worden sei, sondern daß es sich um Vorwürfe budgetärer Art gehandelt habe. Der Abschnitt über die Abteilung M sei für das nichtorientierte Publikum im ganzen unverständlich und sollte es auch sein. Der Hinweis auf die Abteilung M habe den Zweck gehabt, die verantwortlichen Stellen im Reichswehrministerium rechtzeitig zu warnen, bevor von anderer Seite daraus ein öffentlicher Skandal gemacht werde.

cc) Rechtliche Würdigung

Rechtlicher Ansatzpunkt der Entscheidung war vollendete Spionage nach § 1 Abs. 2 SpG. Das Urteil schickt voraus, daß bei der vorliegenden Konkurrenz von §§ 92 Abs. 1 RStGB und 1 Abs. 2 SpG lezterer als lex specialis die Vorschrift des § 92 RStGB verdränge.

Auf Grund des festgestellten Sachverhalts sei der äußere Tatbestand des § 1 Abs. 2 SpG gegeben. Bei den Mitteilungen über die Abteilung M habe es sich um geheime Nachrichten gehandelt. Geheim sei, was nicht gemeinkundig oder doch nicht jedermann zugänglich sei. Der Begriff des Geheimseins sei nur ein relativer, das heiße, es komme nur darauf an, daß die Nachricht einer fremden Regierung oder einer in ihrem Interesse tätigen Person im Interesse der eigenen Wehrmacht verborgen zu halten sei (RGSt 25, 48). Gleichgültig sei, ob kleinere oder größere Personenkreise des Inlands, die Bewohner eines Orts oder Landstrichs des Inlandes oder die Angestellten eines Flugplatzes davon Kenntnis hätten, wobei sich dieser Personenkreis nicht einmal notwendig auf das Inland zu beschränken brauche. In diesem Sinne seien die mitgeteilten Tatsachen geheim gewesen.

Auch aus diesem Grunde sei der eventuelle Beweisantrag der Verteidigung, neunzehn einzeln benannte Luftfahrtinteressenten aus dem In- und Auslande zu hören, denen die über die Abteilung M publizierten Tatsachen bekannt gewesen seien, abgelehnt worden. Zum einen sei der Begriff "Luftfahrtinteressenten" zu unbestimmt gewesen, zum anderen gingen die mitgeteilten Tatsachen ihrer Geheimeigenschaft nicht dadurch verloren, daß sie diesem beschränkten Kreise bekannt gewesen seien. Es komme nur darauf an, ob die in Rede stehenden Tatsachen einer fremden Regierung oder einer in ihrem Interesse tätigen Person bekannt gewesen seien. Die unter Beweis gestellten Tatsachen seien also für die Schuldfrage ohne Bedeutung.

(E 49) Auf die herangezogene Entscheidung RGSt 25, 45 (48) konnte sich der Senat, auch unter Zugrundelegung der Theorie des relativen Geheimnisses, für den konkreten Fall nicht berufen, weil sich diese auf eine nur relativ verbreitete Kenntnis im Inland bezog. Der hier zu beurteilende Fall lag insoweit anders, als die Angeklagten auch eine verbreitete Kenntnis der Tatsachen im Ausland, namentlich in Großbritannien, Frankreich, Spanien, Portugal, Italien und Polen behaupteten. In Ansehung der "überzeugenden" Ausführungen von Major Himer, der ja die intensiven Nachforschungen durch fremde Geheimdienste bekundete, ist nicht nachvollziehbar, wie diese so blind und taub hätten sein sollen, die Kenntnis gerade dieser Tatsachen nicht zu haben. Es hätte wohl nichts näher gelegen, als Himer zu seiner Einschätzung zu befragen. Wie konnte der Senat in Ansehung der Himerschen Bekundungen und des Beweisantrages der Verteidigung keine Zweifel daran haben, ob die mitgeteilten Nachrichten den fremden Geheimdiensten nicht doch bekannt waren? Die Feststellung, die mitgeteilten Tatsachen seien den fremden Nachrichtendiensten noch unbekannt, also relativ geheim gewesen, konnte nur unter Verletzung des in-dubio-Satzes getroffen werden, denn der Senat hat sich aufdrängende Zweifel am Vorliegen der das Tatbestandsmerkmal "geheim" begründenden Tatsachen schlicht unterdrückt oder übersehen. Dieser Umstand mag erklären, warum der Verteidiger *Max Alsberg* nach zeitgenössischen Schilderungen[430] über die Urteilsgründe in Empörung ausbrach. Nach dieser Rechtsprechung hätten die Angeklagten also den Unschuldsbeweis antreten müssen; dies wäre nur dadurch möglich gewesen, daß die "Feindmächte", durch Bevollmächtigte, etwa als Zeugen in der Hauptverhandlung erklärt hätten, ihnen seien die Nachrichten vor Erscheinen des Artikels bekannt gewesen. Ergänzend hätte vorgetragen werden müssen, sie hätten an deren Wahrheit nicht gezweifelt, weil sonst zu besorgen gewesen wäre, daß der Senat auf den Topos "Bestätigen von Nachrichten"[431] zurückgegriffen hätte.

(E 50) Die Ablehnung des Beweisantrages unter dem Gesichtspunkt der Unerheblichkeit ist zweifelhaft.

---

430 Nachweis bei Krach in: Taschke, Max Alsberg, S. 46.

431 Urt. v. 27. 3. 1924 - Az.: 6J30/23 (Steinicke).

(E 51) Der Senat hat im übrigen gar keine tatsächlichen Feststellungen darüber getroffen, ob die über die Abteilung M mitgeteilten Nachrichten bei den ausländischen Geheimdiensten vor der Veröffentlichung bekannt waren. Der Senat hat sich vielmehr darauf beschränkt, das gesetzliche Tatbestandsmerkmal "geheim" schlicht zu bejahen.

Der Senat fährt fort, daß die "geheimen Nachrichten" auch an fremde Regierungen oder in ihrem Interesse tätige Personen gelangt seien, so daß eine vollendete Verfehlung nach § 1 Abs. 2 SpG vorläge. Wie der militärische Sachverständige begutachtet habe und wie dem Senat aus zahlreichen anderen Verratsprozessen bekannt sei (Stibi 14a J 336/29, Schwotzer 7 J 80/29), verfolge das Ausland die deutsche Presse auf Nachrichten über offene und geheime Wehrmachtsangelegenheiten genau und setze Agenten an, um Näheres zu erfahren. Es erscheine dem Senat ausgeschlossen, daß das Ausland, zumal zur Zeit der damals noch teilweise bestehenden Besetzung im deutschen Rheinland, den Artikel der Weltbühne ignoriert hätte.

(E 52) Interessant ist hier, daß der Senat gerade im Verfahren gegen Stibi trotz hoher Wahrscheinlichkeit keinen positiven Anhalt dafür gesehen hat, daß die in der "Freiheit" veröffentlichten Nachrichten von einer ausländischen Regierung oder einem ihrer Agenten aufgenommen worden sind. Aus diesem Grunde hatte der Senat die vollendete Tat verneint. Dem hier vorliegenden Urteil ist nicht zu entnehmen, worin der "positive Anhalt" für die Kenntnisnahme des "Weltbühne" - Artikels durch die Feindmächte hätte liegen sollen. Daß die "Weltbühne", wie der militärische Sachverständige ausführte, auch im Ausland auslag, kann schwerlich genügen, da die "Freiheit", eine der "Weltbühne" an Auflage wenigstens gleichrangige Publikation war[432], die auch außerhalb Deutschlands verbreitet wurde.

Im weiteren bejaht der Senat auch den mindestens bedingten Vorsatz des Verbrechens nach § 1 Abs. 2 SpG für beide Angeklagten. Der Senat schloß dies daraus, daß die Angeklagten bereits in einem Verfahren wegen Landesverrat

---

432 1931 hatte die Weltbühne eine Auflage von 16.000, Koszyk, Deutsche Presse, Teil III, S. 285; von Sternburg, Stimmung, S. 183, ist der Ansicht, daß die Auflage stark, nämlich zwischen 3.000 und manchmal über 15.000 Exemplaren schwankte.

gestanden hätten. Damit sei das Bewußtsein der Angeklagten im Hinblick auf die Strafbarkeit ihres Tuns besonders geschärft.[433]

Bei Kreiser lasse der intelligente Eindruck, den er auf den Senat gemacht habe und seine in jeder Hinsicht große Erfahrung mit der Fliegerei darauf schließen, daß er sich völlig klar darüber gewesen sei, daß es sich bei der Erörterung der Abteilung M um militärische Geheimnisse gehandelt habe. Auch der Inhalt seines an Röttcher geschriebenen Briefs, er (der Angeklagte Kreiser -d. Verf.) schreibe so, daß man zwischen den Zeilen lesen müsse, zwänge zu diesem Schluß. Kreisers Versuche, dies in der Hauptverhandlung abzuschwächen, seien nach Ansicht des Senats Ausflüchte gewesen, die keinen Glauben verdienten. Hinzukäme die Bemerkung im Brief Kreisers an Carl von Ossietzky, der zur Anklage stehende Artikel werde wie eine Bombe wirken. Dies hätte der Beitrag nach Ansicht des Senats aber nur dann vermocht, wenn durch ihn etwas Neues, also Geheimes enthüllt worden wäre.

> **(E 53)** Der Brief an Ossietzky ist mit seinem Bomben-Sprachbild sehr zu Lasten Kreisers ausgelegt worden. Nicht auszuschließen ist zum Beispiel, daß Kreiser gemeint hat, daß der Artikel unter den Fachleuten im Herrenhaus lebhafte Diskussion auslösen würde. Auch hätte nicht übersehen werden dürfen, daß Kreiser natürlich Interesse daran hatte, den Artikel an die Weltbühne zu verkaufen und deshalb Reklamemaßnahmen ergreifen mußte.

Ossietzkys Vorsatz, Geheimes zu enthüllen, schloß der Senat aus der Einlassung des Angeklagten, daß Kritik der im Artikel vorliegenden Art nirgendwo sonst gefunden werde. Auch habe er die mitgeteilten Tatsachen vor dem Untersuchungsrichter als neu und geheim eingeräumt. Es sollte dem Reichwehrministerium etwas vorgehalten werden, das in der Öffentlichkeit noch nicht bekannt war. Der Angeklagte sei auch Pazifist gewesen. Wenn auch mit der Erwähnung dieser Tatsache keine Stellung zu Ungunsten des Angeklagten genommen werde, rechtfertige sie aber psychologisch den Schluß, daß der Angeklagte mit dem fraglichen Artikel antimilitärisch wirken wollte, woraus sich zwanglos der Wille des Angeklagten ergäbe, etwas von der Militärverwaltung Geheimgehaltenes aufzudecken.

> **(E 54)** Die Aussage, eine vergleichbare Kritik sei nirgendwo anders zu finden, rechtfertigt nicht die Ansicht, von Ossietzky sei davon ausge-

---

433 Der Senat nimmt Bezug auf die Verfahren ORA 7J200/26 gegen von Ossietzky und gegen Kreiser ORA 7J159/26, die im Zusammenhang mit der Strafzumessung erneut erwähnt und dort behandelt werden.

gangen, die fraglichen Tatsachen seien noch geheim. Allenfalls mag ihr entnommen werden, daß er der Ansicht war, die mitgeteilten Nachrichten seien in anderen Presseveröffentlichungen noch nicht enthalten. Der Schluß von der pazifistischen Einstellung des Angeklagten auf den Willen, von der Militärverwaltung Geheimgehaltenes aufzudecken, ist selbstentlarvend. Der Vorsatz des § 1 SpG mußte sich nicht auf "etwas von der Militärverwaltung Geheimgehaltenes" beziehen, sondern nach ständiger Rechtsprechung zum relativen Geheimnis darauf, daß die mitgeteilten Nachrichten den Feindmächten unbekannt waren. Dem pazifistischen Angeklagten ging es aber möglicherweise darum, sich an die Öffentlichkeit zu wenden, die, wie im demokratisch verfaßten Staat nicht unüblich, darauf hätte hinwirken können, die mitgeteilten Etatvergeudungen abzustellen. Ob die Feindmächte hiervon Kenntnis erhielten, mag ihm gleichgültig gewesen sein. Nicht auszuschließen war in Ansehung der bekannten Haltung Ossietzkys aber, daß er davon ausging, die Feindmächte billigten die Rüstungsmaßnahmen und Etatverschleierungen durch die Reichsregierung, während die Etattarnungen der Mehrheit des deutschen Volkes vorenthalten würden. Für diese Ansicht spricht das Ergebnis des von *Gessenharter* im Wiederaufnahmeverfahren erstattete Gutachten, wonach die illegale Luftrüstung des Reichs jedenfalls der französischen Regierung zumindest im grundsätzlichen bekannt gewesen sei. Diese Ansicht findet sich auch in neueren geschichtswissenschaftlichen Arbeiten zum Thema.[434] Daß Kreiser und von Ossietzky der Ansicht gewesen sein sollen, Geheimes zu veröffentlichen, ist auch deshalb zweifelhaft, weil kurz vor der Veröffentlichung des "Weltbühne" - Artikels eine Artikelserie über die illegale Luftrüstung Deutschlands in der "Leipziger Volkszeitung" veröffentlicht wurde, die dem Oberreichsanwalt Anlaß zu Ermittlungen gab, die aber nach übereinstimmenden Gutachten des Reichswehrministeriums und des Auswärtigen Amtes, es seien weder Geheimnisse veröffentlicht worden noch seien die Nachrichten im Falle ihres Geheimseins zum Wohle des Reichs geheimzuhalten gewesen, eingestellt wurden[435]. Auch hätte die im Beweisantrag enthaltene Beweistatsache, Kenntnis der Nachrichten durch viele benannte Luftfahrtinteressenten im In- und Ausland unter Hinzunahme der Behauptung, dies sei den Angeklagten bekannt gewesen, den Geheimnisvorsatz ausschließen können. Dem steht auch die Aussage von Ossietzky, der Artikel habe in Bezug auf die Abteilung M dem Zweck gedient, die verantwortlichen Stellen im Reichswehrministerium

---

434 Etwa Zeidler, Reichwehr und Rote Armee, S. 280.

435 Leipziger Volkszeitung v. 5., 8. und 15. 10. 1928, ORA 7J121/28 (Saupe).

rechtzeitig zu warnen, bevor ein öffentlicher Skandal entstehe, nicht entgegen. Hierbei muß von Ossietzky auf die Lohmann - Affäre Bezug genommen haben. An einer solchen, mit einem Ministerrücktritt verbundenen Eskalation, war ihm nicht gelegen.

Der Angeklagte von Ossietzky sei im Gegensatz zur Auffassung der Reichsanwaltschaft als Mittäter Kreisers anzusehen, seine strafrechtliche Verantwortlichkeit also nicht dem § 20 Abs. 2 PressG zu entnehmen, sondern dem § 47 RStGB.

Gegenüber diesen Schuldfeststellungen versagten auch sämliche Einwendungen der Angeklagten. Wenn sie sich mit ihren Verteidigern darauf beriefen, sie seien juristische "Laien" und als solche der Ansicht gewesen, sie hätten das, was sie gesagt haben, sagen dürfen, so sei ein solcher Irrtum ein unbeachtlicher Strafrechtsirrtum.

(E 55) Dieser Ansatz ist auch in Ansehung der reichsgerichtlichen Irrtumsdogmatik stark vereinfacht. Der Senat hätte sich der Frage stellen müssen, ob die Angeklagten behaupteten, über Rechts- oder über Tatsachenfragen geirrt zu haben.

Fehl gehe auch der weitere Einwand, der zur Anklage gestellte Aufsatz wie auch der seine Fortsetzung bildende weitere Artikel "Atemnot der deutschen Luftschiffahrt" enthielte lediglich etatkritische Ausführungen und nur solche seien von ihnen bezweckt gewesen. Darauf sei zu sagen: Gewiß seien in beiden Artikeln auch Etatkritiken oder Betrachtungen budgetärer Art enthalten. Allein auch bei Gelegenheit einer öffentlichen Etatkritik könnten militärische Geheimnisse verboten (so wörtlich im Urteil; gemeint ist wohl preisgegeben -d. Verf.) werden. Ein erlaubter Zweck könne die Benutzung eines verbotenen Mittels nicht rechtfertigen (Urt. des RG vom 15. März 1927-7 J 137/26 -Willi Riegel -d.Verf.).

(E 56) Der hier in Anspruch genommenen Entscheidung ist der Rechtssatz, wie für den Fall Riegel dargestellt **(E 21)**, gerade nicht zu entnehmen. Es handelt sich vielmehr um eine strafbarkeitserweiternde Rechtsprechungsänderung, die der Senat als solche nicht zu erkennen gibt.

Die Angeklagten hätten aber nicht nur eine Etatkritik bringen wollen, sondern hätten gleichzeitig auch militärische geheime Dinge als einen Verstoß der Heeresverwaltung oder Heeresleitung offenbaren und anprangern wollen. In diesem Zusammenhang werde von Kapriolen gesprochen, die auf dem Flughafen von den Reichsbehörden gemacht würden, weiter von "Groeners findiger Vernebelungstaktik" geredet und damit ganz unzweideutig auf militärische Tarnung hingewiesen.

Wie zur Frage des Landesverrats im Sinne des § 92 Abs. 1 Nr. 1 RStGB sei auch beim Verrat militärischer Geheimnisse der Täter der Strafbarkeit seiner Tat nicht dadurch enthoben, daß er sich darauf berufe, er habe völkerrechtswidriges Verhalten rügen wollen und er habe geglaubt, deshalb ein Recht zur öffentlichen Rüge zu haben (Urt. des RG vom 14. März 1928 7 J 63/25, RGSt 62, 65 ff, 67, 68 -Küster und Jacob-Salomon -d. Verf). Dem eigenen Staat habe jeder Staatsbürger die Treue zu halten; auf die Durchführung der Gesetze könne er nur durch Inanspruchnahme der hierzu berufenen innerstaatlichen Organe hinwirken, niemals aber durch Mitteilungen an ausländische Regierungen oder deren Organe (RG Urt. v. 28. August 1923 in 7 J 69/23 -Oehme -d. Verf.).

> **(E 57)** In dieser Passage erweckt das Urteil den Eindruck, es werde nur ständige Rechtsprechung angewandt. Diese Vorgehensweise ist unlauter, weil versteckt eine Rechtsprechungsänderung des Senats zu verzeichnen ist. Während in den bereits dargestellten Urteilen gegen Oehme, Steinicke, Jacob-Salomon und Küster davon ausgegangen wurde, daß dem einzelnen Staatsbürger die Inanspruchnahme innerstaatlich zuständiger Organe zur wirksamen Abstellung von Illegalitäten zu Gebote stehe, wird dies in diesem Urteil zwar auch behauptet. Gleichzeitig räumt der Urteilstatbestand aber ein, daß die Reichsregierung dem Reichstagsabgeordneten Krüger im Haushaltsausschuß Auskunft über den Zweck der Abteilung M verweigert habe, da die Behörden sonst darauf hätten aufmerksam machen müssen, daß "M" für Militär stehe. Die Abteilung sei nach der Anfrage auf Weisung Groeners von Adlershof auf die Johannisthaler Seite des Flugplatzes verlegt worden und würde unter dem Namen "Erprobungsabteilung Albatros" geführt. Damit wurde vom Senat konzediert, daß illegale Rüstungsmaßnahmen unter Umgehung und Täuschung des Parlaments, des nach Senatssicht zuständigen innerstaatlichen Organs, durchgeführt wurden. Dadurch erweist sich die reichsgerichtliche Argumentation, daß es für die Abstellung derartiger Illegalitäten ein für die Sicherheit des Reichs milderes Mittel als die Flucht in die Öffentlichkeit gegeben habe, als hinfällig. Denn die zuständigen Stellen waren, wie *Radbruch* schon vorher richtig bemerkte[436], außerstande, auf den Selbstläufer Reichswehr einzuwir-

436 Radbruch, DJ III (1927/1928) 384 (385).

ken. Damit erst gelangte der Senat zu der von *Gusy*[437] angegriffenen Rechtsprechung, in der bei Kollision von Rechtstaatlichkeit und angeblicher äußerer Sicherheit des Reichs letztgenannte vorgehe. Diese Rechtsprechung begegnet schweren Bedenken. Von diesen Bedenken aber abgesehen, verblüfft und erschüttert, daß das Reichsgericht, wohlgemerkt noch nicht einmal in einem Geheimverfahren, den Wechsel der Rechtsprechung einzuräumen bereit war. Hinzu tritt, daß die mündliche Urteilsbegründung durch den Vorsitzenden Baumgarten beinhaltet haben soll, die Heeresleitung habe sich zur Verletzung des Pariser Luftfahrtabkommens und des Versailler Vertrages "aus dem Gesichtspunkt des übergesetzlichen Notstandes her im Interesse der Landesverteidigung sich für verpflichtet gehalten" und sei deshalb gerechtfertigt gewesen.[438] Diese hochproblematische Überlegung wird in den Urteilsgründen mit keinem Wort erwähnt, sondern es wird der Eindruck einer konstanten Rechtsprechung erweckt. Hier zeigt sich das wahre Gesicht der "Geheimwissenschaft vom Landesverrat"[439]: Teile der Begründung des Urteils in einem Geheimverfahren werden den Parteien nur mündlich zur Kenntnis gegeben.

Auch die Ausführungen, die der Reichstagsabgeordnete Krüger in der Sitzung des Haushaltsausschusses des Reichstages vom 3. Februar 1928 -derartige Sitzungen seien nicht öffentliche (Anschütz Bem. 2 zur Art. 29 RV und Giese ebenda Bem. 1)- über eine angeblich bei dem Reichsverkehrsministerium bestehende Abteilung M gemacht habe und aus denen die Angeklagten gefolgert wissen wollten, daß die in dem Unterabschnitt "Abteilung M" des Artikels erörterten Vorgänge schon vor der Veröffentlichung dieses Artikels bekannt gewesen seien, ließen sich nach dem Gutachten des Auswärtigen Amtes und des Reichswehrministeriums nicht zu Gunsten der Angeklagten verwerten, da sich der fragliche Unterabschnitt "Abteilung M" keineswegs nur auf die Wiedergabe der Ausführungen des Reichstagsabgeordneten Krüger beschränkt habe, sondern darüber hinaus eine ganze Reihe anderer Vorgänge erwähne, die beim Erscheinen der Nr. 11 der "Weltbühne" den Regierungen auswärtiger Mächte noch nicht bekannt waren. Im übrigen habe das Reichsgericht wiederholt ausgesprochen, daß als Nachrichten unter Umständen auch die Bestätigung bereits bekannter Tatsachen anzusehen sei.

---

437 Gusy, GA 1992, 195 (207 f.).

438 Ingo Müller in: FS für Richard Schmid, 297 (315), dort FN 61 unter Verweis auf eine eidesstattliche Versicherung des Rechtsanwalts und Ossietzky-Verteidigers Dr. Apfel vom 7. 5. 1936 (Ossietzky-Mappe, Institut für Sozialgeschichte, Amsterdam), der die mündliche Urteilsbegründung mitstenographiert hat.

439 Löwenthal, DJ III (1927/1928), 120 (130).

(E 58) Diese Ausführungen des Senats lassen weder erkennen, um welches Tatbestandsmerkmal es dem Senat ging, noch worauf es ihm für dessen Bejahung ankam. Sinnvollerweise konnte es nicht um die Frage gehen, ob die Bestätigung bereits bekannter Tatsachen als "Nachricht" anzusehen war. Dies unterliegt überhaupt keinem Zweifel. Es konnte allenfalls darauf ankommen, ob diese Nachrichten zum Zeitpunkt ihres Bekanntwerdens noch "geheim" im Sinne des § 1 Abs. 2 SpG waren. Dieser Fehler bei der Einordnung der Mitteilung bereits bekannter Tatsachen in den Tatbestandsaufbau unterlief dem Senat nicht zum ersten Male. Während er im Fall Steinicke fragte, ob durch die Bestätigung von Nachrichten das Wohl des Reichs gefährdet sei, läßt er im vorliegenden Fall eine tatbestandliche Anknüpfung überhaupt nicht mehr erkennen. Die bereits früher festgestellte Tendenz, dem Delikt des Landesverrats den neuen Charakter "landesschädigender Veröffentlichungen" zu geben und damit die späteren oben bereits erwähnten Verschärfungstendenzen de lege lata vorwegzunehmen, verstärkte sich noch mehr. Denn jetzt konnte der Topos Bestätigung von Nachrichten ohne Berücksichtigung der gesetzlichen Tatbestandsmerkmale angewandt werden. Für die angebliche Unerheblichkeit der Äußerungen des Abgeordneten Krüger werden drei Hilfsbegründungen angegeben: Erstens seien die Sitzungen des Haushaltsausschusses nicht öffentlich. Zweitens hätte sich der Artikel in seiner inkriminierten Passage nicht auf die Wiedergabe der Ausführungen von Krüger beschränkt. Drittens schließlich, und hier muß der oben angedeutete Irrtum korrigiert werden, sei auch die Bestätigung bekannter Nachrichten als Verrat geheimer Nachrichten anzusehen. Alle Begründungen halten einer näheren Nachprüfung nicht stand. Der Verweis auf die fehlende Öffentlichkeit der Sitzungen des Haushaltsausschusses nebst der gelehrten Bezugnahme auf *Anschütz* und *Giese* geht fehl, denn die Ausführungen Krügers sind protokolliert und amtlich veröffentlicht worden[440]. Es ist nicht ersichtlich, daß die Beschaffung der Protokolle fremdländischen Nachrichtendiensten Schwierigkeiten bereitet hätte. Soweit der Senat, gewissermaßen auffangweise darauf hinweist, daß auch die Bestätigung einer bereits bekannten Tatsache unter Umständen als Verrat einer geheimen Nachricht angesehen werden könnte, ist dies entweder rechtsirrtümlich oder eine ungekennzeichnete Änderung der Rechtsprechung. Der Täter mußte sich wenigstens *eigenen* Wissens berühmen, um wegen der Bestätigung be-

440 Niederschrift über die 312. Sitzung des Haushaltsausschusses des Reichstages, III. Wahlperiode 1924 bis 1928, Seite 8.

reits bekannter Nachrichten strafbar zu sein[441]. Hierüber hat der Senat jedoch keine Feststellungen getroffen.

Der Senat billigte den beiden Angeklagten mildernde Umstände zu, mit der Folge, daß statt des normalen Strafrahmens aus § 1 Abs.1 SpG (zwei bis fünfzehn Jahre Zuchthaus) der gemilderte der Vorschrift (Gefängnis nicht unter einem Jahr) Anwendung fand. Mildernde Umstände bejahte der Senat, weil die Angeklagten bei der Veröffentlichung des Artikels die Absicht einer Schädigung der Landesverteidigung (animus hostilis) nicht gehabt hätten und weil es nicht ehrlose Beweggründe gewesen seien, die sie zu der Veröffentlichung veranlaßt hätten, sondern daß sie von ihrer subjektiven Vorstellung der Sachlage ausgegangen seien. Auch sei die Verfehlung nicht derartig schwer, daß sie mit einer Zuchthausstrafe hätte gesühnt werden müssen. Auf der anderen Seite seien eine Reihe von strafschärfenden Momenten zu berücksichtigen gewesen. Der Schaden, der durch derartig schwere Indiskretionen dem Deutschen Reich und dessen leitenden Regierungsstellen leicht hätte zugefügt werden können, habe bedeutend, ja unabsehbar nicht nur für die Heeresverwaltung, sondern für die Lebensinteressen des deutschen Volkes sein können. Dies zumal bei der großen Bedeutung, die bei einem etwaigen zukünftigen Kriege die Luftfahrt habe und bei der - worauf die beiden Sachverständigen übereinstimmend hingewiesen hätten - großen Aufmerksamkeit, mit der das Ausland unsere Entwicklung auf allen Teilgebieten der deutschen Luftfahrt verfolge.

> **(E 59)** Die letzte Passage über die Aufmerksamkeit des Auslands begegnet auch bei dem damaligen Stand der Lehre von der Strafzumessung[442] Bedenken. Strafschärfend durfte ein die Strafbarkeit begründendes Merkmal nicht berücksichtigt werden.[443] Aus der Aufmerksamkeit des Auslands wurde aber bereits auf die Kenntnisnahme des Artikels durch ausländische Geheimdienste, also auf das "zur-Kenntnis-gelangen-lassen", ein strafbarkeitsbegründendes Merkmal, geschlossen.

Die Angeklagten seien auch durch die Vorverfahren wegen Landesverrats und Spionageverbrechens, die gegen sie im Jahre 1928 bzw. 1926 geschwebt hätten und in denen sie eingehend gerichtlich vernommen worden seien, gewarnt worden.

---

441 Urt. v. 27. 3. 1924 - Az.: 6J30/23 (Steinicke).

442 So Jescheck, AT, noch in der 4. Aufl., S. 779 (§ 82 I. 4.).

443 Exner, Studien, S. 100.

(E 60) Der Senat hat nur das Verfahren ORA 7J200/26, das durch Beschluß des Reichsgerichts vom 9. August 1928 auf Grund des Gesetzes über die Straffreiheit eingestellt wurde, in die Gründe aufgenommen. Die jeweils zweiten Verfahren, die ausweislich der Akten des Oberreichsanwalts gegen Kreiser[444] und von Ossietzky[445] geschwebt hatten, sind nicht festgestellt worden und hätten schon deshalb nicht zum Gegenstand der Strafzumessung werden dürfen. Unzutreffend ist zudem, daß Kreiser und von Ossietzky in diesen Verfahren richterlich vernommen worden seien. Soweit von Ossietzky betroffen war, wurde das Verfahren durch den Oberreichsanwalt durch Verfügung vom 28. Januar 1928 und zwar auf Grund eines Gutachtens des Reichswehrministeriums, eingestellt. Dieses Verfahren betraf ebenfalls eine etatkritische Veröffentlichung in der Weltbühne[446], die aber vom Reichswehrministerium als inhaltlich unwahr und selbst im Falle ihrer Wahrheit als nicht geheimzuhalten angesehen wurde. Es ist nicht ersichtlich, wie ein solches Ergebnis, selbst wenn es zur Kenntnis des Beschuldigten gelangt sein sollte, als Lehre hätte dienen können. Für das Verfahren 7J200/26, das die Veröffentlichung "Die deutsche Militärpolitik seit 1918"[447] mit einer Vielzahl von Verfassern zum Gegenstande hatte, gilt, daß eben nicht durch Strafurteil festgestellt wurde, daß in dieser Veröffentlichung ein Landesverrat zu erblicken sei. Es ist nach alledem nicht ersichtlich, wie Landesverratsverfahren, die auf welchem Wege auch immer eingestellt wurden, den Verfolgten eine Lehre, zukünftige Veröffentlichungen zu unterlassen, hätten sein müssen.

Weiter sei die vorliegende Veröffentlichung in die Nachkriegszeit (Frühjahr 1929) gefallen, in der Deutschland noch mit erheblichen außenpolitischen Schwierigkeiten zu kämpfen gehabt habe, und da das Rheinland noch nicht geräumt gewesen sei, noch fremde Besatzung im eigenen Land gehabt hätte. Da sei es eine besondere Pflicht der Presse gewesen, vorsichtig und loyal auch die Probleme der deutschen Luftfahrt öffentlich zu behandeln.

(E 61) Hier konstruiert der Senat eine Sonderpflicht der Presse zu Loyalität und Vorsicht. Der Darstellung ist leider nicht zu entnehmen,

444 ORA 7J159/26 (Pseudonym Konrad Widerhold).

445 ORA 7J202/27.

446 Die Weltbühne v. 22. 11. 1927, "Das Märchen von den canarischen Inseln".

447 Die nicht unbedeutende Veröffentlichung findet sich nicht in der Akte. Carlowitz, Wissen und Wehr, Band 12 (1931), 194 (202), behauptet, insbesondere diese, wie auch andere Veröffentlichungen hätten die Verhandlungen über die Interalliierte Militärische Kontrollkommission außerordentlich ungünstig beeinflußt.

worauf diese Sonderpflicht gründen soll. Jedenfalls hatte das Gericht bereits im Verfahren gegen Walter Oehme[448] erkannt, daß die Presse in Hoch- und Landesverratssachen keinem Sonderrecht unterliege, sondern den allgemeinen Strafgesetzen unterworfen sei. Es wäre interessant gewesen zu erfahren, woraus der Presse nun eine Sonderpflicht erwachsen sollte.

Schließlich sei die Straftat der Angeklagten, die ihre Treuepflicht als Staatsbürger verletzt hätten, als eine staatsschädliche anzusehen: Unbekümmert um die Interessen ihres Vaterlandes in schwerer Zeit und unter bewußter Nichtachtung, hätten sie das Maß einer sachlichen Kritik aus Sensationsbedürfnis weit überschritten.

Zwar sei Kreiser geistiger Urheber des Artikels. Gleichwohl habe der Senat geglaubt, diesen nicht schwerer bestrafen zu sollen als den Angeklagten von Ossietzky. Denn dieser sei bereits viermal vorbestraft. Besonders die letzte Vorstrafe durch das Landgericht III Berlin, wonach er hohe Militärs öffentlich schwer beleidigt habe - die Heranziehung einer selbst getilgten Vorstrafe zur Begründung der Strafzumessung in einem neuen Strafverfahren sei zulässig (RGSt 60, 285, 287) - zeigten ihn als einen Mann, der gerade in militärischen Angelegenheiten leichtfertig mit fremden Rechtsgütern in seinem Beruf als Publizist verfahre. Davon könne ihn (...) auch nicht reinwaschen, daß er die ihm in zweiter Instanz an Stelle der einmonatigen Gefängnisstrafe zuerkannte Geldstrafe auf Grund der Amnestie vom 28. August 1928 nicht habe zu zahlen brauchen.

(E 62) Diese Argumentation begegnet zahlreichen Zweifeln. Erstens ist fraglich, ob eine amnestierte Tat, auch noch im Wege eines Erst-Recht-Schlusses, einer getilgten Vorstrafe gleichzustellen ist. Es ließe sich argumentieren, daß die Amnestiewirkung auf diese Weise gewissermaßen verpufft. Zweitens ist die Heranziehung gerade der Verurteilung durch das Landgericht III Berlin -Große Strafkammer- unter Vorsitz von Crohme jedenfalls in der ex - post Betrachtung fast unglaublich. Es handelte sich kurzgefaßt um die im "Weltbühne"-Artikel "Plaidoyer für Schulz"[449] im Zusammenhang mit einem Fememordprozeß aufgestellte Behauptung, daß der (Angeklagte) Oberleutnant (Schulz) nur Befehle ausgeführt habe und man neben ihn auf die Anklagebank mindestens den Hauptmann Keiner, den Oberst Bock, wahrscheinlich aber auch den

448 Urt.v. 28. 8. 1923 - Az.: 7J69/23 (Oehme).

449 Weltbühne vom 22. 3 1927.

Oberst von Schleicher und den General von Seeckt setzen müsse. Den damals Angeklagten Jacob und von Ossietzky ging es darum, die politische Veranwortung für die Fememorde dem Reichswehrministerium anzulasten, eine Argumentation, die im übrigen von den Verteidigern der damals wegen Mordes Angeklagten unter dem Aspekt "Handeln auf Befehl", § 47 MStGB und Staatsnotwehr eingeführt wurde.[450] Es ist nicht nachvollziehbar, wie sich der Senat dieses Urteil zu eigen machen konnte.

Schließlich hat der Senat die Frage, ob die Angeklagten als Überzeugungstäter im Sinne des § 52 über die Grundsätze für den Vollzug von Freiheitsstrafen anzusehen seien, verneint.

(E 63) Diese lapidare Verneinung der Anwendung der Bestimmung verkennt, daß jedenfalls von Ossietzky bereits mehrfach wegen "politischer Delikte" vorbestraft und in den Genuß des Straffreiheitsgesetzes vom 28. August 1928, das Straffreiheit für solche Taten anordnete, die aus politischen Beweggründen begangen wurden, kam. Hieraus hätte sich unschwer auf politische Überzeugungstäterschaft schließen lassen. Hieran hat sich der Senat offenbar gehindert gesehen. Recht betrachtet konnte dies nur auf die Feststellung gestützt werden, daß die Angeklagten aus Sensationsbedürfnis gehandelt hätten. Diese Wertung stand aber im Gegensatz zu den Urteilsfeststellungen, nach denen der Angeklagte habe "pazifistisch wirken" wollen. Nach alledem, ist nachvollziehbar, daß Carl von Ossietzky gerade die ausdrückliche Aberkennung der Überzeugungstäterschaft als besonders bedrückend empfand.[451] Die Strafvollstreckungsbehörde hat demgegenüber die Anwendbarkeit des Straffreiheitsgesetzes von 1932 für von Ossietzky bejaht, was nur bei Vorliegen politischer Beweggründe geschehen konnte. Jedenfalls insoweit hat eine Rechtskontrolle des Urteils stattgefunden.

b) Das Wiederaufnahmeverfahren

Die Tochter von Carl von Ossietzky, Frau *Rosalinde von Ossietzky - Palm*, stellte unter dem 1. März 1990 ein Wiederaufnahmegesuch zum Kammergericht. Vertreten wurde sie durch Rechtsanwalt *Heinrich Hannover* aus Bremen

450 Graf von der Goltz, Tribut - Justiz, S. 32 ff. (41 ff.); Grimm, Mit offenem Visier, S. 107 ff.; Luetgebrune, Wahrheit und Recht, S. 73 ff.

451 Die Weltbühne vom 10. 5. 1932, zitiert nach Rechenschaft, S. 185 (193 ff.).

und den Berliner Rechtsanwalt *Gerhard Jungfer*. Auf Antrag der Staatsanwaltschaft bei dem Kammergericht wurde der Wiederaufnahmeantrag durch Beschluß vom 11. Juli 1991 als unzulässig verworfen. Die sich hiergegen richtende sofortige Beschwerde der Antragstellerin, hierbei vertreten durch Rechtsanwalt *Gerhard Strate* aus Hamburg, wurde durch Beschluß des Bundesgerichtshofes vom 3. Dezember 1992 auf Antrag des Generalbundesanwalts verworfen.

aa) Das Wiederaufnahmegesuch

Das Gesuch stützte sich auf § 359 Nr. 5 StPO. An der örtlichen und sachlichen Zuständigkeit des Kammergerichts sind von keiner Seite Zweifel erhoben worden (BGHSt 31, 365, 367). Nach einer zusammenfassenden Übersicht über die historische Lage macht das Gesuch die Passage "Der Senat hat sich den schlüssigen und eidlichen Gutachten der beiden Sachverständigen und im wesentlichen auch dem schriftlichen Gutachten des Auswärtigen Amtes angeschlossen" zum Anknüpfungspunkt des Wiederaufnahmegrundes. Die Antragstellerin behauptete unter Benennung eines neuen Sachverständigen, daß dieser, Professor Dr. *Wolfgang Gessenharter* von der Universität der Bundeswehr in Hamburg, seinem Gutachten andere Anknüpfungstatsachen zugrundelegen könne als die früher gehörten Sachverständigen. Jene seien von unzutreffenden Tatsachen ausgegangen, während der neue Gutachter von zutreffenden ausgehe. Ferner verfüge ein heutiger Sachverständiger auch über überlegene Forschungsmittel. Zunächst belegten die durch die Öffnung französischer Archive zugänglichen Archivalien neue Anknüpfungstatsachen, nämlich daß die dem "Weltbühne"-Artikel zugrundegelegten Tatsachen inbesondere der französischen Armee bekannt, also nicht geheim gewesen seien. Darüber hinaus sei der heutige Sachverständige vermöge des historischen Rückblicks in der Lage, eine andere Bewertung vorzunehmen: Die im Artikel beschriebenen Rüstungen und nicht deren Veröffentlichung hätten die Sicherheit des Reichs gefährdet. Inhaltlich besagte das Gutachten, daß man von diversen Zeitzeugen und aus deren Memoirenliteratur wisse, daß nicht nur die Tatsache, daß das Deutsche Reich unter Verletzung des Versailler Friedensvertrages geheime Rüstungen betrieben habe, sondern auch Art und Umfang der einzelnen Vertragsverstöße weitgehend bekannt gewesen seien.[452] Auch belegten Forschungen nach Öffnung französischer Archive, daß die französische Führung über jeden Schritt der Entwicklung der militärischen Rüstung bestens informiert gewesen sei. Dies ergebe sich aus

452 Gessenharter bezieht sich auf Ausführungen von Kunrat von Hammerstein über eine Inspektion seines Vaters, der bei der deutschen Luftwaffe, die bei der Roten Armee stationiert war, Dienst getan habe. Das Besteck für das folgende gesellschaftliche Ereignis habe man, weil die deutsche Botschaft nicht hinreichend ausgestattet gewesen sei, bei der englischen borgen müssen. Diese, wohl schriftliche Darstellung von Hammersteins hat der Verfasser nicht auffinden und damit nicht einbeziehen können.

den von Georges Castellan (Le Réarmement clandestin du Reich 1930-1935) zitierten umfangreichen Berichten des deuxième bureau.

> **(E 64)** Die Inanspruchnahme der Veröffentlichung von Castellan für den Wiederaufnahmezweck erscheint zweifelhaft: Zitiert wird ein Bericht des deuxième bureau über den Weltbühneprozeß[453], der übersetzt wie folgt lautet:
>
> > "(...) Die Verhandlung und die Verkündung des Urteils hat unter Ausschluß der Öffentlichkeit stattgefunden. Die beiden Angeklagten wurden für schuldig befunden, militärische Geheimnisse enthüllt zu haben und zu jeweils achtzehn Monaten Gefängnis verurteilt: Ein offizielles Eingeständnis dafür, daß die veröffentlichten Informationen genau zutreffen. Unser Informant hatte übrigens eine glückliche Hand: Er ist im Besitz der Anklageschrift und des Urteils. Die Machenschaften der Heeresleitung in der Luftfahrt sind an das Tageslicht gelangt."
>
> Dem ist nicht zu entnehmen, ob die in der Weltbühne veröffentlichten Nachrichten der französischen Regierung vor der Veröffentlichung bekannt waren; deutlich zu entnehmen ist der Passage allerdings, daß das deuxième bureau in Anklage und Urteil eine offizielle Bestätigung der Nachrichten erblickt.

Geradezu naiv, so der Gutachter weiter, erschiene die feste Überzeugung des Majors Himer, der nach einer nie dementierten Meldung der "Neuen Zürcher Zeitung" selbst einer der Organisatoren der Schwarzen Reichswehr gewesen sei, daß die fremdländischen Nachrichtendienste ihre Informationen aus der "Weltbühne" bezogen hätten. Der historische Rückblick erlaube zudem die Bewertung, die Sicherheit des Reichs sei in erster Linie durch die geheimen Rüstungen und weit weniger durch die Tatsache, daß sie veröffentlicht wurden, gefährdet worden.. Es seien schließlich eben diese nach 1933 noch forcierten Rüstungen gewesen, die zum Zweiten Weltkrieg, der vernichtenden Niederlage des Deutschen Reichs und zu dessen Zerstückelung geführt hätten. Naturgemäß hätte sich das Gutachten des Reichswehrministeriums mit einer solchen Fragestellung nicht auseinandergesetzt, sondern lapidar ausgeführt, daß die Mitteilung der illegalen Rüstungen geeignet seien, die Sicherheit des Reichs zu gefährden. Zusammenfassend ließe sich deshalb bewerten, daß nicht etwa der Ar-

---

453 Castellan, Le Réarmement clandestin du Reich 1930-1935, p.148.

tikel, sondern die vertragswidrige Rüstung den Sicherheitsinteressen des Reichs zuwidergelaufen sei.

In der Stellungnahme vom 20. August 1990 der Staatsanwaltschaft bei dem Kammergericht, Sachbearbeiter war Oberstaatsanwalt Stief, wurde der Wiederaufnahmeantrag für unzulässig gehalten, weil darin kein gesetzlicher Grund der Wiederaufnahme geltend gemacht worden sei. Der benannte Sachverständige Gessenharter sei kein geeignetes Beweismittel, weil es dem vorgelegten Gutachten an der Darlegung der festgestellten Befundtatsachen, aus denen auf die Tatsachenbehauptung geschlossen werden könne, fehle. Es werde nicht dargelegt, auf Grund welcher Forschungsmittel, inbesondere auf Grund welchen Quellenmaterials er zu seinen Ergebnissen gelangt sei. Dies gelte für die Ergebnisse, daß "nicht nur die Tatsache, daß das Deutsche Reich unter Verletzung des Versailler Friedensvertrages geheime Rüstungen betrieb, sondern auch Art und Umfang der einzelnen Verfahrensverstöße weitgehend bekannt waren" und daß "die französische militärische Führung über jeden Schritt der militärischen Rüstung bestens informiert war". Der Bericht Kunrat von Hammersteins lasse jede Beziehung zu der von dem Verurteilten verbreiteten Nachricht vermissen, während hinsichtlich des Werks von Castellan nur Sekundärliteratur herangezogen worden sei, ohne daß deren Ursprung und Inhalt näher konkretisiert worden wäre. Die dem Gutachten beigefügten Auszüge aus dem Werk Castellans seien auch deshalb unbeachtlich, weil sie in französischer Sprache verfaßt seien, die Gerichtssprache hingegen deutsch sei (§ 184 GVG). Soweit behauptet werde, daß die geheime Rüstung und nicht die Information darüber die Sicherheit des Reichs gefährdet habe, sei der Sachverständige schon deshalb kein geeignetes Beweismittel, weil er zu dem Ergebnis gelange, der "Weltbühne"-Artikel habe die Sicherheit des Reichs weniger und nicht etwa gar nicht gefährdet. Im übrigen genüge es nicht, sich ohne Angabe von Quellen auf den historischen Rückblick zu berufen.

Hierauf erwiderte die Antragstellerin, daß die Darlegungen durchaus ausreichten. Dies gelte inbesondere hinsichtlich der neuen Tatsache, daß die Mitteilungen des "Weltbühne"-Artikels nicht mehr geheim seien. Seinerzeit habe sich das Reichsgericht für diese Frage keines Sachverständigen bedient. Deshalb sei der neue Sachverständige allein ein neues Beweismittel, ohne daß es zusätzlich der Beifügung eines Gutachtens bedurft hätte.[454] Die zusätzliche Einreichung einer gutachtlichen Stellungnahme sei unschädlich. Auch die Sachverständigenausführungen, daß die Offenlegung der illegalen Rüstungen diese nachhaltig gestört, vielleicht sogar verhindert hätten, also dem wohlverstandenen Interesse

454 Insoweit verweist die Erwiderung auf Meyer in Löwe/Rosenberg, 23. Auflage 1978, Rz.48, 81 und Gössel in Löwe/Rosenberg, 24. Auflage 1988, Rz. 106, 170.

des Deutschen Reichs förderlich gewesen wären, seien ausreichend. Doch sei die Antragstellerin bestrebt, das Verfahren soweit möglich von strittigen Rechts- und Tatsachenfragen freizuhalten. Hilfsweise werde daher ein Gutachten von Professor Dr. *Manfred Messerschmidt* vom Militärgeschichtlichen Forschungsamt vorgelegt. Aus diesem Gutachten folge, daß durch den Artikel keine geheimen Tatsachen bekannt gemacht worden seien und daß eine Gefährdung der Sicherheit des Reichs auf Grund der einschlägigen Kenntnisse der Alliierten und ihrer Interessenlage nicht gegeben gewesen sei. Im übrigen werde das Gesuch nunmehr auch auf § 359 Nr. 2 StPO, Verletzung der Eidespflicht durch Sachverständige, gestützt. Der Gutachter führte aus, daß die Auflösung des Flughafens Adlershof nicht, wie im "Weltbühne"-Artikel behauptet, auf Grund der Anfrage des Abgeordneten Krüger erfolgt sei und daß von einer Verlegung von Adlershof nach Johannisthal überhaupt keine Rede sein könne. Krüger habe nämlich von einem Flughafen bei Magdeburg gesprochen. Auch habe die Abteilung M nicht den im Artikel behaupteten Zweck verfolgt, sondern könne nur als Bauaufsichtsstelle des Reichswehrministeriums (Truppenamt und Waffenamt) über kleinere Flugzeughersteller wie zum Beispiel "Albatros" vorgesehen gewesen sein. Eine Gefährdung der Sicherheit des Reichs sei angesichts der außenpolitischen Situation zu verneinen gewesen. Denn auf alliierter Seite habe man von den Vertragsverletzungen gewußt, ohne in einer die Sicherheit des Reiches gefährdenden Weise zu reagieren. Der "Weltbühne"-Artikel habe daher den gesamten alliierten Kenntnisstand lediglich um Details, noch dazu überwiegend unzutreffende bereichert. Diese Hinweise hätten Glaubwürdigkeit wohl erst durch ihre Bestätigung im Prozeß erhalten.

In der Erwiderung vom 25. April 1991 hebt die Staatsanwaltschaft bei dem Kammergericht hervor, daß der zweite Gutachter immerhin einräume, daß der alliierte Kenntnisstand, wenn auch lediglich um Details, bereichert worden sei. Die Aussagen der Sachverständigen seien zutreffend gewesen und hätten sich in Ansehung des Geheimnischarakters des gesamten Strafverfahrens auf das verfahrenserheblich unabdingbare beschränken müssen. Von einer vorwerfbaren Verletzung der Eidespflicht könne deshalb nicht gesprochen werden.

bb) Der Beschluß des Kammergerichts vom 11. Juli 1991 - Az.: (1) 1 AR 356/90

Der Beschluß des 1. Strafsenats des Kammergerichts[455] verwarf den Wiederaufnahmeantrag als unzulässig.

455 KG, JR 1991, 479; kritisch zu diesem Beschluß, Klug in: FS für Spendel, 679 ff. passim.

Es ergäben sich aus dem Wiederaufnahmeantrag keine neuen Tatsachen oder Beweismittel im Sinne des § 359 Nr. 5 StPO. Zwar seien die im Gutachten von Messerschmidt vorgetragenen Umstände neu, jedoch nicht geeignet, die Feststellungen des Urteils zu erschüttern. Es sei nicht auszuschließen, sondern eher naheliegend, daß erst die Anfrage des Abgeordneten Krüger den Anstoß für die beschriebenen Maßnahmen auf dem Flugplatz bildete und zwar unabhängig davon, welche Vorstellung dieser über die behördliche Einordnung und den Standort der Abteilung M geäußert habe.

> **(E 65)** Dem Messerschmidt - Gutachten war jedoch zu entnehmen, daß ein Umzug der Abteilung M gar nicht stattgefunden hat. Mit diesem Novum setzt sich der Beschluß nicht auseinander.

Die Beschreibung der Erprobungsabteilung in Johannisthal als eine unter dem Einfluß des Reichswehrministeriums stehende, auch militärischen Zwecken dienende Einrichtung sei durch den Wiederaufnahmeantrag ebensowenig in Zweifel gezogen worden, wie die Angabe der Stärke und des wechselnden Stationierungsorts der Flugzeuge.

Ob der Vortrag, die in dem Artikel mitgeteilten Vorgänge seien zum Zeitpunkt der Veröffentlichung nicht mehr geheim gewesen und nicht geeignet, durch ihre Veröffentlichung die Sicherheit des Reichs zu gefährden, neue Tatsachen im Sinne des § 359 Nr.5 StPO seien, könne dahinstehen. Es fehle insoweit an der notwendigen Bestimmtheit des Vorbringens. Der Umstand, daß ausländische Regierungen über die geheime Aufrüstung unterrichtet gewesen seien, begründe allenfalls die unbestimmte Vermutung, daß ihnen die im Artikel beschriebenen Vorgänge bekannt gewesen seien. Eine pauschale historische Rückschau auf die Sicherheitsinteressen des Reichs könne die im Einzelfall notwendigen bestimmten Angaben über das Sicherheitsbedürfnis nicht ersetzen.

> **(E 66)** Der Beschluß übersieht, daß dem Messerschmidt - Gutachten zu entnehmen ist, daß die Alliierten Vertragsverletzungen im hier in Rede stehenden Umfang hinzunehmen bereit waren, also keine militärischen Sanktionen oder besondere Aufklärungsmaßnahmen drohten. Das Gegenteil hat der Senat des Reichsgerichts auf Grund des Gutachtens von Major Himer jedoch festgestellt. Der Beschluß verkennt daneben die Auswirkung der Rechtsprechung zum relativen Geheimnis. Das Geheimhaltungsbedürfnis ist danach reziprok zum Grad der möglichen Beeinträchtigung der Sicherheit des Reichs. Eine relativ bekannte Nachricht, deren weiteres Bekanntwerden die Sicherheit des Reichs in hohem Maße gefährden würde, ist geheim im Rechtssinne. Dagegen ist eine ge-

nauso bekannte Nachricht, deren weiteres Bekanntwerden die Sicherheit des Reichs in weit geringerem Maße gefährden würde, nicht mehr geheim. Deshalb kommt es für die Ausfüllung des Geheimnisbegriffs auf das Gefährdungspotential an. Bei unzutreffender Feststellung des Gefährdungspotentials kann deshalb auch nicht hinlänglich festgestellt werden, ob eine Nachricht noch geheim war. Das Maß der Gefährdung war deshalb eine neue Tatsache.

Zwar sei dem Vorbringen, daß ein Sachverständiger seinem Gutachten andere Anknüpfungstatsachen zugrundelegen könne, die Behauptung einer neuen Tatsache zu entnehmen. Die von *Gessenharter* benannte Anknüpfungstatsache, das Buch von *Castellan*, sei aber nicht geeignet, das Beweisergebnis des Urteils zu erschüttern. Denn der Verfasser beziehe sich zwar auf Berichte des französischen Geheimdienstes, zitiere sie aber nicht im Wortlaut. Inhalt und Bedeutung der Berichte ließen sich durch den Senat selbst nicht überprüfen. Da die Antragstellerin auch nichts dafür vortrüge, daß die Berichte zugänglich seien, müßten sie als unerreichbar angesehen werden.

(E 67) Die neue Anknüpfungstatsache ist nach Ansicht des Senats Castellans Buch. Wenn Castellan zum Ergebnis gelangt, daß der französische Geheimdienst über jeden Schritt deutscher Rüstung informiert war, ist darin eine neue Tatsache zu sehen. Es obliegt dann der Einschätzung des Gerichts, ob es von der Wahrheit der neuen Tatsache überzeugt ist. Nicht angängig ist es jedenfalls, das Beweisergebnis des 4. Strafsenats als nicht erschüttert anzusehen; denn dieser hat bezüglich des Geheimseins über die bloße Bejahung des Tatbestandsmerkmals "geheim" hinaus keine Feststellungen getroffen. Den Gründen ist nicht zu entnehmen, ob die Einschätzung des Senats, die Nachrichten seien geheim gewesen, auf den Sachverständigenaussagen beruht. Entsprechend niedrig muß deshalb die Anforderung an die "Erschütterung des Beweisergebnisses" sein.

Es komme alleine, so der Senat weiter, darauf an, daß gerade die veröffentlichten Tatsachen schon vorher bekannt gewesen seien; nicht entscheidend sei, ob fremde Dienste sonst Kenntnis über militärische Angelegenheiten Deutschlands gehabt hätten. Im übrigen ginge auch Messerschmidt davon aus, daß der Weltbühne - Artikel den alliierten Kenntnisstand immerhin um Details bereichert habe.

(E 68) Hier übernimmt der Beschluß die Formulierung der Staatsanwaltschaft bei dem Kammergericht und läßt wie diese den Zusatz "überwiegend unzutreffende", unberücksichtigt.

Die benannten Sachverständigen seien nicht schon deshalb neue Beweismittel im Sinne des § 359 Nr. 5 StPO, weil die Antragstellerin behaupte, daß sie zu anderen Schlußfolgerungen gelangen würden als die früher vernommenen.[456] Die in sechzig Jahren verbesserten Erkenntnismöglichkeiten reichten zur Bejahung überlegener Forschungsmittel nicht aus. Hinsichtlich des Gessenharter-Gutachtens und dessen Bezugnahme auf das Werk Castellans fehle es an einer Belegstelle dafür, daß gerade die hier in Rede stehenden Tatsachen dem französischen Geheimdienst bekannt gewesen seien. Die Aussage, die französiche militärische Führung sei über jeden Schritt der deutschen Rüstung informiert gewesen, sei zu wenig substantiiert.

Auch sei die politisch-historische Gesamtbetrachtung, daß es damals keine Gefährdung des Deutschen Reichs gegeben habe, weil die Alliierten über die deutsche Aufrüstung informiert gewesen seien und selbst schwerwiegende Verletzungen des Versailler Vertrages hingenommen hätten, rechtlich unbeachtlich. Gleiches gelte für die Ausführung *Gessenharters*, daß weniger die Mitteilungen im Artikel als vielmehr die geheimen Rüstungen der Reichswehr die Sicherheit Deutschlands gefährdet hätten. Denn zum einen komme es für § 1 Abs. 2 SpG nicht darauf an, ob und wie fremde Mächte die ihnen zugegangenen Mitteilungen zu politischen und militärischen Gegenmaßnahmen nutzten; die bloße Möglichkeit genüge. Zum anderen stelle die Vorschrift nicht auf die Abwägung ab, ob die mitgeteilten Tatsachen die Sicherheit des Reichs mehr oder weniger gefährdeten als andere Umstände.

(E 69) Der erste Aspekt trifft möglicherweise zu. Denn das Reichsgericht war der Auffassung, daß ein Geheimhaltungsbedürfnis auch gegenüber befreundeten Staaten und deshalb erst recht gegenüber Reparationsgläubigern bestehen könne[457]. Der zweite Aspekt verkennt, daß das Reichsgericht die Nachteilsausgleichung für die Tatbestände des Landesverrats berücksichtigt hat. Deshalb hätte die Aussage des Sachverständigen *Gessenharter*, die illegale Rüstung habe der Sicherheit des Reichs mehr geschadet als deren Veröffentlichung, nach der Richtung gewürdigt werden können, daß sie der Sicherheit des Reichs unter In-

456 Insoweit verweist der Senat auf Kleinknecht/Meyer, § 359 RN 35. Einschränkend nunmehr Kleinknecht/Meyer-Goßner a. a. O., der die Zugehörigkeit des neuen Sachverständigen zu einem anderen Fachgebiet genügen läßt.

457 Urt.v. 28. 8. 1923 - Az.: 7J69/23 (Oehme).

kaufnahme eines gewissen Nachteils eher genützt habe. Hierin wäre eine neue Tatsache im Sinne des § 359 Nr. 5 StPO zu erblicken gewesen, die wie ja auch das Kammergericht sieht, den damaligen Sachverständigen und dem Reichsgericht noch nicht bekannt war.

cc) Die Beschwerdebegründung

Neben der Wiederholung des Vorbringens im ursprünglichen Antrag rechtfertigte Rechtsanwalt *Strate* die sofortige Beschwerde damit, daß die Wiederaufnahme im Hinblick auf den Wiederaufnahmegrund des § 359 Nr. 3 StPO begründet sei, da die Mitglieder des 4. Strafsenats sich einer strafbaren Beugung des Rechtes zum Nachteil des Verurteilten schuldig gemacht hätten (§ 336 RStGB).

Der Senat habe zwar in scheinbarer Übereinstimmung mit der reichsgerichtlichen Rechtsprechung[458] und einem Teil der Literatur[459] die Strafbarkeit des Verrats illegaler Geheimnisse bejaht. Das in der Entscheidung Ausgesprochene habe jedoch auf den damaligen Rechtszustand nicht uneingeschränkt zugetroffen. Denn die allgemein anerkannte Regel des Völkerrechts "pacta sunt servanda"[460] habe über Art. 4 WRV die Kraft eines Reichsgesetzes gehabt und sei auch von den Gerichten zu beachten gewesen.[461] Dies habe besonders bei der Auslegung des Geheimnisbegriffs des § 1 Abs. 2 SpG beachtet werden müssen. Das Gericht habe unterstellen müssen, daß die Reichsregierung und die nachgeordneten Behörden ihre Verpflichtungen aus Art. 198 des Versailler Vertrages erkennen und ihr nachzukommen bereit seien. Das Geheimnis, dessentwegen von Ossietzky verurteilt worden sei, sei ein Verfassungsbruch gewesen. Diesen hätten die Mitglieder des 4. Strafsenats perpetuiert und damit gegen Art. 4 WRV verstoßen.

(E 70) Diese vom Reichgericht stets abgelehnte Argumentation ist nicht neu. Bereits im Verfahren gegen Küster und Jacob-Salomon hatten die Verteidiger Art. 4 WRV herangezogen. Ob in der Argumentation des 4. Strafsenats eine Rechtsbeugung im Sinne von § 336 RStGB lag, hängt

---

458 RGSt 62, 65 ff.

459 Unter Verweis auf: Schneidewin in: Stenglein, S. 415.

460 Unter Verweis auf: Anschütz, Die Verfassung des Deutschen Reichs, 4. Aufl., Anm. 2 zu Art. 4; Fleischmann in : Handbuch des Deutschen Staatsrechts, I. Band, Tübingen 1930, S. 220; Carl Schmitt, Verfassungslehre, Göttingen, 1928, S. 69 f.

461 Unter Verweis auf: Anschütz, Die Verfassung des Deutschen Reichs, 4. Aufl., Anm. 8 zu Art. 4.

davon ab, ob bei der Entscheidung materielles oder Verfahrensrecht verletzt wurde[462] und die Richter Vorsatz hinsichtlich der Rechtsverletzung und der Benachteiligung hatten; eine besondere Absicht ist insoweit nicht erforderlich.[463] Die bereits dargelegten Anhaltspunkte, wie unbenannte und unbegründete Änderung der Rechtsprechung und rechtsfehlerhafte Ablehnung des Beweisantrages lassen entsprechende Anhaltspunke jedenfalls erkennen. Die spezifisch völkerrechtliche Argumentation, die in Richtung "Beihilfe zum Verfassungsbruch" weist, scheint nach damaliger Rechtslage den Tatbestand nicht erfüllt zu haben, weil nach wiederholter Rechtsprechung des Reichsgerichts[464] Völkerrecht nur Staaten untereinander, nicht aber einzelne Staatsbürger gebunden habe.

Neben den völkerrechtlichen Verbotsbestimmungen, so die Beschwerdebegründung weiter, habe es strafbewehrte Verordnungen zur Durchführung des Art. 198 WRV gegeben.[465] Die Aktivitäten der Abteilung M hätten gegen diese Verordnungen, also gegen geltende Strafvorschriften verstoßen. Dies habe der 4. Strafsenat, obwohl ihm die Strafvorschriften bekannt gewesen seien, nicht erörtert. Eine Verurteilung von Ossietzkys wäre ausgeschlossen gewesen, weil die Einheit der Rechtsordnung es nicht zuließe, der strafbaren Verletzung eines Rechtsguts den Charakter eines von eben dieser Rechtsordnung geschützten Geheimnisses zu verleihen.

(E 71) Die Tatsache, daß die völkerrechtlich illegalen Staatsgeheimnisse auch gegen strafbewehrte Verbotsnormen verstießen oder im Falle ihrer Erweislichkeit verstoßen hätten, ist zwar in reichsgerichtlichen Entscheidungen, obiter, erwähnt und als grundsätzlich ebenso unerheblich wie der Verstoß gegen Völkerrechtsnormen angesehen worden[466]. Es ist aber *Strates* Verdienst, das Augenmerk vom Völkerrecht auf die Nebenstrafgesetze gelenkt zu haben.

---

462 Leipziger Kommentar, § 336, Anm. 4.

463 Leipziger Kommentar, § 336, Anm. 5; ähnlich Frank, § 336, Anm. III.

464 Urt. v. 14. 3. 1928 - Az.: 7J63/25 (Küster und Jacob-Salomon) = RGSt 62, 65 (67 f.) ; i.E. auch schon Urt.v. 28. 8. 1923 - Az.: 7J69/23 (Oehme).

465 Unter Verweis auf: VOen Luftfahrzeugbau vom 13. 7. 1926, RGBl. I, 463; über führerlose Flugzeuge pp. vom 13. 7. 1926, RGBl. I, 463; über Beschränkung bei der Flugausbildung vom 13. 7. 1926, RGBl. I, 464; über Listenführung in der Luftfahrt vom 13. 7. 1926, RGBl. I, 464; sämtlich erlassen aufgrund des Gesetzes zur Durchführung der Art. 177, 178 und 198 des Vertrages von Versailles vom 8. 7. 1926, RGBl. I, 397.

466 Etwa Urt.v. 28. 8. 1923 - Az.: 7J69/23 (Oehme); auch Beschl. v. 1. 11. 1926 - Az.: 7J73/26 (Fechenbach).

Danach, so die Beschwerdebegründung weiter, hätten die Mitglieder des 4. Strafsenats den Tatbestand der Rechtsbeugung verwirklicht, wobei deren mögliche Überzeugung eine richtige Entscheidung zu treffen, für den inneren Tatbestand ohne Relevanz sei[467].

dd) Der Beschluß des Bundesgerichtshofs vom 3. Dezember 1992 Az.: StB 6/92

Durch Beschluß des 3. Strafsenats des Bundesgerichtshofs wurde die sofortige Beschwerde verworfen.[468] Einleitend weist der 3. Strafsenat darauf hin, daß ihm die Auseinandersetzung mit der Rechtsprechung des Reichsgerichts zum publizistischen Landesverrat verwehrt sei. Denn außer im Falle der Mitwirkung eines unredlichen Richters könne die auf falscher Rechtsauffassung beruhende, noch so falsche Entscheidung im Wiederaufnahmeverfahren nur bei Unrichtigkeit des der fehlerhaften Entscheidung zugrundeliegenden Sachverhalts beseitigt werden[469]. Inbesondere seien Rechtstatsachen nicht zu berücksichtigen.[470] Keine Tatsachen seien Bewertungen und Rechtsauffassungen.[471] Eine neue Tatsache läge aber nur dann vor, wenn den ausländischen Regierungen entgegen der Annahme im rechtskräftigen Urteil gerade und genau die Tatsachen, die zum Schuldspruch führten, bekannt gewesen wären.

> **(E 72)** Der BGH sieht nicht, daß der 4. Strafsenat die Aussage des Zeugen und Sachverständigen Himer möglicherweise anders gewertet hätte, wenn ihm, um in den Worten *Gessenharters* zu sprechen, bekannt gewesen wäre, daß die französische militärische Führung über jeden Schritt der Entwicklung der militärischen Rüstung bestens informiert gewesen sei. In diesem Falle hätte Himer jedenfalls nicht glaubhaft sagen können, er sei sicher, daß die mitgeteilten Tatsachen den Alliierten nicht bekannt gewesen seien. Dann wäre der Senat möglicherweise zu dem

467 Unter Verweis auf: RGSt 57, 31 (33).

468 BGHSt 39, 75 = NStZ 1993, 502 = JZ 1994, 580 mit abl. Anm. Joerden; ablehnend auch J. Meyer, ZRP 1993, 284; zustimmend dagegen Gössel, NStZ 1993, 565 ff.; i. E. auch Brauns, JZ 1995, 492 ff.

469 Unter Verweis auf: Gössel in: Löwe/Rosenberg, StPO, 24. Aufl., Rn.13 vor § 359; Meyer-Goßner in: KK, 2. Aufl., § 359, Rn. 18; Kleinknecht/Meyer, 40. Aufl. § 359, Rn. 25; insoweit a. A. Klug in: FS für Spendel, S. 679 ff.

470 Unter Verweis auf die abweichenden Ansichten von: Peters, Fehlerquellen im Strafprozeß, 3. Band, S. 63 ff.; Klug in: FS für Spendel, S. 684 f.

471 Unter Verweis auf: Dippel, Die Wiederaufnahme des Strafverfahrens im deutschen und ausländischen Recht, S. 40.

Ergebnis gelangt, daß den Angeklagten nicht hätte nachgewiesen werden können, daß die mitgeteilten Nachrichten noch geheim waren. Hierin ist eine neue Tatsache zu sehen, die sich auf eine Beweisfrage bezieht und als neue Tatsache im Sinne des § 359 Nr. 5 StPO anzusehen ist[472].

Auch im Vorbringen, daß die Sicherheit des Reichs weniger durch die Veröffentlichung als durch die geheimen Aufrüstungsbemühungen des Reichs gefährdet worden sei, wie sich aus der weiteren geschichtlichen Entwicklung ergäbe und daß eine Gefährdung nicht bestanden habe, weil die Entente-Mächte ohnehin von der vor 1933 nicht auf Aggression abgestellten deutschen Rüstungspolitik unterrichtet gewesen seien, sei nicht die Beibringung einer neuen Tatsache zu erblicken. Hierin sei nur die Negation eines Tatbestandsmerkmals des § 1 SpG zu sehen.

(E 73) Dieses Argument ist geradezu formalistisch. Der Begriff "Sicherheit" wurde vom Sachverständigen *Gessenharter*, einem Politologen, nicht im juristischen, sondern im historischen Sinne gebraucht. Im übrigen stand ja auch das Reichsgericht, wie schon dargelegt, auf dem Standpunkt, daß die Frage der Sicherheit keine rechtliche, sondern eine tatsächliche sei.

Der Hinweis auf die weitere historische Entwicklung, so der Senat weiter, gehe ebenfalls fehl, weil er unter notwendiger Zugrundelegung der Rechtsauffassung des verurteilenden Gerichts[473] als Wiederaufnahmevorbringen ungeeignet gewesen sei. Denn nach dieser Auffassung sei die Schaffung einer Notluftwaffe Bestandteil des Staatswohls gewesen. Unerheblich sei deren Billigung durch die Alliierten, entscheidend alleine die Möglichkeit, die Mitteilungen zu politischen oder militärischen Gegenmaßnahmen zu verwenden, gewesen.

(E 74) Diese Ansicht verkennt zum einen, daß § 1 SpG nicht an das Staatswohl, sondern an das Interesse der Landesverteidigung anknüpfte. Zum anderen wird übersehen, daß es für die Gefährdung der Sicherheit des Reichs konkrete Anhaltspunkte[474] geben mußte. An solchen fehlte es entgegen der Ansicht des militärischen Sachverständigen jedoch, weil die Alliierten keine Veranlassung zu militärischen, geschweige denn

---

472 Kleinknecht/Meyer-Goßner, 42. Auflage, § 359, Rn. 23.

473 Unter Verweis auf: BGHSt 18, 225 (226); Gössel in: Löwe/Rosenberg, StPO, 24. Aufl., § 359, Rn. 143; Meyer-Goßner in: KK, 2. Aufl., § 368, Rn. 10.

474 Vgl. etwa Schneidewin in: Stenglein, 5. Auflage, § 1 SpG, zu Absatz.1, Anm. 6.

politischen Gegenmaßnahmen sahen und deshalb eine konkrete Gefährdung zu verneinen war[475].

Schließlich sei das neue Wiederaufnahmevorbringen, die Mitglieder des 4. Strafsenats hätten sich einer Rechtsbeugung schuldig gemacht nach § 366 Abs.1 StPO im Rahmen der Beschwerde unstatthaft. Gleichwohl sei der Antrag insoweit auch als unzulässig zu verwerfen gewesen. Denn die Rechtsauffassung des 4. Strafsenats sei nicht völlig unvertretbar gewesen. Sowohl das Reichsgericht[476] als auch das Schrifttum[477] habe eben diese Ansicht vertreten. Das Reichsgericht sei der Auffassung gewesen, daß das Bestreben nach Einhaltung bestehender Gesetze nur durch Inanspruchnahme der hierzu berufenen Organe, niemals aber durch Anzeige bei ausländischen Regierungen habe verwirklicht werden dürfen.

(E 75) Wie bereits ausgeführt, ist diese Rechtsauffassung vom Reichsgericht in dieser Rigidität nicht vertreten worden. Es wurde darauf abgestellt, daß die Inanspruchnahme innerstaatlicher Organe auch zur Abhilfe hätte führen können. Dies übersieht der Beschluß.

Die angeführte Literatur habe vertreten, daß bei der Geheimhaltungsbedürftigkeit ungesetzlicher Dinge darauf abzustellen sei, ob durch das Aufhören des Geheimzustandes die Gefahr einträte, daß die deutsche Wehrkraft durch Gegenmaßnahmen irgendwie geschwächt werde.

Habe nach der seinerzeit vorherrschenden Ansicht das Wohl des Staates und der Inhalt der Rechtsordnung in Kollision geraten können[478], sei die Rechtsansicht, daß der Verstoß auch gegen strafbewehrte Verbotsnormen die Geheimniseigenschaft nicht aufhöbe, nach dem damaligen Rechtsverständnis nicht unvertretbar. Daß sich die Mitglieder des Strafsenats mit der Frage entgegenstehender Rechtsvorschriften auseinandergesetzt hätten, ergäbe sich auch aus der stenographischen Mitschrift eines Ossietzky-Verteidigers von der mündlichen Urteilsbegründung.[479]

---

475 A. A. Brauns, JZ 492 (495), der § 1 SpG, meines Erachtens zu Unrecht, als abstraktes Gefährdungsdelikt ansieht.

476 Unter Verweis auf: RGSt 61, 150; 62, 65 (67).

477 Unter Verweis auf: Schneidewin in: Stenglein, S. 416 und die abweichende Ansicht von Kantorowicz, DJ II (1926/1927), 92 (98), Radbruch, DJ III (1927/1928), 103 (109).

478 Unter Verweis auf: Gusy, GA 1992, 195 (207).

479 Unter Verweis auf: Ingo Müller in: FS für Richard Schmid, 297 (315).

(E 76) Diese Darstellungen sind kaum mehr nachvollziehbar. Es steht überhaupt nicht in Frage, ob auch illegale Machenschaften "geheim" sein können. Dies ist sicherlich der Fall. Die Frage ist allein, ob diese Geheimnisse, auch wenn sie strafbewehrte Verbotsnormen erfüllen, den Schutz des § 1 Abs. 2 SpG verdienen. Dies hat das Reichsgericht in ständiger Rechtsprechung unter bestimmten Voraussetzungen, bejaht. Diese Voraussetzungen lagen aber im untersuchten Fall nicht vor. Gerade die Bezugnahme auf die stenographische Verteidigermitschrift hätte für den 3. Strafsenat des BGH die Frage aufwerfen müssen, warum die Auseinandersetzung mit der Frage entgegenstehender Rechtsvorschriften nicht im schriftlich abgefaßten Urteil erfolgte. Dies hätte eine Änderung der Rechtsprechung des Reichsgerichts erfordert. Denn der übergesetzliche Notstand, auf den sich die Heeresleitung ausweislich der mündlichen Urteilsbegründung für die illegale Luftrüstung habe berufen können, ist in keinem vorhergehenden reichsgerichtlichen Urteile erwähnt worden. Dies belegt meines Erachtens, daß der 4. Strafsenat des Reichsgerichts im Fall Kreiser/von Ossietzky das Recht in strafbarer Weise gebeugt hat. Die Bezugnahme des 3. Strafsenat des Bundesgerichtshofs auf die mündliche Urteilsbegründung des 4. Strafsenats des Reichgerichts verbietet sich auch aus formalen Gründen. Zwischen schriftlicher und mündlicher Urteilsbegründung des 4. reichsgerichtlichen Strafsenats besteht ein Widerspruch. Nach ständiger Rechtsprechung des Reichsgerichts waren bei derartigen Widersprüchen die schriftlichen Urteilsgründe maßgebend.[480] Diese Rechtsprechung hat der BGH beibehalten.[481]

II. Rechtliche Einordnung

Im nächsten Schritt soll die dargestellte Rechtsprechung eingeordnet und bewertet werden. Auffällig ist, daß die Rechtsprechung keine Notiz von der Literatur zum publizistischen Landesverrat nahm. Umgekehrt konnte in der Literatur kaum auf die - weitgehend unveröffentlichte - Rechtsprechung eingegangen werden. Deshalb bestanden beide Sphären - Rechtsprechung und Literatur - fast ist man geneigt zu sagen, beziehungslos nebeneinander. Dies soll durch die jetzt mögliche Gegenüberstellung behoben werden. In der Analyse soll zwischen materiell-rechtlichen Fragen und solchen des Prozeßrechts unterschieden werden.

---

480 RGSt 4, 382 (383); 13, 66 (68).

481 BGHSt 7, 363 (370 f.).

1. Materiell- rechtliche Fragen

Hinsichtlich der materiell-rechtlichen Fragen geht es im wesentlichen um die Begriffe des Geheimnisses, des Wohls und der Sicherheit des Reichs, Fragen der Rechtfertigung und schließlich der Strafzumessung. Auf dogmatische Einzelheiten wie Fragen zum Verbrechensaufbau soll nur ausnahmsweise eingegangen werden. Denn die Strafsenate haben sich an derartigen Problemen, dies soll im Vorgriff hervorgehoben werden, wenig interessiert gezeigt.

a) Tatbestand

Unter den Tatbestandsmerkmalen sind die Begriffe des Geheimnisses und die Rechtsgüter Wohl des Reichs sowie Interesse der Landesverteidigung von besonderer Bedeutung. Auch stellt sich hinsichtlich des SpG die Frage, von welcher Qualität die Gefährdung der Sicherheit des Reichs zu sein hatte.

aa) Geheimnisbegriff

Beide maßgeblichen Strafbestimmungen, § 92 StGB und § 1 SpG, setzten voraus, daß die mitgeteilten Nachrichten geheime Vorgänge oder Sachverhalten betrafen.

(1) Rechtsprechung des Reichsgerichts

Ausgangspunkt der Rechtsprechung des Reichsgericht war ein Urteil des vereinigten 2. und 3. Strafsenats aus dem Jahre 1884[482], das die Lehre vom relativen Geheimnis begründete. Danach kam es für den Tatbestand des § 92 StGB darauf an, ob eine Nachricht vorliegt, die der fremden Regierung nicht bekannt ist. Die Bekanntheit der Nachricht im Inland war grundsätzlich unerheblich.[483] Diese Rechtsprechung wurde durch ein Urteil aus dem Jahre 1893 auch für den § 1 SpG übernommen.[484] Jedoch sei die Begrenzung des Kreises, dem die Nachricht nicht zugänglich gemacht werden dürfe, von der Beschaffenheit des

---

482 RGSt 10, 420.

483 RGSt 10, 420 (421).

484 RGSt 25, 45 (48).

einzelnen Falles abhängig.[485] Das gleiche Urteil schränkte aber ein, daß offenkundige Dinge der Kenntnis anderer nicht mehr entzogen werden und deshalb nicht mehr geheim sein könnten.[486] Dies galt nach einem Urteil aus dem Jahre 1921 für solche Schriften, die im gewöhnlichen Buchhandel erhältlich waren.[487] Für die Zusammenstellung von Presseartikeln galt nach Ansicht des Feriensenats aus dem Jahre 1923, daß es auf die Art der Zusammenstellung ankomme; diese brauche, trotz Offenkundigkeit eines jeden Einzelartikels, nicht offenkundig zu sein.[488] Ferner sind, so der 5. Strafsenat 1924, auch bereits in der Presse veröffentlichte Nachrichten dann noch geheim, wenn sich der Veröffentlichende eigenen Wissens berühmt.[489] Der Senat wiederholte den Rechtsstandpunkt in seinem Urteil gegen Küster und Jacob-Salomon im Jahre 1928.[490] Diese Rechtsprechung wurde in einem Urteil des 4. Strafsenats aus dem Jahre 1931 bestätigt und noch einmal erweitert: Weder die relativ verbreitete Kenntnis einer Nachricht im Ausland, noch deren Veröffentlichung in einem allgemein zugänglichen Protokoll der Sitzung eines Reichstagsausschusses schloß die Geheimeigenschaft aus.[491]

(2) Literaturmeinungen

Im zeitgenössischen Schrifttum wurde dieser ausweitenden Tendenz im Untersuchungszeitraum kein nennenswerter Widerstand mehr entgegengesetzt.

---

485 RGSt 25, 45 (48).

486 RGSt 25, 45 (48).

487 Urt. v. 13. 7. 1921 - Az.: C74/20 (Jongerius).

488 Urt.v. 28. 8. 1923 - Az.: 7J69/23 (Oehme).

489 Urt. v. 27. 3. 1924 - Az.: 6J30/23 (Steinicke); anders lag der von Kohlmann, Der Begriff des Staatsgeheimnisses, S. 90, in Anspruch genommene Fall - es handelte sich wohl um die Strafsache gegen Emil Bohm, 7J285/23 - in dem der 5. Strafsenat durch Beschluß vom 19. Mai 1924 die Eröffnung des Hauptverfahrens ablehnte. Hier hatte der Angeschuldigte Aufrufe aus NS - Presseerzeugnissen im "Weckruf" schlicht wiedergegeben und deren Abstellung durch die Regierung verlangt.

490 Urt. v. 14. 3. 1928 - Az.: 7J63/25 (Küster und Jacob-Salomon) = RGSt 62, 65.

491 ORA 7J35/29, Urt.v.23.11.1931 (Carl von Ossietzky und Walter Kreiser).

Die Kommentarliteratur schweigt zu dieser Entwicklung und befürwortete die reichsgerichtliche Rechtsprechung vorbehaltlos. *Reinhard Frank* etwa meinte 1931 in der achtzehnten Auflage seines Strafgesetzbuchkommentars zum Geheimnisbegriff lediglich:

> "Es liegt aber im Wesen der Sache, daß eine gewisse Anzahl von Personen stets eingeweiht ist."[492]

Auch RG-Senatspräsident *Karl Lorenz* beschränkt seine Stellungnahme 1927 in der elften Auflage von Olshausens RStGB - Kommentar auf folgende Passage:

> "Das Geheimnis braucht nur ein relatives zu sein, indem es ausschließlich darauf ankommt, ob eine Nachricht usw. vorliegt, welche der fremden Regierung nicht bekannt und daher ihr gegenüber der Geheimhaltung fähig ist; solange letzteres der Fall ist, ist es für den Tatbestand gleichgültig, ob die btr.Nachricht im Inl. nicht geheim ist."[493]

Ebermayer schließlich führte zum Geheimnisbegriff im Jahre 1929 im Leipziger Kommentar unter Bezugnahme auf die Urteile des Reichgerichts RGSt 10, 420 und 25, 45 aus, daß ein Geheimnis auch dann vorliegen könne, wenn

> "die betr. Urkunde , Nachricht usw. im Inlande nicht geheim, sondern, sei es allgemein, sei es innerhalb bestimmte Kreise berufener Personen, bekannt ist, mag der Kreis dieser Personen von größerem oder geringerem Umfang sein."[494]

Sogar die Bestandsaufnahme über die reichsgerichtliche Rechtsprechung zum sich weiter relativierenden Tatbestandsmerkmal des Geheimnisses blieb damit

---

492 Frank 18. Aufl., StGB, § 92, S. 263.

493 Olshausen 11. Auflage, StGB, § 92, 4a); diese Auflage erschien, bevor Lorenz eigene richterliche Erfahrung in den Prozesse gegen Bredel, Gabel, Hinkelmann, Schröer und Schwotzer sammeln konnte. Die Folgeauflage, die erst 1942 erschien, wurde nicht mehr von Lorenz bearbeitet.

494 LK, 4. Auflage, § 92, 3. Ebermayer zitiert trotz Kenntnis der Verfahren, keine neuere Rechtsprechung zu dieser Frage.

einem Fachfremden, nämlich *Emil Julius Gumbel* vorbehalten[495], der dafür harsche Kritik erntete[496].

Hiervon ist die Kritik zu unterscheiden, die die Rechtsprechung zum Geheimnisbegriff vor 1919, insbesondere anläßlich der Diskussion über die Reform des SpG im Jahre 1913/14, erfuhr.[497] Diese Kritik ist im Untersuchungszeitraum nur in beschränktem Maße fortgesetzt worden und wurde, wohl mangels Kenntnis der Urteile, auch nicht auf die Rechtsprechung nach 1919 bezogen. So vertrat zum Beispiel *Eberbach* in einer vom Binding-Schüler *Johannes Nagler*[498] betreuten Dissertation unter Berufung auf *Karl Binding* und in Übereinstimmung mit *Franz von Liszt*[499] die Auffassung, daß die Relativität des Geheimnisses möglichst einzuschränken sei. *Von Liszt* schrieb 1914 unter Bezugnahme auf damals schon bestehende Meinungsverschiedenheiten über den Geheimnisbegriff, daß ein Geheimnis allenfalls solange bestehe, wie "die Kenntnis der Tatsache nicht über den geschlossenen Kreis hinausgedrungen" sei.(...) "Ist sie über diesen Kreis hinaus zur Kenntnis weiterer Personen gelangt, so ist sie kein Geheimnis mehr."[500]. Für das das Vorliegen eines Geheimnisses - so *Eberbach* weiter - könne nicht das Interesse an der Geheimhaltung auschlaggebend sein, sondern es müsse überhaupt ein Geheimsein vorliegen. Er erkannte und kritisierte damit, im Gegensatz zur Mehrheit in der zeitgenössischen Literatur, für

---

495 Gumbel, DJ II (1926/1927), 75 (85).

496 Jorns, DRiZ 1928, 105 (107); v. Weber in: Die Reichsgerichtspraxis im deutschen Rechtsleben Band V, S. 193, der jedoch zu Unrecht vorwirft, Gumbel behaupte, das relative Geheimnis sei eine Nachkriegsentwicklung.

497 Zusammenfassend: Fastrich, Erweiterung, S. 10; Kohlmann, Der Begriff des Staatsgeheimnisses, S. 84 ff. Lenze, Landesverrat, S. 22 ff.; Nielsen, Der sog. diplomatische Landesverrat, S. 40 ff. unter Verweis auf: v. Liszt; Binding, Lehrbuch BT II. Band, 2. Abteilung, S. 483; van Calker, Hoch- und Landesverrat, S. 58; als Beispiel für einen strikten Gegner des relativen Geheimnisses vor 1918, Braunger, Der Landesverrat, S. 43 und am einflußreichsten sicherlich: v. Liszt in FS für Brunner, S. 207 ff., der unter Bezugnahme auf die Reichstagsdebatte im Rahmen der ersten Lesung des Gesetzentwurfs "gegen Verrat militärischer Geheimnisse" im Jahre 1913, ironisch darauf hinweist, daß der Begriff des militärischen Geheimnisses ein Geheimnis sei (207).

498 Nagler zählte zu den Verfechtern der klassischen Strafrechtsschule und wurde von Reichsjustizminister Gürtner im Jahre 1934 in die Amtliche Strafrechtskommission berufen, vgl. GRG 9, S. 390.

499 Von Liszt in: FS für Brunner, 207 (218 ff.).

500 Eberbach, Der Geheimnisverrat, S. 25 unter Verweis auf Binding, Lehrbuch, Band 2, 2, S. 483; er bildete damit eine große Ausnahme unter den zeitgenössischen Doktoranden, a.A. etwa Fastrich, Erweiterung, S. 10; Brauch, Der Landesverrat, S. 32 f.; Lenze, Landesverrat, S. 11 f., der dem relativen Geheimnis unter anderem Gesichtspunkt skeptisch gegenübersteht; Nelsen, Der Landesverrat, S. 31; Nielsen, Der sog. diplomatische Landesverrat, S. 40; Rommeney, Grundfragen, S. 26.

die etwa Reichsanwalt *Johannes Freiesleben*[501] und *Hellmuth v. Weber*[502] zu nennen sind, daß das relative Geheimnis in der Rechtsprechung des Reichsgerichts drei und nicht nur zwei Elemente hatte. Nicht nur der Grad der Gewißheit der Kenntnis einer fremden Regierung und die Anzahl der mit dem Geheimnis vertrauten Personen bestimmten den Geheimnisbegriff. Vielmehr trug auch das staatliche Interesse, das an der Geheimhaltung bestand, zur fallbezogenen Definition des Geheimnisbegriffs durch das Reichgericht bei. Mit anderen Worten: Der Geheimnisbegriff des Reichsgerichts war auch vom Gefahrenpotential der Nachricht abhängig. Hierin lag eine Entwicklung, die *Franz von Liszt* im Jahre 1914 noch für ausgeschlossen gehalten hatte; nach seiner Ansicht konnte das Geheimhaltungsinteresse deshalb nicht auf den Geheimnisbegriff ausstrahlen, weil das Interesse an der Geheimhaltung im besonderen, vom Geheimnisbegriff getrennten Tatbestandsmerkmal "Interesse der Landesverteidigung"[503] geregelt war.[504]

In neuerer Zeit waren es etwa *Gustav Heinemann*[505] im Zusammenhang mit der Spiegel-Affäre und *Ulrich Klug*[506] anläßlich des Wiederaufnahmeverfahrens in der Strafsache gegen Carl von Ossietzky, die dem Reichsgericht vorwarfen, es habe das Tatbestandsmerkmal des Geheimnisses so weit ausgedehnt, daß Grenzen kaum noch sichtbar gemacht werden könnten.

(3) Zusammenfassung

Durch die Hinzunahme des staatlichen Geheimhaltungsinteresses in den Begriff des Geheimnisses wurden die Merkmale "Wohl des Reichs" (§ 92 RStGB) und "Interesse der Landesverteidigung" (§ 1 SpG) doppelt eingesetzt. Dies führte dazu, daß Nachrichten trotz relativ sicherer Kenntnis der fremden Regierung und verbreiteter Kenntnis im In- und Ausland als geheim im Sinne von §§ 92 RStGB oder 1 SpG gelten konnten, weil hohes staatliches Interesse an der Geheimhaltung bestand. Daraus folgte, daß die Frage, ob ein staatliches Interesse

---

501 Freiesleben, ZStW 45, 237 (248 ff.).

502 Von Weber in: Die Reichsgerichtspraxis im deutschen Rechtsleben Band V, S. 192.

503 Diese Argumentation gilt in gleicher Weise für das Tatbestandsmerkmal "das Wohl des Reichs".

504 Von Liszt in: FS für Brunner, 207 (221 ff.).

505 Heinemann, NJW 1963, 4 (6).

506 Klug in: FS für Spendel, S. 679 (681).

an der Geheimhaltung der Nachricht bestand nach reichsgerichtlicher Rechtsprechung zum Merkmal "geheim" gehörte.

Zudem haben sich die Strafsenate nicht bemüht, die Tatbestandsmerkmale "Nachricht" und "geheim" auseinanderzuhalten. Soweit sich der zweitveröffentlichende Redakteur eigenen Wissens berühmt haben soll, wie etwa im Urteil gegen Steinicke aus dem Jahre 1924[507], war die neue Nachricht nicht etwa, wie das Reichsgericht meinte, die Ausgangsnachricht, sondern die Tatsache, daß ein anderer sichere Kenntnis von der Ausgangsnachricht habe und diese behaupte. Ob nun diese neue Nachricht für das Wohl des Reichs oder im Interesse der Landesverteidigung geheimzuhalten war, ist die sich anschließende, richtigerweise zu stellende Frage. Eine ähnliche Überlegung gilt für die Geheimeigenschaft einer Artikelzusammenstellung.[508] Auch hier ist die Gewährsmannseignung des Verfassers und nicht der Inhalt der Artikel das eigentlich Neue.

Die Begriffsvermischung führte dazu, daß festgestellt werden mußte, ob - wie etwa im Fall Schwotzer - eine bekannte Nachricht im Falle ihrer Unbekanntheit zum Wohl des Reichs oder im Interesse der Landesverteidigung geheimzuhalten gewesen wäre.[509]

Zusammenfassend konnten nach Rechtsprechung des Reichsgerichts auch allgemeinkundige Tatsachen - also etwa der Inhalt eines bereits veröffentlichten Zeitungsartikels - geheim sein, wenn festgestellt wurde, daß, wie etwa im Fall Kreiser/von Ossietzky[510], nicht alle Regierungen der Feindmächte sichere Kenntnis hatten. Hierdurch erhöhte sich das strafrechtliche Risiko eines Redakteurs erheblich. Woher sollte er Wissen darüber erlangen, ob bei einer ausländischen Regierung noch Zweifel an der Wahrheit einer bereits veröffentlichten Nachricht bestanden?

Die Entwicklung der Rechtsprechung zeigt hier, daß der Geheimnisbegriff zunehmend - ohne Widerstände in der zeitgenössischen Literatur - erweitert wurde. Schon damit war eine straffreundliche Tendenz zu verzeichnen.

Zusätzlich kann jedoch die eingangs beim Aufriß des Landesverratsrechts gestellte und im Fall Steinicke[511] exemplifizierte Frage, ob sich eine Umgestal-

---

507 Urt. v. 27. 3. 1924 - Az.: 6J30/23 (Steinicke).

508 Urt.v. 28. 8. 1923 - Az.: 7J69/23 (Oehme).

509 Urt. v. 1. 4. 1930 - Az.: 7J80/29 (Schwotzer), sub E. I. 7 bei (E 30).

510 Urt. v. 23. 11. 1931 - Az.: 7J35/29 (Kreiser und von Ossietzky), sub E. I. 11 (E 49).

511 sub E. I. 2. (E 14).

tung des Delikts in Richtung Pönalisierung allgemein landesschädigender Veröffentlichungen vollzog, bejaht werden. Hier dürfte der Punkt erreicht sein, an dem die beschriebene Rechtsprechung gegen den in § 2 RStGB und Art. 116 WRV kodifizierten nulla-poena-sine-lege-Satz

> "Eine Handlung kann nur mit einer Strafe belegt werden, wenn diese Strafe gesetzlich bestimmt war, bevor die Handlung begangen wurde."

verstieß.

bb) Rechtsgüter der Strafvorschriften, § 92 RStGB und 1 SpG
- Wohl des Deutschen Reichs und Interesse der Landesverteidigung -

Nachdem eine erhebliche Erweiterung des Geheimnisbegriffs in der Rechtsprechung des Reichsgerichts festgestellt wurde, ist zu fragen, ob die weiteren Tatbestandsmerkmale "Wohl des Deutschen Reichs" (§ 92 RStGB) und "Interesse der Landesverteidigung" (§ 1 SpG) strafbarkeitserweiternd oder einschränkend wirkten.

(1) Rechtsprechung

Die reichsgerichtliche Rechtsprechung sah die Frage, was unter dem Wohl des Reichs zu verstehen sei, seit der Leitentscheidung des vereinigten 2. und 3. Strafsenats aus dem Jahre 1884 in ständiger Rechtsprechung als eine tatsächliche und nicht als eine rechtliche an.[512]

Eine Definition dessen, was unter dem Wohl des Reichs verstanden wurde, hat das Reichsgericht nur fragmentarisch vorgelegt und eine Art case-law hervorgebracht. In den hier zur Erörterung stehenden Urteilen haben die Senate des Reichsgerichts zahlreiche Sachverhalte als geheimhaltungsbedürftig im Sinne des Reichswohls angesehen, die gegen die Bestimmungen des Versailler Vertrages verstießen. Die Wiedergabe dieser Rechtsprechung in der Literatur war vollständig verzerrt. So ist etwa die Meinung vertreten worden, nach Ansicht des Reichgerichts seien Nachrichten über illegale Vorgänge nur dann geheimzuhalten, wenn der Reichsregierung der Vorwurf der Billigung gemacht wurde ("Billigungsrechtsprechung").

Ebermayer meinte im Jahre 1929, unter Bezugnahme auf die Urteile 6J30/23[513] und 7J63/25[514], und zwei weitere Fälle[515], daß nach der *neueren Rechtspre-*

---

512 RGSt 10, 420 (421); 61, 150 (151) st. Rspr.

513 Das Urteil gegen Steinicke E. I. 2.

chung die bloße Veröffentlichung geheimer Nachrichten zur Begründung des Landesverratsvorwurfs nicht genüge; vielmehr müsse der deutschen Regierung gleichzeitig der Vorwurf gemacht werden, sie wisse , dulde oder fördere Verletzungen des Versailler Vertrages[516]. *Reinhard Frank* schloß sich dieser Ansicht im Jahre 1931 mit der Formulierung, "der deutschen Regierung" müsse "der Vorwurf" der Duldung oder Begünstigung gemacht" werden, an.[517]

Diese - angebliche - neuere Rechtsprechung wurde von Reichsanwalt *Freiesleben* angegriffen. Es müsse genügen, wenn "höheren Behörden des Reichs oder eines Einzelstaats die Duldung (...), wenn auch nur stillschweigend nachgesagt wird, und bloß wenn nach der Veröffentlichung ersichtlich nur die Duldung (...) durch untergeordnete staatliche Organe in Betracht kommt oder gar" (eine ungesetzliche Maßnahme) "gegen den Willen der der Regierung behauptet wird, scheidet eine Bestrafung nach § 92 Abs. 1 RStGB aus."[518]

Meines Erachtens kam es aus Sicht der Senate überhaupt nicht darauf an, ob staatliche Stellen in die Verletzungen des Versailler Vertrages verwickelt waren oder nicht. Hier möchte ich nur das Urteil gegen Oehme in Erinnerung rufen, in dem der Senat ausführte, daß eine Geheimhaltungsbedürftigkeit der Nachricht auch nicht etwa deshalb zu verneinen sei, weil die Reichsregierung sich nach Oehmes Mitteilung scharf gegen die Verletzungen des Versailler Vertrages wende.[519].

Eine "Billigungsrechtsprechung" des Reichsgerichts hat es also in Wahrheit nicht gegeben.[520]

Daß von einer solchen Rechtsprechung ausgegangen wurde, mag an der seit Anfang der 20er Jahre hierüber bestehenden Kontroverse zwischen verschiede-

---

514 Das Urteil gegen Küster und Jacob-Salomon E. I. 4.

515 7J10/23 und 7J61/24, Akten zu diesen Verfahren konnten vom Verfasser im Bestand der Akten des Oberreichsanwalts nicht gefunden werden.

516 Ebermayer in: Leipziger Kommentar, § 92, Anm 4.

517 Frank, 18. Auflage, § 92, Anm.1.

518 Etwa Freiesleben, ZStW 45, 237 252); Frind, Der Landesverrat, S.48 schließt sich dem in einer Dissertation an.

519 Urt. v. 28. 8. 1923 - Az.: 7J69/23 (Oehme); a. A. Der Landesverrat in der Rechtsprechung des Reichsgerichts; ORA Generalia 31, S.53 f.

520 So auch Nielsen, Der sog. diplomatische Landesverrat, S.57.

nen Reichsministerien[521] liegen oder an einer in diese Richtung weisenden Passage im Fechenbach-Beschluß des 5. Strafsenats aus dem Jahre 1926.[522]

Während der Reichsminister der Justiz die Ansicht vertrat, daß Landesverrat nur vorliegen könne, wenn der Täter deutschen Behörden den Vorwurf machen wolle, daß sie ihre Pflichten zur Ausführung des Friedensvertrages vernachlässigten, meinte der Reichswehrminister daß Landesverrat immer schon dann zu bejahen sein könne, wenn das Ausland aufgrund der Mitteilung in irgend welcher Form Maßnahmen zum Schaden des Reichs ergreifen könne.

Die Ansicht des Reichswehrministers entsprach der vom Verfasser festgestellten Rechtsprechung des Reichsgerichts.

Entscheidend für ein Geheimhaltungsbedürfnis zum Wohle des Reichs war nach der reichsgerichtlichen Rechtsprechung alleine, ob Repressionen der ehemaligen Feindmächte zu erwarten waren.

Ob dies der Fall war, beantworteten die Strafsenate von Fall zu Fall in Abhängigkeit von den Sachverständigengutachten und den jeweils obwaltenden politischen Verhältnissen. Dies alleine war die Essenz der Rechtsprechung, nach der das Wohl des Reichs als eine tatsächliche und nicht als eine rechtliche Frage angesehen wurde.

Die Sicherheit des Reichs im Sinne des härter sanktionierten § 1 SpG wurde vom Reichsgericht in einem Urteil aus dem Jahre 1931 dann als berührt erachtet, wenn feindliche Nachrichtenstellen durch eine Mitteilung in den Stand gesetzt würden, ihre Agenten anzusetzen, und feindliche Heeresleitungen die Möglichkeit erhielten ihre Angriffs- und Abwehrmittel so zu ändern oder zu verstärken, daß die deutschen militärischen Maßnahmen in ihrer Wirkung reduziert würden.[523] Dies war nach einer Entscheidung aus dem Jahre 1930 aber auch bei jeder Mitteilung über die Herstellung von Kriegsmaterial zu bestimmter Zeit an einem bestimmtem Ort und bei der friedensvertragswidrigen Über-

---

521 Etwa Gutachten des Reichsministers des Inneren vom 9. 3. 1922, BA 43 I/556, S. 23 ff.

522 Beschl. v. 1. 11. 1926 - Az.: 7J73/26 (Fechenbach), S. 27: "Das Vorhandensein von Waffenlagern, das Bestehen von Selbstschutzverbänden und ähnlichen Vereinigungen sind in der Regel nur dann im Interesse des Reichswohls geheim zu haltende Tatsachen, wenn ausdrücklich oder stillschweigend der Vorwurf gemacht wird, daß die Regierung solche ungesetzlichen Zustände begünstige." In der mündlichen Urteilsbegründung zum Urt. v. 14. 3. 1928 - Az.: 7J63/25 (Küster und Jacob-Salomon), bei Grossmann, 13 Jahre republikanische Justiz, S. 70 f. wird ein ähnlicher Hinweis erteilt.

523 Urt. v. 23. 11. 1931 - Az.: 7J35/29 (Kreiser und von Ossietzky).

schreitung von Grenzen der Kriegsmaterialbeschaffung der Fall[524]. Hierin ist sicherlich eine Erweiterung des Anwendungsbereichs des Spionangegesetzes gegenüber dem milderen § 92 StGB zu erblicken. Im Jahre 1928 wurde vertragswidrige Truppenrüstung noch als nur zum Wohl des Reichs und nicht auch zu dessen Sicherheit geheimhaltungsbe-dürftig angesehen.[525]

Ferner judizierte der 4. Strafsenat im Jahre 1928, daß durch das SpG nicht die äußere Sicherheit des Reichs, sondern auch dessen Sicherheit an sich geschützt werde.[526]

Konsequenterweise kam es für § 92 StGB als lex generalis zum SpG[527] auf das innere *und* äußere Wohl des Reichs an. Die von § 92 StGB geschützten Rechtsgüter sind also nach der Rechtsprechung des Reichsgerichts mit äußerem und innerem Wohl des Reichs namhaft zu machen.

(2) Literaturmeinungen

Ein großer Teil der zeitgenössischen Literatur unter Einschluß des bereits öfter zitierten Reichsanwalts *Freiesleben*[528] versuchte Definitionen dessen, was unter dem Wohl des Reichs zu verstehen sei, zu erarbeiten.

Erstaunlich sind einige dieser Versuche - insbesondere in der Dissertationsliteraur - aus Sicht des Verfasser deshalb, weil der apokryphen Ansicht des Reichsgerichts, es handele sich bei der Frage des Wohls des Reichs um eine tatsächliche Frage und nicht um eine Rechtsfrage, zugestimmt wurde[529]. Diese Ansicht hätte - recht besehen - dazu führen müssen, ganz auf eine Definition des Reichswohls zu verzichten.

Die Kommentarliteratur nimmt das Problem der "tatsächlichen Frage" überhaupt nicht zur Kenntnis.[530] *Ebermayer* liefert, ohne den Ausdruck der "tat-

---

524 Urt. v. 23./24. 7. 1930 - Az.: 14aJ336/29 (Stibi).

525 Urt. v. 14. 3. 1928 - Az.: 7J63/25 (Küster und Jacob-Salomon).

526 Urt. v. 19./20. 6. 1928 - Az.: 13J107/26 (Gabel): "(...) Ist diese Voraussetzung aber gegeben (Geheimhaltungsbedürfnis im Interesse der Landesverteidigung -d.Verf.), so genügt die Verschaffung in der Absicht, sie zu irgendeiner, die Sicherheit des Reichs gefährdenden Mitteilung (also nicht bloß an den äußeren Feind) zu benutzen. (...)".

527 Etwa Urt. v. 23. 11. 1931 - Az.: 7J35/29 (Kreiser und von Ossietzky).

528 Freiesleben, ZStW 45, 236 (251).

529 Brauch, Der Landesverrat, S. 33; Eberbach, Geheimnisverrat, S. 28; Lenze, Landesverrat, S. 26; Nelsen, Der Landesverrat, S. 42.

sächlichen Frage zu verwenden, eine eigene Begriffsbestimmung. Er sah das Wohl des Reichs dann als betroffen an, wenn durch die Preisgabe des Geheimnisses die rechtliche oder politische Stellung des Reichs nachteilig beeinflußt werden könne; nicht genügend sei, daß bei anderen Regierungen unangenehme Empfindungen oder Verstimmungen hervorgerufen werden könnten.[531]

Auf dieser Linie lag auch die Mehrzahl der Autoren, die in der Zeitschrift "Die Justiz" ihre Stimme erhoben und die , wie *Ferdinand Friedensburg*[532,533] und Hermann *Kantorowicz*[534], dem liberalen oder pazifistischen Lager zuzurechnen waren.

Soweit ersichtlich, war es nur *Löwenthal*[535], *Radbruch*[536], *Lothar Schükking*[537], *Arthur Wegner*[538,539] und auch *Sinzheimer*[540] darum zu tun, die Geheimhaltung rechtswidriger Sachverhalte als niemals dem Wohl des Reichs dienlich auszuscheiden.

Ganz anders war die Haltung in den sehr einflußreichen Aufsätzen von *Freiesleben, v. Weber* und *van Calker*. [541]

---

530 Frank, 18. Auflage, § 92, Anm.1, befaßt sich überhaupt nicht mit dem Tatbestandsmerkmal; Lorenzen in: Olshausen, § 92 Anm. 4a), spricht ohne weiteres von der tatsächlichen Frage, ob ob die Mitteilung geeignet sei, das Wohl des Reichs zu gefährden.

531 Leipziger Kommentar, § 92, Anm. 6.

532 Friedensburg war Mitglied der DDP und zeitweilig Vize - Polizeipräsident von Berlin, GRG 9, S. 375.

533 Friedensburg, DJ I (1925/1926), 464 (471).

534 Kantorowicz, DJ II (1926/1927), 92 (98).

535 Löwenthal, DJ III (1927/1928), 120 (135).

536 Radbruch, DJ III (1927/1928), 103 (109).

537 Schücking, DJ III (1927/1928), 509 (515 f.); Kohlmann, Der Begriff des Staatsgeheimnisses, S. 110, FN 3 in Verbindung mit S. XXXIV gibt unzutreffend den Völkerrechtler Walter Schücking als Verfasser des Aufsatzes an. In Wirklichkeit stammt der Aufsatz von dessen Bruder, dem Strafverteidiger Lothar Schücking. Dieser gab allerdings Gedanken wieder, die Walter Schücking in einem Gutachten anläßlich des Verfahrens gegen Küster und Jacob-Salomon zum Ausdruck gebracht hatte.

538 bis 1934 o. Prof. für Strafrecht an der Universiät Breslau, nach Verhaftung und Verurteilung ist Wegner nach Kanada emigriert.

539 Wegner, Kriminelles Unrecht, Staatsunrecht und Völkerrecht, S. 78 ff.

540 Sinzheimer, DJ III (1927/1928), 196 (199 f.).

541 Der Münchener Strafrechtslehrer van Calker war nach Absprache mit der bayerischen Staatsregierung nichterrichterliches Mitglied des StaatsGH. Van Calcker war zunächst Mitglied der DNVP, wechselte aber nach dem Kapp-Putsch zur DVP, Hueck, Der StaatsGH, S. 100

Freiesleben kommt zu dem Ergebnis, daß ein Nachteil für das Reichswohl dann gegeben sei, wenn die Gefahr bestehe, daß fremde Staaten Anlaß zu Maßnahmen nähmen, die für das deutsche Reich nachteilig seien.[542] Eine Berücksichtigung der Gesetzwidrigkeit der bekanntgegebenen Nachrichten, lehnt er - wie selbstverständlich und unter Bezugnahme auf die Urteile des Reichsgerichts 7J63/21[543] und 7J69/23 (Oehme) - ab.

Der Jenaer Strafrechtsprofessor *v. Weber* ging demgegenüber soweit anzunehmen, daß der Begriff des Staatswohls von der Regierung bestimmt werde; in ihr erhielte der Wille des Volkes Form.[544] Auf die Gesetzmäßigkeit oder Gesetzwidrigkeit der mitgeteilten Tatsache komme es nicht an; und weiter wörtlich: " Soweit aber der Staat als Schutzobjekt im Strafrecht in Betracht kommt, tut er das niemals als Normkomplex, sondern als soziale Erscheinung. Nur in der "Seinsebene" ist er angreifbar und schutzwürdig."[545] Gleichwohl räumt er ein, daß die Entscheidung darüber, was im konkreten Fall Inhalt des Staatswohls sei, schwerfallen könne.[546]

Fritz van Calker[547] hat den Begriff des Wohls des Reichs vom Rechtsgut her definiert und so herausgearbeitet, daß "Wohl" nur im Sinne der äußeren Machtstellung des Reichs zu verstehen sei.

Die hiervon abweichende Rechtsprechung des Reichsgerichts[548] wurde in der Literatur einzig von *Schneidewin* zur Kenntnis genommen und mit deutlichen Worten abgelehnt: Es werde vom Reichsgericht etwas in das Gesetz hineingetragen, was seinem Zweck fremd sei.[549]

(3) Zusammenfassung und weitere Fragestellung

---

542 Freiesleben, ZStW 45, 236 (252).

543 Dieses Urteil erging am 6. Januar 1922 gegen Ludwig Hannemann, der das Vorhandensein von Selbstschutzverbänden an die Entente verraten hatte.

544 Von Weber in: Die Reichsgerichtspraxis im deutschen Rechtsleben Band V, S. 196.

545 Von Weber in: Die Reichsgerichtspraxis im deutschen Rechtsleben Band V, 173 (197).

546 Von Weber in: Die Reichsgerichtspraxis im deutschen Rechtsleben Band V, 173 (199).

547 Van Calker in: FG für v. Frank, 245 (260).

548 Urt. v. 19./20. 6. 1928 - Az.: 13J107/26 (Gabel).

549 Schneidewin in: Stenglein, 5. Auflage, § 1 SpG, zu Absatz.1, Anm. 6.

Besonders beachtenswert ist der ständig wiederkehrende Hinweis der Strafsenate, daß es sich bei der Frage, was unter dem Wohl des Reichs zu verstehen sei, um eine tatsächliche handele. Das Reichsgericht wollte damit sicherlich nicht zum Ausdruck bringen, daß das Wohl des Reichs kein Rechts-, sondern ein Tatsachenbegriff sei. Denn andernfalls wäre der Irrtum über die Reichweite des Reichswohls als Tatsachenirrtum unter § 59 RStGB gefallen und nicht als nach damaliger Rechtsprechung unbeachtlicher Rechtsirrtum[550] zu qualifizieren gewesen. Hier soll in Erinnerung gerufen werden, daß das Reichsgericht die Einlassungen der Angeklagten, sie hätten nicht geglaubt, dem Wohl des Reichs zuwider zu handeln, sondern ihm vielmehr zu nutzen mit dem Hinweis auf den unbeachtlichen Rechtsirrtum für irrelevant erachtete.[551]

Auch die angsprochenen Stellungnahmen von *Lorenzen*[552] und *Freiesleben*[553] geben keinen Aufschluß über die Bedeutung dieser Rechtsprechung.

Der Fechenbach-Beschluß des Reichsgerichts[554] und die in der von *Grossmann* überlieferten mündlichen Begründung des Urteils gegen Küster und Jacob-Salomon, illegale Aufrüstungsmaßnahmen seien in der Regel nur dann zum Wohle des Reichs geheim zu halten, wenn der Vorwurf staatlicher Billigung erhoben wurde, sind nicht nachvollziehbar. Denn diese Entscheidungen stützen sich auf das Urteil gegen Oehme. Dieses spricht jedoch eine deutlich andere Sprache: Oehme wurde verurteilt, obwohl er berichtet hatte, die Reichsregierung wende sich scharf gegen die Verletzung des Versailler Vertrages.

Nach Ansicht des Verfassers ging es den Richtern darum, sich nicht in ein begriffliches Korsett strafrechtlicher Definitionen und entsprechender Subsumtionspflicht zu begeben. Eine solche Vorgehensweise war nur möglich, weil die Strafsenate Tatsacheninstanz und zugleich letzte Instanz waren und ihre Urteile keiner rechtlichen Überprüfung mehr zugänglich waren. Auch vor detaillierter Kritik in der Literatur waren die Senate gefeit, weil die Urteile allenfalls fragmentarisch veröffentlicht wurden.

---

550 Nachweise in Leipziger Kommentar, § 59, Anm. 7 b).

551 ORA 6J30/23, Urt.v.27.3.1924 (Steinicke); ORA 7J137/26, Urt.v.15.3.1927; ORA 7J35/29, Urt.v. 23. 11. 1931 (von Ossietzky und Walter Kreiser).

552 Lorenzen in: Olshausen, § 92 Anm. 4a).

553 Freiesleben, ZStW 45, 236 (251).

554 Beschl. v. 1. 11. 1926 - Az.: 7J73/26.

Nicht zutreffend erscheint mir daher das in *Günter Kohlmanns* ansonsten sehr reichsgerichtskritischen Abhandlung gewählte Bild vom Gericht, dem auch sonst vielfach derartige Aufgaben vom Gesetz aufgebürdet würden[555].

Durch den Verzicht auf Definitionen eröffneten sich Wertungsspielräume, die mit denen korrelieren, die *Gerhard Pauli* als Beitrag zu einer seit der Jahrhundertwende ständig erstarkenden Richtermacht in Verbindung gebracht hat[556].

Daß ein derartiges Ermessen angestrebt war, ergibt sich auch daraus, daß die Senate Rechtsprechung des Reichsgerichts nach Belieben herangezog. Im Fechenbach-Beschluß etwa nimmt der 5. Strafsenat das Urteil des Feriensenats im Fall Oehme[557] für die angebliche Rechtsprechung in Anspruch, daß die Gefährdung des Reichswohls durch Veröffentlichung von Ungesetzlichkeiten in der Regel einen Duldungsvorwurf an die Reichsregierung voraussetze.[558] Das Gegenteil war der Fall: Zwar wurde Oehme wegen eines Tatkomplexes freigesprochen, in dem es Vorwürfe gegen nachgeordnete Amts- und Kommandostellen ging; insgesamt aber wurde er verurteilt, obwohl er ausführte, die Reichsregierung mißbillige die illegale Aufrüstung.

Auch das von § 92 StGB nach ganz herrschender Meinung in der Literatur zu schützende Rechtsgut, die äußeren Beziehungen des Staates[559], wird relativiert: Es genüge, wenn irgendeine Gefährdung der Sicherheit des Reichs beabsichtigt sei[560]. Hierzu nahm das Reichsgericht den Umweg über das Spionagegesetz.

Die Vorschrift des § 1 Abs. 2 SpG setzte mit dem Tatbestandsmerkmal "Gefährdung der Sicherheit des Reichs" ein Korrektiv zum weiten Begriff des "Interesses der Landesverteidigung". Durch dieses Tatbestandsmerkmal wurde die Spionage zum konkreten Gefährdungsdelikt erhoben[561] um gesetzlich zu verhindern, daß jede abstrakte Beeinträchtigung der Interessen der Landesverteidigung eine Strafbarkeit wegen Spionage begründet.

---

555 Kohlmann, Der Begriff des Staatsgeheimnisses, S. 105.

556 Pauli, Die Rechtsprechung des Reichsgerichts, S. 175; eine vergleichare Entwicklung im Zivilrecht verneint Klemmer, Gesetzesbindung, 437 ff..

557 Urt.v. 28. 8. 1923 - Az.: 7J69/23 (Oehme), vgl. sub I. 1.

558 Beschl. v. 1. 11. 1926 - Az.: 7J73/26 (Fechenbach).

559 Zusammenfassend, Frind, Der Landesverrat, S. 7 ff.

560 Urt. v. 19./20. 6. 1928 - Az.: 13J107/26 (Gabel).

561 Schneidwin in: Stenglein, 5. Auflage, § 1 SpG, zu Absatz.1, Anm. 6; zur zeitgenössischen Unterscheidung zwischen abstraktem und konkretem Gefährdungdelikt, vgl. Binding, Normen, S. 45 ff.; M. E. Mayer, AT, S. 129.

Dieses Tatbestandsmerkmal ist in der Rechtsprechung des Reichsgerichts[562] jedoch in einem völlig anderen Zusammenhang berücksichtigt worden: Das "Interesse der Landesverteidigung" betreffe zwar nur den äußeren Feind, die "Gefährdung" habe aber Gefahren aller Art im Auge. Hierdurch setzte das Reichsgericht ein sicheres Abgrenzungskriterium zum Tatbestand des Hochverrats, der Herrscher, Gebiet und Verfassung des Reichs[563] zu schützen bestimmt war, aufs Spiel. Bei einer derartig weiten Fassung der Begriffe Staatswohl und Sicherheit des Reichs mußten die Grenzen des Tatbestandsmerkmals durch Abwägung des durch die Veröffentlichung angegriffenen Interesses der äußeren oder inneren Sicherheit einerseits und der Rechtmäßigkeit staatlichen Handelns und einer verantwortungsbewußten Außenpolitik des Reichs andererseits abgesteckt werden.[564] Dementsprechend vertrat der Feriensenat des Reichsgerichts in einem Urteil aus dem Jahre 1923 den Standpunkt, daß, gerade wenn das Staatswohl oberstes Gesetz und Richtschnur sein solle, gewissenhaft und ohne parteipolitische Voreingenommenheit geprüft werden müsse, welches Interesse im Einzelfalle das schutzbedürftigere und schutzwürdigere sei.[565]

F. C. Schroeder hat darin in neuerer Zeit ein "staatstheoretisches Problem" gesehen.[566] Das ist genauso richtig wie vereinfachend. Diese Ansicht übersieht meines Erachtens, daß nach Problemlösungsmöglichkeiten im Strafrecht zu suchen ist, bevor eine strafrechtsdogmatische Ausweglosigkeit angenommen wird. Mit der von *Schroeder* geäußerten Ansicht wird die Haltung des Reichsgerichts weite Wertungsspielräume unter Hintanstellung präziser Subsumtion zu eröffnen, gerechtfertigt. Auf eine Abwägung der benannten Interessen im objektiven Tatbestand hat das Reichsgericht verzichtet. Dies wäre nur bei anderweitig nachvollziehbarer Abwägung vertretbar. Ob eine solche Praxis feststellbar ist, sollen die folgenden Ausführungen klären.

---

562 Urt. v. 19./20. 6. 1928 - Az.: 13J107/26 (Gabel).

563 Von Weber in: Die Reichsgerichtspraxis im deutschen Rechtsleben Band V, S. 180.

564 Zu diesem Ergebnis gelangt auch v. Weber in: Die Reichsgerichtspraxis im deutschen Rechtsleben Band V, S. 199.

565 Urt. v. 28. 8. 1923 - Az.: 7J69/23 (Oehme).

566 Schroeder, Der Schutz von Staat und Verfassung, S. 133.

cc) compensatio lucri cum damno

Diese aus dem Zivilrecht stammende Rechtsfigur[567] ist vom Reichsgericht in Landesverratssachen, wie oben erwähnt[568], in zwei Fällen zur Anwendung gebracht worden[569].

(1) Rechtsprechung des Reichsgerichts

Im ersten Fall, einem Urteil aus dem Jahre 1916, führte der vereinigte 2. und 3. Strafsenat aus:

> " (...) Wenn er (der Angeklagte Possehl) sich bei dieser Sachlage dafür entschied, selbst auf die Gefahr hin, daß dadurch gewisse Mengen zu Kriegszwecken verwendbaren Stahles nach Rußland kamen, so war eine hierdurch etwa eingetretene Förderung des russischen Kriegsunternehmens immerhin wesentlich geringer, als sie gewesen wäre, wenn eine Einstellung des Betriebs die Werke alsbald in die Hände der russischen Regierung überliefert und es dieser ermöglicht hätte, die Anlagen zur Herstellung von Kriegsbedürfnissen zu verwenden. Daher kann hier keine Rede davon sein, daß Possehl durch sein Verhalten der feindlichen Macht Vorschub geleistet hat. (...) "

Der zweite Fall betraf den Reichspräsidenten Friedrich Ebert, den der 1. Strafsenat im Rahmen eines Beleidigungsstrafverfahrens gegen einen Redner[570] implizite vom Vorwurf des landesverräterischen Vorschubleistens durch Teilnahme an einem Munitionsarbeiterstreiks freisprach.[571] Der Senat führte aus[572]:

---

567 Oertmann, Vorteilsausgleichung, S.1 ff.

568 Vgl. (E5), S. 57 f.

569 Urt. v. 5. 4. 1916 - Az.: II 638/16 (Possehl und Hersen);
Urt. v . 20 .10. 1931 - Az.: I 426/31 = RGSt 65, 422 (Ebert).

570 Über die Person des Verurteilten schweigt der Analytiker der Ebert-Entscheidung, Miltenberger, Der Vorwurf des Landesverrats gegen Ebert, S. 14 f. leider. Es handelt sich wohl nicht um Rothardt, der vor dem Magdeburger Schöffengerichts seinerzeit von Luetgebrune verteidigt wurde (NL Luetgebrune, Aktenstück 14). Nach Kaul, Pitaval, S. 141, soll es sich um Dr.Ganser, ein Mitglied der rechtsextremen Deutsch-Völkischen Partei gehandelt haben.

571 Miltenberger, Der Vorwurf des Landesverrats gegen Ebert, passim.

572 RGSt 65, 422 (432).

" (...) Gelingt in solchem Falle die Abwendung des größeren Nachteils, dann ist durch das einheitlich zu beurteilende Gesamtverhalten - im Hinblick auf die hierdurch bewirkte compensatio lucri cum damno - schon der äußere Tatbestand des Landesverrats wegen des Mangels des Merkmals der Nachteilszufügung nicht erfüllt. (...) "

In beiden Fällen hatte das Reichsgericht das Vorliegen einer Nachteilszufügung verneint, weil die Vorteile, die durch die prima facie tatbestandsmäßige Handlung bewirkt wurden, bei Gesamtbetrachtung den Nachteil aufhoben. In den Verfahren wegen publizistischen Landesverrats hat das Reichsgericht diese Rechtsfigur nicht zur Anwendung gebracht.

(2) Literaturmeinungen

Wie *Miltenberger* festgestellt hat, wurde der reichsgerichtlichen Rechtsprechung zur compensatio lucri cum damno in der Literatur zunächst ausschließliche Zustimmung zuteil;[573] schon vor dem Ebert-Urteil, aber anläßlich des Beleidigungsprozesses, der diesem zugrundelag, führte etwa *Dohna*[574] aus, daß eine Handlung, die geeignet ist, das durch die Strafnorm geschützte Rechtsgut zu erhalten oder zu fördern, nicht der Norm widerstreiten könne, die dieses Rechtsgut zu schützen berufen sei.[575] Kritik erfuhr die Rechtsprechung erst während der NS-Zeit.[576] *Matl* etwa redete in einer juristischen Dissertation aus dem Jahre 1937 in Verkennung der Haltung des Reichsgerichts von einem "Symptom für den Einfluß, den die destruktive, marxistische Weltanschauung auf die Rechtsprechung des Gerichts zu gewinnen" drohe[577]. Soweit ersichtlich waren es nur *Max Alsberg*[578] und *Gustav Radbruch*[579], die versuchten, die compensatio lucri cum damno auch für den publizistischen Landesverrat fruchtbar zu machen.

Radbruch war vor der Ebert-Entscheidung des Reichsgerichts unter Bezugnahme auf das Urteil aus dem Jahre 1884 in der Strafsache Possehl und Hersen der Ansicht, daß das, was bei der Auslegung des § 89 StGB recht sei, bei der Auslegung des § 92 StGB billig zu sein habe. *Alsberg* stellt in seiner Anmerkung zur Ebert-Entscheidung auf den Vorsatz ab, der demjenigen fehle, der den zunächst erzielten Erfolg nicht will und dessen von vornherein geplantes weiteres Handeln den primären Erfolg vernichten soll. Dies bedeutet wohl, daß derjenige, dessen weiteres, von vornherein geplantes Handeln den zunächst erzielten Erfolg vernichtet, den objektiven Tatbestand des Delikts nicht verwirklicht. Für

---

573 Miltenberger, Der Vorwurf des Landesverrats gegen Ebert, S. 48, FN 150. Davon zu unterscheiden ist die Zustimmung eines, wenn auch marginalen Teils der Lehre zum Ausgangsurteil des Magdeburger Schöffengerichts, den Göler v. Ravensburg, Der Landesverrat, S. 81, zu Unrecht als "Mehrheit der Wissenschaftler" bezeichnet. Dem Urteil des Magdeburger Schöffengericht zugestimmt haben nach Miltenberger, Der Vorwurf des Landesverrats gegen Ebert, S. 13, FN 35 und 36 nur Traeger und Kohlrausch. Eine weitere Ausnahme ist die Arbeit von Zelt, Der militärische Landesverrat, S. 51 f., die sich aber mit dem Nachteilsbegriff, also der Frage des objektiven Tatbestandes, nicht befaßt.

574 Zur Person: Escher, Neukantianische Rechtsphilosophie, S. 19 ff.; zum Fall Ebert, S. 32 f.

575 Dohna, DJZ 1925, 146 (148).

576 Miltenberger, Der Vorwurf des Landesverrats gegen Ebert, S. 48, FN 151.

577 Matl, Die Entwicklung, S. 56.

578 Alsberg, JW 1932, 408, Anmerkung zu RGSt 65,422; auf diese Veröffentlichung nimmt Alsberg in seinem Gnadengesuch vom 13. Februar 1932 in der Strafsache gegen von Ossietzky Bezug (ORA 7J35/29).

579 Radbruch, DJ III (1927/1928), 384 (384 f.).

eine solche Würdigung der Ausführungen *Alsbergs* spricht dessen Vorbringen im Gnadengesuch für Carl von Ossietzky, daß sowohl der objektive als auch der subjektive Tatbestand danach zu untersuchen sei, ob nicht eine compensatio lucri cum damno vorliege[580].

(3) Zusammenfassung

Daß der Weg der compensatio lucri cum damno vom Reichsgericht in den Fällen publizistischen Landesverrats nicht gegangen wurde, ist in Ansehung der Erweiterung des Rechtsguts der §§ 92 RStGB und 1 SpG durch das Urteil aus dem Jahre 1928[581] verwunderlich. Nachzuvollziehen wäre dieser Standpunkt dann, wenn das Reichsgericht, der Literatur folgend, nur das äußere Wohl des Staates als durch die genannten Vorschriften geschützt angesehen hätte. Denn in diesem Falle hätte eine Kompensation der Gefährdung des äußeren Wohls des Reichs mit Vorteilen für dessen innere Sicherheit, etwa Abwendung eines Putsches durch Veröffentlichungen [582], nicht erfolgen können. Daß die Rechtsfigur aber bei Veröffentlichungen, die à la longue der Sicherheit des Reichs hätten dienen können[583], wie etwa im Verfahren gegen Kreiser und von Ossietzky, keine Anwendung gefunden hat, ist dogmatisch nicht zu erklären.

Zusammenfassend muß die Rechtsprechung des Reichsgerichts zur Anwendung der compensatio lucri cum damno in Landesverratsfällen als inkonsequent bezeichnet werden. Die Schlüsselentscheidung, die das durch das SpG geschützte Rechtsgut erweiterte, hat keine systematischen Fortschritte erbracht, es dem Senat aber bei der Gesamtstrafenbildung im Einzelfall ermöglicht, auf den im Vergleich zu den Vorschriften des RStGB höheren Strafrahmen des SpG zurückzugreifen.

dd) Art. 118 WRV und "Einheit der Rechtsordnung"

Sowohl *Löwenthal*[584] als auch die Verteidiger Küsters und Jacob-Salomons, *Schücking* und *Levi*, bemühten, wie bereits ausgeführt, Art. 118 WRV (Meinungs- und Pressefreiheit) und den Begriff der Einheit der Rechtsordnung, um die Aufdeckung und Veröffentlichung illegaler Staatgeheimnisse zu rechtfertigen. Begrifflich muß ergänzt werden, daß sich weder die Verteidigung noch das

---

580 ORA 7J35/29.

581 Urt. v. 19./20. 6. 1928 - Az.: 13J107/26 (Gabel).

582 Urt.v. 28. 8. 1923 - Az.: 7J69/23 (Oehme).

583 Radbruch, DJ III (1927/1928), 384 (384 f.).

584 Löwenthal, DJ III (1927/1928), 120 (135).

Reichsgericht bemüht haben, diese Argumentationstopoi in den Verbrechensaufbau einzugliedern. Nach Ansicht des Verfassers wäre die Frage zu stellen gewesen, ob Art. 118 WRV, der Versailler Friedensvertrag und die strafbewehrten Verbotsgesetze zur Auslegung des Begriffs "Wohl des Reichs" oder "Interesse der Landesverteidigung" heranzuziehen waren.

Hinsichtlich des Art. 118 WRV vertrat das Reichsgericht den der herrschenden Meinung entsprechenden Standpunkt, daß es sich bei Strafgesetzen, also auch bei § 92 StGB um allgemeine Gesetze im Sinne von Art. 118 Abs. 1 WRV handelte.[585] Denn diese Vorschrift richtete sich nicht gegen eine bestimmte Meinung als solche, indem sie deren Äußerung und Verbreitung untersagte.[586] Die "grundrechtskonforme Auslegung" einfachen Rechts ist eine Erkenntnis neueren Datums[587], die in der Ausprägung, die sie unter dem Bonner Grundgesetz gefunden hat, im Untersuchungszeitraum nicht vertreten wurde. Zu einem anderen Ergebnis hätte nur *Smends* Ansicht führen können, daß unter allgemeinen Gesetzen solche zu verstehen seien, deren Schutzgut wichtiger ist als die Meinungsfreiheit.[588] Abgesehen davon, daß diese Ansicht als Mindermeinung zu bezeichnen war, erscheint es unwahrscheinlich, daß ein Strafsenat des Reichsgerichts auf die Meinung verfallen wäre, der Meinungsfreiheit einen höheren Rang als der Sicherheit des Reichs einzuräumen. Davon zu unterscheiden ist die von *Gusy*[589] meines Erachtens zu Recht bejahte politische Frage, ob die Einschränkung der öffentlichen Meinung durch die Rechtsprechung des Reichsgerichts ein Grundelement der demokratischen Republik tangierte. Zur Auslegung des Begriffs "Wohl des Reichs" konnte Art. 118 WRV jedoch nach damaliger, herrschender Rechtsansicht[590] nicht beitragen.
Die Frage, ob der topische Begriff "Einheit der Rechtsordnung" herangezogen werden konnte, ist bis heute unbeantwortet. *Wegner* hat als Einzelstimme in der

585 RGSt 62, 65 (67).

586 Anschütz, Die Verfassung des Deutschen Reichs, S. 554, m. w. N.

587 Seit dem Lüth-Urteil vom 15. Januar 1958 st. Rspr. des BVerfG, BVerfGE 7, 198 (205).

588 Smend, VVdStRL 1928, 44 (50); Vgl. auch Smend, Verfassung und Verfassungsrecht, S. 260 ff., Stolleis in: Benz/Graml (Smend) vertritt die Ansicht, daß Smends Interpretation des Rechts der freien Meinungsäußerung als Abwägung der durch die Meinungsäußerungsfreiheit sowohl geschützten als auch bedrohten Werte bis heute die Auslegung des Art. 5 GG bestimmten.

589 Gusy GA 1992, 195 (202); in die gleiche Richtung weist Kohlmann, Der Begriff des Staatsgeheimnisses, S. 107 unter Berufung auf Max Weber, wenn er sagt, daß die reichsgerichtliche Rechtsprechung Konsequenzen nach sich ziehen könne, die mit den Prinzipien eines freiheitlichen demokratischen Staatswesens nicht vereinbar seien.

590 Überblick über die herrschende Meinung bei Carl Schmitt, Verfassungslehre. S. 166 ff. und zur neuen Bedeutung der Grundrechte aus Sicht der „geisteswissenschaftlichen Staatsrechtslehre“, Tanner, Die fromme Verstaatlichung, S. 134 ff.

Literatur vertreten, daß der (völker-) rechtswidrige Wille des Staates keine Staatsgeheimnisse begründen könne.[591] In den vorliegenden Fällen ging es jedoch nicht um den Begriff des Staatsgeheimnisses, sondern um die Frage, ob auch rechtswidrige Sachverhalte zum Wohl des Reichs geheimzuhalten waren. Zwar war die Verletzung des Versailler Vertrages durchaus als völkerrechtliches Delikt aufzufassen[592], doch wurde selbst von *Wegner* nicht vertreten, Völkerrecht habe Auslegungskriterium einfachen Rechts sein können. Er ließ die Frage, ob das Primat des Völkerrechts eine Rolle spiele, ausdrücklich dahinstehen. Es wäre unhistorisch, daraus eine damals vertretene Rechtsansicht abzuleiten.

Eine Entscheidung des *Reichsarbeitsgerichts* aus dem Jahre 1930 nimmt allerdings im Zusammenhang mit dem Verrat von Betriebsgeheimnissen, § 17 UWG, an, daß eine illegale Handlung nicht als Geschäftsgeheimnis angesehen werden könne.[593] Hieraus ist im Jahre 1931 abgeleitet worden, daß ein Geschäftsgeheimnis nur dann vorliegen könne, wenn sich sich der Geschäftsinhaber dessen befugterweise bediene.[594] In neuerer Zeit ist diese Entscheidung von *Geilen* dahin interpretiert worden, daß es nach Ansicht des Reichsarbeitsgerichts ein Selbstwiderspruch der Rechtsordnung sei, dem Unternehmer ein Strafgesetz zur Verdeckung unlauterer Handlungen zur Verfügung zu stellen.[595] Dennoch dürfte die Entscheidung zu einzelfallbezogen und zu knapp sein, um daraus den allgemeinen Rechtssatz abzuleiten, illegale Staatsgeheimnisse verdienten nicht den Schutz der Rechtsordnung. Darüber hinaus hat das Reichsarbeitsgericht zur Stützung seiner Rechtsansicht zwei Hilfsbegründungen angefügt, nämlich daß die Weitergabe von Nachrichten über strafbare Handlungen an die zuständige Behörde nicht unbefugt im Sinne des § 17 UWG sei, und daß die Tatsachen weder zu Zwecken des Wettbewerbs noch in schädigender Absicht mitgeteilt worden seien.[596]

Nach den damals vertretenen Ansichten konnte deshalb weder aus dem Grundrecht auf Meinungsfreiheit noch aus dem Vorrang des Völkerrechts und schließlich auch nicht aus dem Begriff "Einheit der Rechtsordung" geschlossen

---

591 Wegner, Kriminelles Unrecht, Staatsunrecht und Völkerrecht, S. 78.

592 Von Münch, Das völkerrechtliche Delikt, S. 86.

593 RAG, JW 1931, 490 (491).

594 Baum, JW 1931, 490 (90).

595 Geilen in: KölnKom, § 404, RN 42.

596 RAG, JW 1931, 490 (491).

werden, daß ein illegales Geheimnis kein Geheimnis im Sinne der Vorschriften des RStGB und des SpG sei.

b) Rechtswidrigkeit

Hinsichtlich der Rechtswidrigkeit publizistischen Landesverrats sind zwei Rechtsinstitute, die im Untersuchungszeitraum geschaffen wurden, von besonderer Bedeutung: Staatsnothilfe[597] und übergesetzlicher Notstand[598].

Die Darstellung der reichsgerichtlichen Urteile zum publizistischen Landesverrat hat bereits gezeigt, daß das Reichsgericht keinen der beiden Rechtfertigungsgründe zu Gunsten der Redakteure bejaht hat. Gleichwohl muß die Frage, ob diese Rechtsinstitute hätten Anwendung finden können beantwortet werden. Denn nur so kann festgestellt werden, ob die Redakteure hinsichtlich der Rechtswidrigkeit ihrers Tuns, gemessen an der Normlage, vom Reichsgericht benachteiligt worden sind. Um dies zu ermöglichen, werden die Anwendungsbereiche von Staatsnotwehr und übergesetzlichem Notstand - Fememorde und ärztliche Schwangerschaftsabbrüche - näher betrachtet.

aa) Staatsnothilfe

Bei der Staatsnothilfe handelte es sich um eine Rechtsfortbildung, die im Zusammenhang mit dem hochverräterischen Unternehmen des Kapp-Putsches im Jahre 1920[599] und den sogenannten Fememorden[600] Bedeutung in der Rechtsprechung der Strafsenate des Reichsgerichts erlangte.

Die Fememorde waren Akte der Lynch- und Selbstjustiz innerhalb der Angehörigen der "Schwarzen Reichswehr.[601]

Die Rechtsfrage lautete, ob tatbestandsmäßiges Handeln des Einzelnen unter dem Gesichtspunkt einer Nothilfe zugunsten des Staates durch § 53 RStGB gerechtfertigt sein könne. Erstaunlich ist, daß der Begriff der Staatsnothilfe soweit ersichtlich nur von *Gustav Radbruch* und von ihm auch eher spöttisch mit

---

597 Zusammenfassend Schubert, Staatsnothilfe, passim.

598 Zusammenfassend Wachinger in: Festgabe für Frank, Bd. I, S. 469 ff.

599 RGSt 56, 259; zu den damaligen Vorgängen, vgl. Huber, Deutsche Verfassungsgeschichte, VII, S. 44 ff..

600 RGSt 63, 215; 64, 101.

601 Vgl. dazu umfassend, Nagel, Fememorde, passim.

dem publizistischen Landesverrat in Zusammenhang gebracht wurde.[602] Nach Ansicht des Verfassers lag es durchaus nahe, auch bei publizistischem Landesverrat zu prüfen, ob die verfolgten Journalisten nicht die Absicht hatten, staatliche Illegaliäten abzustellen und so dem gefährdeten Staat durch die inkriminierte Veröffentlichung Nothilfe zu leisten.

Eine intensive Diskussion des Problems der Staatsnothilfe fand erst im Zusammenhang mit den Fememorden, die Mitte der 20er und Anfang der 30er Jahre zur Aburteilung standen, statt. Die Diskussion wurde zunächst in der Presse geführt.[603] Zwar hatte sich bereits vorher die Frage gestellt, ob der sich gegen den Kapp-Putsch richtende Generalstreik, der überwiegend als objektiv strafrechtswidrig angesehen wurde[604], durch Staatsnotwehr gerechtfertigt hätte sein können. Dieses Problem hat auf dem Amnestiewege Erledigung gefunden[605], so daß eine obergerichtliche oder gar reichsgerichtliche Entscheidung nicht erforderlich wurde.[606] Einer derartigen Entscheidung hätte auch die sondergerichtliche Zuständigkeit entgegengestanden.[607] Daß das Thema der Staatsnothilfe erst im Zusammenhang mit den Fememordprozessen in den Mittelpunkt des Interesses rückte, dürfte zwei Gründe haben: Amnestieforderungen zu Gunsten der Fememörder wurden seit Dezember 1927 aus Kreisen des "Stahlhelm" sehr laut erhoben.[608] Auch die maßgeblichen Verteidiger der Fememörder, die

602 Radbruch, DJ V (1929/1930), 125 (127).

603 Die Diskussion wurde in der Weltbühne aufgeworfen und setzte im politisch rechten Lager erst mit der Amnestiedebatte ein.

604 Von Campe, DJZ 1920, 486, Rechtswidrigkeit bejahend; Hartung, JR 1931, 61 (63) unter Berufung auf die Stellungnahme des preußischen Justizministers aaO. aus subjektiven Gründen verneinend.

605 § 1 Abs. 1 des Gesetzes über die Gewährung von Straffreiheit vom 4. 8. 1920, RGBl. I, S. 1487. Amnestiert wurden auch Angehörige der "Roten Armee", die zur Niederwerfung des Kapp-Putsches vornehmlich im Ruhrgebiet entstanden war und nach Ende des Umsturzversuches weiterkämpfte, Christoph, Die politischen Reichsamnestien, S. 54 f.

606 Keine Ausnahme bildet das umstrittene Urteil des Reichsversorgungsgerichts, RVersGE IV, 232, zitiert nach Hannover/Hannover, Politische Justiz, S. 80 ff. worin es um die Zubilligung einer Hinterbliebenen-Rente an die Witwe eines Drehers ging, der bei Kämpfen im Zuge des Kapp-Putsches ums Leben gekommen war. Der Dreher hatte geglaubt, durch einen vorgeblichen Aufruf der Reichsregierung zur Teilnahme an Abwehrkämpfen gegen die Kapp - Putschisten aufgefordert zu sein. Das Urteil erwähnt die Staatsnotwehr jedoch nicht und kann deshalb für diese Frage nicht herangezogen werden; a. A. Böttger, Hochverrat, S. 192.

607 Christoph, Die politischen Reichsamnestien, S. 60 ff.

608 Zum Stahlhelm - Amnestieaufruf vom Dezember 1927, vgl. Christoph, Die politischen Reichsamnestien, S. 238 ff.

Rechtsanwälte *Grimm, Luetgebrune*[609] und *von der Goltz* waren sehr aktiv. Insbesondere *Grimm*[610] und *Luetgebrune*[611] und in Maßen auch *von der Goltz*[612] sind im Untersuchungszeitraum publizistisch in Erscheinung getreten. *Grimm* hat sich, nachdem die reichsgerichtliche Rechtsprechung, die die Staatsnothilfe grundsätzlich anerkannte, nicht zu den gewünschten Erfolgen führte, vehement für eine Amnestie der Fememörder eingesetzt.[613] Der zweite Grund ist sicherlich darin zu sehen, daß die Fememörder, anders als etwa die Putschisten oder gar die Streikteilnehmer, die Todesstrafe wegen Mordes zu gewärtigen hatten. Diesen Fällen wurde schon aus diesem Grunde größeres öffentliches Interesse zuteil.

Die zeitgenössische Auseinandersetzung über die Staatsnothilfe kann nur angerissen werden, wobei eine begriffliche Klarstellung notwendig ist: Staatsnothilfe im hier zu behandelndem Kontext steht in keinem unmittelbaren Zusammenhang mit dem Begriff des Staatsnotstands, auf den sich der 4. Strafsenat in der mündlichen Begründung zum Urteil gegen Kreiser und von Ossietzky zur Rechtfertigung von staatlichen Aufrüstungs-Illegalitäten berufen hat[614].

Es bleibt zu fragen, ob nach damaliger Rechtsprechung und Literatur der Rechtfertigungsgrund der Staatsnothilfe hätte Anwendung finden können.

(1) Ansichten des Reichsgerichts

Im erstinstanzlichen Urteil des vereinigten 2. und 3. Strafsenats vom 21. Dezember 1921[615] wurde die Ansicht der angeklagten Kapp - Putschisten, sie könnten sich auf Notwehr oder doch vermeintliche Nowehr berufen, als rechtsunerheblich zurückgewiesen; denn jedenfalls hätte ein Wille zur Verteidigung der Reichsverfassung gegen wirkliche oder vermeintliche Angriffe durch die Regierung gefehlt. Kapp, Lüttwitz und den Helfershelfern sei es darauf ange-

---

609 Walter Luetgebrune * 18.2.1879 in Ehrentrug, Rechtsanwalt in Göttingen. Nachlaß im Bundesarchiv Koblenz.

610 Grimm hat, ebenso wie Luetgebrune, auch seine juristischen Stellungnahmen als Verteidiger veröffentlicht. Oberleutnant Schulz, Femeprozesse und schwarze Reichswehr; Vom Ruhrkrieg zur Rheinlandräumung; Zeugenaussagen und Verteidigungsrede; Urteil und Revisionsrechtfertigung; Rechtsgutachten; Antrag auf Begnadigung; Eingabe.

611 Wahrheit und Recht; Antrag und Begründung.

612 Tribut-Justiz (1932), S. 32 ff.

613 Christoph, S. 286 ff.

614 Ingo Müller in: FS für Richard Schmid, 297 (315), dort FN 61 unter Verweis die stenographische Mitschrift der Berïndung durch Rechtsanwalt Dr. Apfel; vgl. E (57), (76).

615 RGSt 56, 259 (Kapp-Putsch).

kommen, die Reichsverfassung zu stürzen. Deshalb könne dahingestellt bleiben, ob ein Staatsnotwehrrecht des Bürgers gegenüber einer Verfassungsverletzung überhaupt anzuerkennen, und ob das Eingreifen eines bewaffneten Truppenkörpers nicht weit über das erforderliche Maß zur Abwehr hinausgegangen wäre.[616]

In einem Revisionsurteil vom 8. Mai 1929 wandte sich der 2. Strafsenat in einem Fall, in dem es um den Fememord an Oberfeldwebel Willy Legner ging[617], gegen die Auffassung des Schwurgerichts Berlin und führte aus, daß es auch ein Notwehrrecht des einzelnen Staatsbürgers gegenüber rechtswidrigen Angriffen auf die Lebensinteressen des Staates gäbe.[618] Im zur Beurteilung stehenden Fall sei jedoch die Tötung des Verräters zur Abwendung des Angriffs nicht erforderlich gewesen, weil ein weniger schwer treffendes Mittel, nämlich seine Festsetzung und Überwachung, auch zum Erfolg geführt hätte.[619]

In einem weiteren Revisionsurteil vom 3. April 1930 in dem der Fememord an Fritz Beyer[620] behandelt wurde, hob der 3. Strafsenat das freisprechende Urteil des Schwurgerichts Schwerin auf und führt aus: Weil es an der Gegenwärtigkeit des Angriffs gefehlt habe, könne unerörtert bleiben, ob der einzelne Staatsbürger uneingeschränkt berechtigt sei, unter Ausschaltung der an sich zum Schutz des Staates berufenen Organe Notwehr zu Gunsten des Staates auszuüben; ebenso könne unerörtert bleiben, ob die Annahme des Schwurgerichts, daß der Angeklagte die Tötung für erforderlich gehalten habe, weil er "aus seiner Mentalität heraus", aus Mangel an Vertrauen in die Organe des Staates, einen anderen Weg als die Tötung nicht gesehen habe, rechtlich zutreffe.[621] Dem lag zugrunde, daß das Schwurgericht Schwerin nach Bejahung einer Putativnotwehr den Vorsatz nach § 59 RStGB verneint hatte und nur die Voraussetzungen fahrlässiger Tötung zu bejahen bereit war; diese sei jedoch durch das Straffrei-

---

616 RGSt 56, 259 (268).

617 Informationen über den Sachverhalt, die Beschuldigten und das Opfer, sowie den Verfahrensablauf sind bei Nagel, Fememorde, S. 63 f. und S. 265 ff. zu finden.

618 RGSt 63, 215 (220).

619 RGSt 63, 215 (221); dieser Ansicht widerspricht Grimm, DJ V(1929/1930), 329 (331).

620 Angaben über den Sachverhalt, die Beschuldigten, deren Opfer sowie über den Ablauf des Verfahrens finden sich bei Nagel, Fememorde, S. 77 f. und S. 163 ff.

621 RGSt 64, 101 (103f.)

heitsgesetz vom 14. Juli 1928[622] amnestiert und folglich nicht mehr zu bestrafen gewesen.[623]

Derartige Erwägungen sind in den Fällen publizistischen Landesverrats durch die Strafsenate des Reichsgerichts nicht angestellt worden. Diese führten in den Fällen Oehme[624], Steinicke, Küster/Jacob-Salomon und Kreiser/von Ossietzky lediglich aus, daß den Angeklagten der verfassungsgemäße Weg, Illegalitäten zu beseitigen, offengestanden hätte. In dem Urteil gegen Küster und Jacob-Salomon vertrat der 5. Senat gegenüber der Ansicht des Rechtsanwalts *Levi*, der Einzelne finde bei staatlichen Stellen kein Gehör, die Meinung, nur durch Inanspruchnahme der zuständigen Organe, nicht aber durch Denunziation bei ausländischen Regierungen könne auf die Abstellung von Gesetzwidrigkeiten hingewirkt werden. Im Verfahren gegen Kreiser und von Ossietzky bekennt sich der 4. Strafsenat zu der Ansicht, daß nur die Inanspruchnahme innerstaatlicher Organe in Betracht komme, ohne zu der Frage der Wirksamkeit dieses Mittels noch Stellung zu nehmen.

(2) Ansichten in der Literatur

Die Auseinandersetzung um die Frage der Staatsnothilfe war in der juristischen Literatur eher unspektakulär[625] und unterschied sich von der Behandlung in der Tagespresse.

Die Strafrechtslehrer *Oetker*[626] und *Eb. Schmidt*[627] bejahten die Möglichkeit der Staatsnotwehr rundweg. *Oetker* ging soweit eine Rechtfertigung der Feme-

---

622 Diese Auslegung des § 1 des Straffreiheitsgesetzes vom 14. 7 1928, RGBl. I S.195, hält der Verfasser für falsch: Eine fahrlässige Tat kann begrifflich nicht aus politschen Gründen begangen sein. Mit ähnlicher Argumentation lehnte auch der 4. Strafsenat in seinem Urt. v. 11./12. 7. 1930 - Az.: 7J10/29 (Schröer) die Überzeugungstäterschaft bei fahrlässigem Landesverrat ab.

623 Nagel, Fememorde, S. 278 ff. Die Ansicht Nagels, FN 656, eine solche Konstruktion sei heute infolge des § 17 StGB nicht mehr möglich, ist unrichtig; in den Fällen, in denen der Täter die tatsächlichen Voraussetzungen einer Notwehrlage irrig annimmt (Erlaubnistatbestandsirrtum), scheidet die vorsätzliche Tat nach der Rechtsprechung des Bundesgerichtshofes (z. B. BGHSt 31, 264 (286 f.) aus, w. N bei Jescheck/Weigend, Lehrbuch, § 41 IV 1. c) und d), während die fahrlässige Begehung möglich bleibt.

624 Wortgleiche Wiederholung im Beschl. v. 1. 11. 1926 - Az.: 7J73/26 (Fechenbach).

625 Abgesehen von der Kontroverse in DJ IV (1928/1929) und DJ V (1929/1930), vgl. dazu Rasehorn, Justizkritik, S. 189 f. (Fall Schulz) und 191 ff. (Fall Eckermann).

626 GS 97 (1928), 411.

627 v. Liszt/Schmidt, 26. Auflage, S. 197, FN 10 " (...) "Staatsnotwehrrecht" (...) stellt keineswegs ein besonderes juristisches Problem dar und muß unbedingt bejaht werden. (...).

mörder damit zu begründen, daß im Falle der ermordeten angeblichen Landesverräter deren "Verurteilung nicht sicher gewesen (wäre), da man Landesverrat vielleicht (wenn auch sehr zu Unrecht) verneint hätte wegen des Widerspruchs dieses Schutzsystems zum Friedensdiktat unserer Feinde."[628]. Dagegen, blieben *Frank*[629], *Lobe*[630], *M. E. Mayer*[631] und *Niethammer*[632] unspezifisch[633]. Der, soweit ersichtlich, neben *Radbruch*[634] einzige dezidierte und zudem monographisch hervorgetretene Gegner dieses Rechtsinstuts war *Schubert*[635].

Die Argumentation war auf beiden Seiten sehr rechtsfolgenorientiert. Während *Schubert* die Konsequenzen einer putativen Staatsnothilfe als verheerend bezeichnet, weil der Einzelne, welchem Wahnsinn auch immer folgend, die tatsächlichen Voraussetzungen einer Notwehrlage annehmen und sich auf § 59 RStGB. (Tatsachenirrtum) berufen könnte[636], nahm deren vehementer Befürworter *Oetker* im Zusammenhang mit den Fememorden den gegenteiligen Standpunkt ein. Die Täter, die durch ihre freiwillige Dienstleistung ihre vaterländische Pflicht getreulich erfüllten, sollten, wenn sie die Notwehrlage irrig annahmen, in den Genuß des § 59 RStGB gelangen.[637] *Schubert* vertrat daneben die These, daß dem Einzelnen nur dann ein Nothilferecht bezüglich staatlicher Rechtsgüter zuerkannt werden könne, wenn dem Staat ein entsprechendes

---

628 GS 97 (1928), 411 (422).

629 Frank, 18. Aufl., StGB, § 53, I, S.160 oben. "Diese (die Nothilfe) ist zweifellos auch im Interesse des Staates zulässig. Doch nimmt die herrschende Lehre an, daß sie nicht schlechthin zur Verhinderung strafbarer Handlungen geleistet werden dürfe."

630 Leipziger Kommentar, § 53, Anm. 3.

631 Mayer, AT, S. 279, FN 10: "Auch Rechtsgüter der Allgemeinheit und des Staates dürfen durch Nothilfe geschützt werden. Hiermit ist aber keineswegs gesagt, daß jeder die Rolle der Polizei übernehmen darf."

632 Olshausen, StGB, 11. Auflage, § 53, Anm. 10.; auch noch in der 12. Auflage (1942), § 53, Anm. 8., allerdings mit der Einschränkung, daß die Zustände damals (vor der NS-Machtergreifung -d.Verf.) besonders geeignet waren, den Gedanken an ein Recht des einzelnen Staatsbürgers zur Abwehr einer dem Staat drohenden Gefahr hervorzurufen.

633 Mit eigener Lösung Hartung, JR 1931, 61 (65 ff.), über Geschäftsführung ohne Auftrag.

634 DJ V (1929/1930), 125 (127): "(...) Jeder also seine eigene Polizei, seine eigene Staatsanwaltschaft, sein eigenes Reichsgericht (...). Diese Auffassung eröffnet die erfreulichsten Perspektiven. (...)“

635 Schubert, Staatsnothilfe; dieses Werk, das von Gustav Radbruch zur Aufnahme in die Schriftenreihe der Strafrechtlichen Abhandlungen empfohlen wurde, konnte wegen seines Veröffentlichungszeitpunkts 1933 nach der nationalsozialistischen Machtergreifung keine Wirksamkeit mehr entfalten.

636 Schubert, Staatsnothilfe, S. 51.

637 Oetker, GS 97, 411 (427 f.)

Notwehrrecht zukäme.[638] Ein solches Notwehrrecht lehnt er unter Hinweis auf das Prinzip der Gesetzmäßigkeit der Verwaltung ab[639] und nimmt damit einen von der Rechtsprechung des III. Zivilsenats des Reichsgerichts[640] abweichenden Standpunkt ein.

(3) Zusammenfassung

Die Rechtsprechung und ganz überwiegende Literatur bejahten ein auf § 53 RStGB. gestütztes Recht der Staatsnothilfe.

Der 2. Strafsenat hat die Möglichkeit der Staatsnothilfe ohne Not angenommen, weil es im zur Entscheidung stehenden Fall am Tatbestandsmerkmal der Erforderlichkeit fehlte, die grundsätzliche Frage also dahingestellt hätte bleiben können. Die These des Reichsgerichtsrats *Wachinger*, es habe gerade beim Reichsgericht die Gepflogenheit geherrscht, auf grundsätzliche Fragen, die in Wissenschaft und Praxis noch nicht vollständig geklärt seien, nicht weiter einzugehen, als es die Entscheidung des Einzelfalles unbedingt erfordere[641], wies damit eine deutliche Ausnahme auf.

Diese Rechtsprechung hätte auch für die Fälle publizistischen Landesverrats zur Prüfung gestanden. Soweit die Vorstellung der Täter den Tatsachen entsprochen hätte, wäre eine Notwehrlage möglicherweise zu bejahen gewesen.

Die Untersuchung muß hier die vom Reichsgericht festgestellen Sachverhalte oder allgemein bekannte Tatsachen zugrunde legen. Als schwierig erweist sich die Beurteilung deshalb, weil die Senate das Rechtsinstitut der Staatsnothilfe in Bezug auf den publizistischen Landesverrat nicht angewandt haben und deshalb auch keine hierauf bezogenen Feststellung getroffen haben.

(a) Der Verstoß öffentlicher Stellen gegen Reichsgesetze, hier gegen Bestimmungen des Versailler Vertrages und gegen entsprechende Strafgesetze, müßte einen Angriff auf einen anderen dargestellt haben. Durch die Verstöße müßten Rechtsgüter verletzt oder jedenfalls gefährdet worden sein.[642] Der im Untersuchungszeitraum schwierigen und umstrittenen Frage, ob die Rechtsordnung als Ganzes ein Rechtsgut des Staates darstellt, mit der Folge eines allgemeinen

---

638 Schubert, Staatsnothilfe, S. 33.

639 Schubert, Staatsnothilfe, S. 36 f.

640 Urt. v. 24. 5. 1927, RGZ 117, 138 (141 f.).

641 Wachinger in: FG für v. Frank, Bd. I, 469 (506),

642 Vgl. nur Olshausen, § 53, Anm. 7.

Deliktshinderungsrechts für den Einzelnen[643], entging der 2. Strafsenat dadurch, daß er die nothilfefähigen Rechtsgüter - aus Sicht des Verfassers durchaus sinnvoll - kraft richterlicher Autorität auf die "Lebensinteressen des Staates", sei es die Verfassung, Gebietsteile des Staates oder die Landesverteidigung beschränkte[644].

Unter Zugrundelegung dieser engen Definition dürfte jedenfalls die Gefahr eines Putsches, der parlamentarisch nicht kontrollierten Vorbereitung eines Angriffskrieges, des Abbruchs von Maßnahmen der Landesverteidigung und der Gefährdung der außenpolitischen Situation des Reichs rechtsgutsrelevant gewesen sein. Nach den Feststellungen der Strafsenate gingen alle Angeklagten mit Ausnahme von Riegel, Gabel und Schröer von den oben dargestellten Sachverhalten aus: Oehme befürchtete einen Putsch, Steinicke wollte den Ruhrkampf fortgesetzt sehen. Küster und Jacob-Salomon sahen schweren außenpolitischen Schaden für das Reich voraus. Bredel, Schwotzer, Hinkelmann und Stibi hegten die Besorgnis eines Krieges gegen die Sowjetunion. Kreiser und von Ossietzky schließlich fürchteten die Gefahr eines Krieges und vorausgehenden außenpolitischen Schaden für das Reich. Nach der Vorstellung der Angeklagten wurden diese Gefahren teilweise durch staatliche, teilweise durch staatsfremde Verhaltensweisen hervorgerufen. Angriffe gegen Lebensinteressen des Staates waren nach der Vorstellung der Angeklagten also zu bejahen.

Über die Gegenwärtigkeit dieser Angriffe, die sich die Angeklagten nur vorgestellt haben, hat das Reichsgericht, aus seiner Sicht nachvollziehbar, keine Feststellungen getroffen.

(b) Fraglich ist ferner, ob die teilweise vorgestellten Angriffe, rechtswidrig waren oder gewesen wären. Da nach der Vorstellung der Angeklagten - mit Ausnahme von Riegel und Schröer - rechtswidrige, nämlich gegen die Entwaffnungsbestimmungen des Versailler Vertrages und teilweise gegen Strafgesetze verstoßende Sachverhalte vorlagen, mußten sie einen rechtswidrigen Angriff grundsätzlich für gegeben erachten. Problematisch konnte dies unter zwei Aspekten sein. Zum einen konnte gefragt werden, ob das von den Angeklagten - bis auf Oehme - angenommene staatliche Einverständnis mit den Angriffen eine die Rechtswidrigkeit ausschließende Einwilligung bedeutete. Dieser Einwand läßt sich jedoch nicht halten, da die Rechtmäßigkeit dieser materiell illegalen Maßnahmen allenfalls zur Disposition des Gesetzgebers, nicht aber zu derjeini-

---

643 Schubert, Staatsnothilfe, S. 12 ff. verneint dies strikt; zum Rechtsgutsbegriff im Untersuchungszeitraum umfassend: Amelung, Rechtsgüterschutz, S. 52 ff.

644 RGSt 63, 215 (220).

gen der Exekutive gestanden hätte. Eine von den Angeklagten angenommene Einwilligung staatlicher Stellen konnte also die Rechtswidrigkeit nicht ausschließen. Zum anderen wurde vom Vorsitzenden des 4. Strafsenats - wie schon erwähnt - außerhalb der schriftlichen Urteilsgründe vertreten, daß sich die Heeresleitung für illegale Luftrüstungsmaßnahmen auf die Rechtsfigur des übergesetzlichen Notstandes habe berufen können.[645] Dieser staatsrechtlich zweifelhaften Konstruktion[646] fehlten Voraussetzungen, die der 1. Strafsenat in seinem Urteil vom 11. März 1927 zur Annahme des übergesetzlichen Notstandes für notwendig erachtete: Es fehlte an der Gegenwärtigkeit einer Gefahr und an der Eignung des Mittels zur Abwendung der Gefahr.[647] Es ist absurd anzunehmen, daß im Jahre 1929 ein feindlicher Angriff auf das Reichsgebiet unmittelbar bevorstand; noch absurder ist die Annahme, daß eine Notluftwaffe en miniature irgendeinen ernstlichen Beitrag zur Abwehr eines solchen hypothetischen Angriffs hätte leisten können.

(c) Für den objektiven Rechtfertigungstatbestand ist schließlich zu fragen, ob das von den Angeklagten angewandte Mittel der Veröffentlichung zur Abwehr der Angriffe erforderlich war. Insoweit galt nach Rechtsprechung des Reichsgerichts, daß der Notwehrübende unter den verfügbaren wirksamen Abwehrmitteln das am wenigsten schädliche zu wählen habe[648] und - hier stand die herrschende Literaturmeinung[649] im Widerspruch zur Rechtsprechung - auch Hilfe der Behörden anzurufen sei. Die Senate des Reichsgerichts haben in den hier zur Untersuchung stehenden Fällen, ohne die Nothilfeproblematik anzusprechen, mehrfach bejaht, daß die Inanspruchnahme der verfassungsmäßig berufenen Organe zur Abstellung von Mißständen angezeigt gewesen wäre und auch Erfolg versprochen hätte.[650] Dies erscheint im Tatsächlichen, wie bereits mehr-

---

645 Ingo Müller in: FS für Richard Schmid, 297 (315), dort FN 61 unter Verweis die stenographische Mitschrift der Begründung durch Rechtsanwalt Dr. Apfel.

646 Ingo Müller in: FS für Richard Schmid, 297 (315) weist zurecht auf die Ansicht Jellineks, Allgemeine Staatslehre, S. 358 f. hin, nach der die Kategorie des Staatsnotrechts eklatante Verletzungen der Staatsordnung zu beschönigen bestimmt war. Die Jurisprudenz hinke später nach und versuche mit dialektischen Kunststückchen vollendete Tatsachen als rechtmäßig nachzuweisen; daß das Reichsgericht zu derartigen Kunststückchen bereit war, zeigt die Entscheidung RGZ 117, 138.

647 RGSt 61, 242.

648 RGSt 55, 82 (83); ähnlich, 66, 244 (245).

649 Nachweise bei Schubert, Staatsnothilfe, S. 61, FN 93.

650 Urt.v. 28. 8. 1923 - Az.: 7J69/23 (Oehme);
Urt. v. 27. 3. 1924 - Az.: 6J30/23 (Steinicke);
Urt. v. 14. 3. 1928 - Az.: 7J63/25 (Küster und Jacob-Salomon) insoweit abgedruckt in RGSt 62, 65 (71);
Urt. v. 23. 11. 1931 - Az.: 7J35/29 (Kreiser und von Ossietzky).

fach ausgeführt, unwahrscheinlich. Selbst wenn man aber annähme, daß die Inanspruchnahme eines Reichstagsabgeordneten oder die Ministeranklage als Mittel zur Abstellung des Angriffs in Betracht gekommen wäre, bleibt zweifelhaft, ob diese Inanspruchnahme in ihrer Wirksamkeit einer Presseveröffentlichung gleichgekommen wäre. Das ist zu verneinen, weil sich die Abwehrfront durch eine Presseveröffentlichung und die damit einhergehende Mobilisierung der öffentlichen Meinung im Vergleich zur Inanspruchnahme eines einzigen Abgordneten deutlich vergrößerte. Als Beleg mag die angesprochene Lohmann-Affäre dienen. Folglich mußte die Veröffentlichung als das wirksamere Mittel zur Abstellung von Illegalitäten und deshalb als erforderlich angesehen werden. Dem Notwehrübenden kann nicht zugemutet werden, auf ein objektiv unsicheres Abwehrmittel zurückzugreifen.[651] Selbst wenn man unterstellt, daß auch die Indienstnahme öffentlicher Stellen Erfolg versprochen hätte, wäre bei den Beschuldigten, die wohl regelmäßig von der Wirkungslosigkeit derartiger Behelfe ausgingen[652], ein Irrtum über die tatsächlichen Voraussetzungen der Notwehrlage nach § 59 RStGB. (Tatsachenirrtum) zu bejahen gewesen. Eine Bestrafung wegen vorsätzlichen Landesverrats wäre dann nicht mehr in Betracht gekommen.[653]

(d) Im subjektiven Bereich bleibt zu fragen, ob der von der reichsgerichtlichen Rechtsprechung geforderte Nothilfewille[654] bei den Beschuldigten vorlag. Dieser Wille setzt zum einen Kenntnis der Notstandslage und zum anderen Verteidigungswillen voraus. Zweifelhaft ist der Verteidigungswille wegen der durch die Strafsenate festgestellten Motivbündel, wie angebliche Sensationssucht[655] oder Vorbereitung von Hochverrat[656]. Nach der Rechtsprechung des Reichsgerichts durften andere Motive als Verteidigung des Rechtsguts mitspielen, wenn überhaupt nur Verteidigungswille vorhanden war.[657] In den benannten Fällen hatten die Strafsenate festgestellt, daß es den Verurteilten jedenfalls auch um

---

651 Olshausen, § 53, Anm. 11. f.

652 Urt. v. 14. 3. 1928 - Az.: 7J63/25 (Küster und Jacob-Salomon) insoweit abgedruckt in RGSt 62, 65 (71).

653 so auch Schubert, Staatsnothilfe, S. 51 f.

654 RGSt 54, 196 (199f.); 56, 259 (268) (Kapp-Putsch).

655 Urt.v. 28. 8. 1923 - Az.: 7J69/23 (Oehme);
Urt. v. 23. 11. 1931 - Az.: 7J35/29 (Kreiser und von Ossietzky).

656 Urt. v. 10. 1. 1930 - Az.: 14aJ128/29 (Bredel);
Urt. v. 2. 5. 1930 - Az.: 14aJ381/29 (Hinkelmann)
Urt. v. 23./24. 7. 1930 - Az.: 14aJ336/29 (Stibi)

657 RGSt 54, 196 (199 f.).

die Abstellung von Illegalitäten, also die Abwehr der rechtswidrigen Angriffe ging.[658] Verteidigungswille war danach zu bejahen.

Zusammenfassend läßt sich also sagen, daß die Strafsenate des Reichsgerichts die Grundsätze der Staatsnothilfe nicht geprüft haben, obwohl deren Voraussetzungen in einigen Fällen durchaus vorgelegen haben könnten.

Einzuräumen ist jedoch, daß die vorgefundene Rechtsprechung des Reichsgerichts zur Staatsnothilfe ziemlich schmal ist. Einzuräumen ist ferner, daß dem Reichsgericht in den Fällen der Fememorde das Staatsnothilfekonstrukt von Wissenschaft und Verteidigung an die Hand gegeben wurde; dies ist in den Fällen des publizistischen Landesverrats nicht geschehen.

Gleichwohl hätte ein sorgfältiges Urteil verlangt, auch diesen Rechtfertigungsgrund zu prüfen.

bb) Übergesetzlicher Notstand

Als weiterer Rechtfertigungsgrund kommt der vom Reichsgericht im Zusammenhang mit ärztlichen Schwangerschaftsabbrüchen entwickelte übergesetzliche Notstand in Betracht.

(1) Rechtsprechung des Reichsgerichts

In einem Urteil des 1. Strafsenats vom 11. März 1927 wurde die Möglichkeit eines übergesetzlichen rechtfertigenden Notstandes erstmalig bejaht.[659] Zuvor war der Gedanke des Güter- und Pflichtennotstandes als allgemeines Prinzip in der Rechtsprechung des Reichsgerichts schon andeutungsweise hervorgetreten.[660] Im erstgenannten Urteil knüpfte der Senat den rechtfertigenden Notstand an vier Voraussetzungen[661]: Eine gegenwärtige, nicht anders abwendbare Gefahr für ein Rechtsgut, dessen Überwiegen gegenüber dem aufgeopferten und

---

658 Dies unterscheidet die vorliegenden Fälle von dem nach Böttger, Hochverrat, S. 194 unter Veweis auf Heine DJ VII, 154 (162) vom StGH entschiedenen, in dem KPD - Funktionäre zur Gegenwehr gegen einen potentiellen Putsch der Nationalsozialisten Vorbereitungen trafen. Hier stellte der StGH fest, daß die Absicht erkennbar gewesen sei, über die Niederwerfung des Aufstandes hinaus die Rätediktatur zu errichten. Derartige Feststellungen haben die Strafsenate in Landesverratssachen für den konkreten Fall nicht getroffen.

659 RGSt 61, 242.

660 Jescheck/Weigend, Lehrbuch, § 33 IV 1. unter Verweis auf RGSt 20, 190 (192); 36, 78 (80); 38, 62 (64); auch Wachinger in: FG für v. Frank, Bd. I, 469 (475 f.).

661 RGSt 61, 242 (255 f.).

schließlich, bei Notstandshilfe, daß der Hilfeübende zur Beurteilung der Voraussetzungen befähigt sei. Die Rechtsgutsbedeutung wurde für die Frage des Überwiegens dem Strafrahmen der jeweiligen Strafgesetze entnommen. So sei der Strafrahmen des § 218 RStGB geringer als derjenige der §§ 211 ff. RStGB, weshalb deren Rechtsgut das des § 218 überwiege. In einem späteren Urteil vom 20. April 1928 fügte der 1. Strafsenat hinzu, daß auch eine gewissenhafte Prüfung, ob überhaupt ein Widerstreit rechtlich geschützter Interessen vorliege, zu erfolgen hätte.[662] Im Zusammenhang mit den Fememorden ließen der 2.[663] und der 3.[664] Strafsenat in Urteilen aus den Jahren 1929 und 1930 ausdrücklich dahinstehen, ob die Anwendung des übergesetzlichen rechtfertigenden Notstandes auf die Fälle des Staatsnotstandes Anwendung finden können. Der 2. Strafsenat machte sich die grundsätzlichen Bedenken des Schwurgerichts Berlin gegen die Anwendung des übergesetzlichen rechtfertigenden Notstands auf die Fememordfälle zu eigen und führte aus, daß sich die Staatsbürger im allgemeinen darauf zu beschränken hätten, die Tätigkeit staatlicher Organe herbeizuführen, daß Art. 48 WRV (Notverordnungsrecht) einer Anwendbarkeit entgegenstehen könnte und endlich, daß andere Mittel zur Abwehr der Gefahr zur Verfügung gestanden hätten.[665]

In den Fällen publizistischen Landesverrats wurde dieser Rechtfertigungsgrund praeter legem nicht zur Anwendung gebracht und nicht einmal erwähnt. Die Senate haben aber, wie im Zusammenhang mit der Staatsnothilfe erörtert, festgestellt, daß eine Inanspruchnahme staatlicher Organe zur Abstellung von Illegalitäten geführt hätte.

Problematisch und nur schwer subsumtionsfähig waren die Tatbestandsmerkmale des überwiegenden Rechtsguts und der gewissenhaften Prüfung.

(2) Ansichten in der Literatur

Die Entscheidung des 1. Strafsenats vom 11. März 1927 zur Schwangerschaftsunterbrechung ist in der zeitgenössischen Literatur auf große Resonanz gestoßen[666]. *Siegert* etwa definierte den übergesetzlichen rechtfertigenden Notstand

---

662 RGSt 62, 137 (138).

663 RGSt 63, 215 (225 f.).

664 RGSt 64, 101 (104).

665 RGSt 63, 215 (225 f.).

666 Zusammenfassend und zustimmend Wachinger in: Festgabe für Frank, Bd. I, 469 ff, teilweise a. A. Siegert, Notstand, S.23 ff.; differenzierend Eb. Schmidt, ZStW 49, 350 ff., besonders kritisch gegenüber der Entscheidung vom 20. 4. 1928, RGSt 62, 137.

als Beseitigung einer nicht gesetzlich geregelten Notstandslage durch Eingriff in fremde rechtlich geschützte Interessen zugunsten eines höherwertigen rechtlich geschützten Interesses mit angemessenen Mitteln.[667] Er verzichtete mit einem Teil der Literatur[668] auf das subjektive Element einer gewissenhaften Prüfung und lehnte es, wie *Eb. Schmidt*[669] ab, die Frage nach dem Überwiegen eines Rechtsguts durch den Vergleich der Strafrahmen zu beantworten[670]. Die - wenn auch nur kursorische - Erörterung der Anwendung des übergesetzlichen Notstandes auf die Fälle publizistischen Landesverrats blieb *Radbruch*[671] und *Schneidewin*[672] vorbehalten.

Schneidewin nahm als objektive Voraussetzung des übergesetzlichen Notstandes an, "daß die Abwägung (der Güter und Pflichten) wirklich geschieht, und zwar unter gewissenhafter Berücksichtigung der einander gegenüberstehenden Interessen, und eine solche Prüfung wird regelmäßig nur von einer Person ausgehen können, die kraft besonderer Sachkunde zu solcher Prüfung überhaupt befähigt ist."[673]

In der neueren Literatur war es die Dissertation von *Windisch*, in der die Voraussetzungen des übergesetzlichen Notstandes im Fall Küster/Jacob-Salomon als nicht gegeben angesehen wurden.[674] Erstens seien die widerstreitenden Rechtsgüter der inneren und der äußeren Sicherheit des Reichs gleichwertig und zweitens sei nach Art. 126 WRV die Anrufung der Volksvertretung möglich gewesen, worauf der 5. Strafsenat zurecht hingewiesen habe.

Demgegenüber meinte *Ulrich Klug* im Zusammenhang mit dem Wiederaufnahmeverfahren in der Strafsache gegen Carl von Ossietzky, daß die Kollision von Völkerrecht, Strafrecht und Verfassungsrecht die Frage der Rechtfertigung

---

667 Siegert, Notstand, S. 25; ähnlich Eb. Schmidt, ZStW 49, 350 (379 ff.).

668 Frank, StGB, 18. Aufl. S. 153; Mezger, Lehrbuch, S. 242; Eb. Schmidt, ZStW 49, 350 (391); a. A. Honig JW 1929, 255 (255 f.); Hellmuth Mayer in: Festgabe für Frank, Bd. I, 598 (614); Wachinger in: Festgabe für Frank, Bd. I, 469 (516).

669 Eb. Schmidt, ZStW 49, 350 (371 ff.).

670 Siegert, Notstand, S. 30, dort FN 3 ausdrücklich gegen Radbruch, DJ V (1929/1930), 333 (335), ohne jedoch Stellung dazu zu nehmen, daß Radbruch nur die Ansicht des Reichsgerichts in RGSt 61, 242 (255) wiedergibt.

671 Radbruch, DJ III (1927/1928), 103 (109 f.); gegen ihn: Jorns, DRiZ 1928, 105 (108).

672 Schneidewin in: Stenglein, 5. Auflage, § 1 SpG, zu Absatz.1, Anm. 14; der in der Anmerkung enthaltene Verweis auf Löwenthal, DJ III (1927/1928), 120 (134 ff.) geht in die Irre, denn Löwenthal hat sich nicht auf übergesetzlichen Notstand berufen.

673 Schneidewin in: Stenglein, 5. Auflage, § 1 SpG, zu Absatz.1, Anm. 14.

674 Windisch, Die Strafverfolgung von Kritikern, S. 74 f.

der Publizisten unter dem Gesichtspunkt des übergesetzlichen Notstandes zumindest nahegelegt hätte.[675]

(3) Zusammenfassung

Fraglich ist, ob der übergesetzliche Notstand nach der Rechtsprechung des Reichsgerichts auf den publizistischen Landesverrat hätte Anwendung finden müssen.

Problematisch ist hierbei, ob die Gefahr für die innere Sicherheit des Reichs anders als durch die Verratshandlung abgewendet werden konnte und ob ein Überwiegen der inneren gegenüber der äußeren Sicherheit des Reichs anzunehmen war. Hinsichtlich der zweiten Frage bedarf es einer differenzierten Betrachtung. In zwei Entscheidungen zum publizistischen Landesverrat hat das Reichsgericht, freilich ohne den Begriff des übergesetzlichen Notstandes zu verwenden, ausgeführt, es müsse ohne parteipolitische Voreingenommenheit geprüft werden, welches Interesse - innere oder äußere Sicherheit - das schutzbedürftigere und schutzwürdigere sei.[676] Die Frage ließen Ferien- und 5. Strafsenat jedoch dahinstehen, weil sie annahmen, den Angeklagten hätten andere Mittel zur Abstellung der Mißstände zur Seite gestanden. Die weiteren Ausführungen über die Treuepflicht eines jeden Staatsbürgers, die Denunziationen des eigenen Staates bei ausländischen Regierungen verböte, tragen die Entscheidungen nicht, sondern haben schlicht beschimpfenden Charakter. Daß sich gerade der 5. Strafsenat des Mißgriffs in der Wortwahl wohl bewußt war, erhellt daraus, daß der pejorative Ausdruck der "Denunziation", der im Urteil auftaucht[677], in der veröffentlichten Entscheidung durch den wertfreien Begriff der "Anzeige"[678] ersetzt wird. Es ist demnach nicht entschieden worden, ob innere und äußere Sicherheit des Reichs in einem Rangverhältnis standen. Hier wäre etwa in Betracht gekommen, die Strafrahmen von Hoch- und Landesverrat gegenüberzustellen. Es ist jedoch zweifelhaft, ob an dem doch recht simplen und von deutlichen Stimmen in der Literatur abgelehnten[679] Kriterium des Strafrahmenvergleichs festgehalten worden wäre. Die andere Frage, ob alterna-

675 Klug in: FS für Spendel, 679 (683).

676 Urt.v. 28. 8. 1923 - Az.: 7J69/23 (Oehme); Urt. v. 14. 3. 1928 - Az.: 7J63/25, RGSt 62, 65 (67), (Küster und Jacob-Salomon); von dieser Rechtsprechung hat erst der 4. Strafsenat, allerdings ohne dies offenzulegen, in der Entscheidung Urt. v. 23. 11. 1931 - Az.: 7J35/29 (Kreiser und von Ossietzky) Abstand genommen.

677 Urt. v. 14. 3. 1928 - Az.: 7J63/25 (Küster und Jacob-Salomon), UA S. 8.

678 RGSt 62, 65 (67).

679 Eb. Schmidt, ZStW 49, 350 (371 ff.); Siegert, Notstand, S.30.

tive Mittel zur Abstellung der Mißstände gegeben waren, hat das Reichsgericht, wie bereits ausgeführt, zu Unrecht bejaht. Weder die Ministeranklage noch der Untersuchungsausschuß noch gar die Petition hätten die Gefahren, die aus der illegalen Aufrüstung erwuchsen, beseitigen können. Auch bei Bejahung alternativer Mittel hätte zur Prüfung gestanden, ob die Angeklagten irrtümlich, mit der Folge eines vorsatzausschließenden Putativnotstandes gemäß § 59 RStGB davon ausgingen, daß die Illegalitäten nicht anders als durch deren Veröffentlichung hätten abgestellt werden können. Weil hierüber keine Feststellungen getroffen wurden, sind die Urteile rechtsfehlerhaft. Hinzukommt - man ist geneigt, Konsequenz einzuräumen -, daß auch nicht geprüft wurde, ob die Angeklagten die Frage des Widerstreits der Rechtsgüter einer gewissenhaften Prüfung unterzogen hatten.

cc) Fazit zur Rechtswidrigkeit

Die vom Reichsgericht im Untersuchungszeitraum geschaffenen Rechtfertigungsgründe Staatsnotstand und übergesetzlicher rechtfertigender Notstand wurden auf die Fälle publizistischen Landesverrats nicht angewandt. Der Grund lag zunächst darin, daß nach Auffassung der Strafsenate neben der landesverräterischen Veröffentlichung andere Behelfe wirksam hätten sein können. Diese Ansicht war zum einen falsch und zum anderen nicht geeignet, die Bestrafung wegen vorsätzlicher Tat zu stützen. Die Senate haben es unterlassen, das Vorliegen putativer Rechtfertigungsgründe zu prüfen, was jedenfalls in den Fällen Oehme, Steinicke, Küster/Jacob-Salomon und Kreiser/von Ossietzky deshalb nahegelegen hätte, weil sich die Angeklagten auf das Fehlen anderer, neben der Veröffentlichung bestehender Abhilfemöglichkeiten beriefen. Auch in den übrigen Fällen hätte die Frage von Amts wegen zur Prüfung gestanden. Auf tatsächliche Feststellungen über das Vorliegen der Rechtfertigungsmerkmale wurde verzichtet - hier sind insbesondere die subjektiven Elemente zu benennen-, so daß die Urteile als rechtsfehlerhaft anzusehen sind. Die Strafsenate haben im Gegensatz zum ersten Fememordurteil darauf verzichtet, ihre Haltung zu den Rechtfertigungsgründen wenigstens obiter darzustellen; dies mag unter dem Gesichtspunkt, daß wegen der erst- und letztinstanzlichen Zuständigkeit eine Belehrung des iudex a quo nicht notwendig war, verständlich sein, ändert aber nichts daran, daß eine Darlegung der Rechtssicherheit gedient und die Lehre vom Landesverrat aus dem Bereich der Geheimwissenschaft herausgebracht hätte. Im letzten Urteil des Untersuchungszeitraums gegen Kreiser und von Ossietzky wurden noch nicht einmal Feststellungen darüber getroffen, ob andere Möglichkeiten der Abhilfe bestanden; gleichzeitig wurde auf eine Erörterung der anerkannten Rechtfertigungsgründe verzichtet.

Die in vielen Reichsgerichtsentscheidungen erkannte Abwägungsproblematik wird nicht gelöst, sondern in der Regel mit Hilfe fehlerhafter Tatsachenfeststellungen und in einem Fall ohne Begründung offengelassen und damit umgangen.

Insgesamt läßt sich also sagen, daß die reichsgerichtlichen Urteile in den Fällen publizistischen Landesverrats hinsichtlich der Behandlung dieser Abwägungsproblematik und insbesondere hinsichtlich der Rechtfertigungsgründe rechtsfehlerhaft waren.

c) Strafen

Hinsichtlich der Strafen soll die Frage der Strafmaße und der politischen Überzeugungstäterschaft betrachtet werden.

aa) Strafmaße

Bei der Strafzumessung ist zunächst von folgendem Strafrahmen auszugehen:

Nach § 92 Abs. 1 RStGB war Landesverrat mit Zuchthaus nicht unter zwei Jahren zu bestrafen, während Abs. 2 bei Vorliegen mildernder Umstände Festungshaft nicht unter sechs Monaten vorsah; § 1 Abs. 1 SpG sah einen Regelstrafrahmen von Zuchthaus nicht unter zwei Jahren vor und einen gemilderten Strafrahmen von Gefängnis nicht unter einem Jahr.[680] Dies bedeutete nach § 14 Abs. 2 RStGB[681] für den normalen Strafrahmen beider Delikte eine Höchststrafe von fünfzehn Jahren Zuchthaus. Für den gemilderten Strafrahmen nach § 92 Abs. 2 RStGB bestimmte § 17 Abs. 2 RStGB[682] eine Höchststrafe von fünfzehn Jahren Festungshaft. Für den gemilderten Strafrahmen des § 1 SpG legte § 16

---

680 Die Strafarten waren folgendermaßen zu unterscheiden: Die Zuchthausstrafe war nach § 31 RStGB Ehrenstrafe ("Unfähigkeit zur Bekleidung öffentlicher Ämter") und mit obligatorischem Arbeitszwang verbunden, der auch "extramuran" vollzogen werden konnte ("Kettensträfling"), §§ 14, 15 RStGB. Die Gefängnisstrafe war mit individualisierendem und fakultativem Arbeitszwang verbunden, der jedoch nicht auf Außenarbeit gerichtet sein durfte, § 16 RStGB. Die Festungshaft schließlich, neben der Haft die mildeste Art der Freiheitsentziehung, durfte nicht mit einem Arbeitszwang verbunden werden, § 17 RStGB und wurde zeitgenössisch als "Ehrenhaft" angesehen. Vgl. zum ganzen, Frank, 17. Aufl., StGB, S. 49 ff.

681 Die Vorschrift lautet: " (...) Der Höchstbetrag der zeitigen Zuchthausstrafe ist fünfzehn Jahre, ihr Mindestbetrag ein Jahr. (...) ".

682 Die Vorschrift lautet: " (...) Der Höchstbetrag der zeitigen Festungshaft ist fünfzehn Jahre, ihr Mindestbetrag ein Tag. (...) ".

Abs. 1 RStGB[683] fünf Jahre Gefängnis als Höchststrafe fest. Der Strafrahmen für die vollendeten Delikte bewegte sich also insgesamt zwischen sechs Monaten Festungshaft und fünfzehn Jahren Zuchthaus. Für das Strafmaß war ferner entscheidend, ob die Tat nur versucht worden war. § 44 Abs. 1 RStGB bestimmte die obligatorische mildere Bestrafung des Versuchs, wobei die Strafe bis auf ein Viertel des Mindestbetrages der für das vollendete Delikt angedrohten Strafe herabgesetzt werden konnte.

Es ist zunächst festzustellen, daß sich alle Strafurteile des Reichsgerichts wegen publizistischen Landesverrats, im Gegensatz etwa zum Urteil des Volkgerichts München gegen Fechenbach[684], im unteren Bereich des Strafrahmens bewegten. Das härteste Urteil erging gegen Schwotzer und lautete auf ein Jahr Festungshaft und zwei Jahre Gefängnis, während das mildeste, gegen Schröer, auf zwei Monate Festungshaft erkannte. Im Durchschnitt wurde Freiheitsstrafe von achtzehn Monaten verhängt. Demgegenüber fielen die Freiheitsstrafen wegen "normalen" Landesverrats ausweislich der Urteile im Bestand sämtlicher Erkenntnisse des Reichsgerichts mit drei Jahren entschieden höher aus. Hinzu kam, daß diese Strafen ausnahmslos als Zuchthausstrafen ausgeworfen wurden, weil die Strafsenate in diesen Fällen keine mildernden Umstände zu erkennen vermochten.

Die Erwägungen der Strafzumessung durch die Strafsenate des Reichsgerichts in Sachen publizistischen Landesverrats waren, wie bereits angesprochen, auch nach dem Stand der damaligen Strafzumessungslehre, mit dem Verbot der Doppelverwertung[685] nicht zu vereinbaren. So wurde zum Beispiel die Nichtvollendung beim Versuch als strafmildernd und die Gefährdung des Rechtsguts als strafschärfend angesehen[686]. Ferner wurde etwa die Begehung eines in Tatmehrheit berücksichtigten Delikts zusätzlich strafschärfend in Anschlag gebracht.[687] Das gleiche muß für die strafschärfende Einbeziehung eines "Mangels an vaterländischer Gesinnung"[688] gelten. Denn dieser Mangel dürfte für den Landesverrat des Inländers geradezu konstituierend sein.

---

683 Die Vorschrift lautet: " (...) Der Höchstbetrag der Gefängnisstrafe ist fünf Jahre, ihr Mindestbetrag ein Tag. (...) ".

684 Vgl. Hirschberg/Thimme, Der Fall Fechenbach.

685 Exner, Studien, S.100.

686 Urt. v. 19./20. 6. 1928 - Az.: 13J107/26 (Gabel).

687 Urt. v. 23./24. 7. 1930 - Az.: 14aJ336/29 (Stibi).

688 Urt. v. 27. 3. 1924 - Az.: 6J30/23 (Steinicke); Urt. v. 15. 3. 1927 - Az.: 7J137/26 (Riegel); Urt. v. 10. 1. 1930 - Az.: 14aJ128/29 (Bredel).

Die für den Strafrahmen so wichtige Frage, ob mildernde Umstände zu bejahen waren oder nicht, wurde zwar in der Mehrzahl der Fälle publizistischen Landesverrats zugunsten der Verurteilten beantwortet[689]; die Strafsenate verzichteten jedoch darauf, dem Begriff der mildernden Umstände Konturen zu geben, dessen Ausfüllung nach zeitgenössischer Ansicht dem freien richterlichen Ermessen anheimgegeben war.[690]

So wurden etwa in den Strafverfahren gegen Steinicke und Riegel trotz politischer Motivation der Taten keine mildernden Umstände angenommen, während sie im Fall Schwotzer aus ebendiesem Grunde kommentarlos bejaht wurden. Teilweise wurden die mildernden Umstände gerade auf das Fehlen von Vorstrafen gestützt[691], teilweise wurden trotz einschlägiger Vorbestrafung des Angeklagten mildernde Umstände bejaht[692]. Auch ist nicht ersichtlich, warum eine Auszeichnung im Kriege strafmildernd[693] wirken sollte, und wenn dies schon der Fall war, warum dieser Grundsatz auf Jacob-Salomon, der nach Feststellung des 5. Strafsenats mit dem Eisernen Kreuz II. Klasse ausgezeichnet worden war, keine Anwendung gefunden hat[694]. Schließlich ist auch der ständig wiederkehrende Begriff der "vaterländischen Gesinnung" völlig unklar. Es ist nicht einsichtig, warum Angeklagten wie Küster und Jacob-Salomon oder gerade Carl von Ossietzky, denen es darum ging, Illegalitäten zu beseitigen und für den Rechtsstaat zu streiten, keine ebensolche Gesinnung zugesprochen wurde.

Diese Strafenbildung kann nach alledem als Beleg für das Verdikt *Jeschecks*, die Strafzumessung in der Weimarer Zeit sei volkstümlich-moralisierend gewesen[695], angesehen werden.

---

689 Mildernde Umstände bejahend: Urt.v. 28. 8. 1923 - Az.: 7J69/23 (Oehme); Urt. v. 14. 3. 1928 - Az.: 7J63/25 (Küster und Jacob-Salomon); Urt. v. 10. 1. 1930 - Az.: 14aJ128/29 (Bredel); Urt. v. 1. 4. 1930 - Az.: 7J80/29 (Schwotzer); Urt. v. 2. 5. 1930 - Az.: 14aJ381/29 (Hinkelmann); Urt. v. 23./24. 7. 1930 - Az.: 14aJ336/29 (Stibi); Urt. v. 23. 11. 1931 - Az.: 7J35/29 (Kreiser und von Ossietzky); mildernde Umstände verneinend: Urt. v. 27. 3. 1924 - Az.: 6J30/23 (Steinicke); Urt. v. 15. 3. 1927 - Az.: 7J137/26 (Riegel); Urt. v. 19./20. 6. 1928 - Az.: 13J107/26 (Gabel); das Urt. v. 11./12. 7. 1930 - Az.: 7J10/29 (Schröer) ist wegen der fahrlässigen Begehungsweise ein Sonderfall.

690 Frank, 17. Aufl., StGB, S. 23 f. zu § 2 II. 2. b).

691 Urt. v. 10. 1. 1930 - Az.: 14aJ128/29 (Bredel).

692 Urt. v. 1. 4. 1930 - Az.: 7J80/29 (Schwotzer).

693 Urt. v. 19./20. 6. 1928 - Az.: 13J107/26 (Gabel).

694 Urt. v. 14. 3. 1928 - Az.: 7J63/25 (Küster und Jacob-Salomon); insoweit nicht abgedruckt in RGSt 62, 65.

695 Jescheck, AT, 4. Aufl., S. 779 (§ 82 I. 4.) unter Bezugnahme auf Exner, Studien, S. 94. Dieser Gedanke ist in der 5. Aufl. nun Jescheck/Weigend nicht mehr enthalten.

bb) Überzeugungstäterschaft

Eine weitere Besonderheit ist in der Berücksichtigung der politischen Überzeugungstäterschaft zu erblicken. Alle elf besprochenen Urteile fielen in den Geltungszeitraum der bereits angesprochenen Grundsätze für den Vollzug von Freiheitsstrafen vom 7. Juni 1923 (Reichsratsgrundsätze), die in § 52 bestimmten:

> " Bestand bei einem Gefangenen nach der ausdrücklichen Feststellung des Urteils der ausschlaggebende Beweggrund der Tat darin, daß er sich zu der Tat auf Grund seiner sittlichen, religiösen oder politischen Überzeugung für verpflichtet hielt, so sind ihm die für die Strafart zulässigen Vergünstigungen ohne weiteres zu gewähren. (...). "

Der Sonderstrafvollzug sollte, ähnlich den Amnestiegesetzen, dem politischen Verbrecher zugute kommen.[696] Der Reichsratsbeschluß war auf Initiative des damaligen Reichsjustizministers *Gustav Radbruch* zustandegekommen[697] und stellt den in der deutschen Strafrechtsgeschichte einzigartigen Versuch eines rechtlich ausgestalteten Sonderstrafvollzuges am Täter aus politischer Überzeugung dar.[698] Dem lag folgende Überlegung *Radbruchs* zugrunde, deren wörtliche Wiedergabe für das Verständnis der Zielrichtung des § 52 der Grundsätze wichtig ist.[699]:

> "Der Überzeugungsverbrecher aber ist weder ein Besserungsbedürftiger noch ein Vergeltungswürdiger, sondern nur ein - widerlegbar oder unwiderlegbar - Andersdenkender, ein Gegner der derzeitigen sittlichen, religiösen, politischen Macht, den diese wohl im Interesse ihrer Selbstbehauptung bekämpfen, nicht aber selbstgerecht mit Besserungs- mit Vergeltungsmaßregeln belegen darf."

Feststellungen zur Frage der politischen Überzeugung der Verurteilten wurden von den Senaten des Reichsgerichts in allen Fällen mit Ausnahme der Urteile gegen Walter Oehme[700] und Willi Riegel[701] getroffen. Über die Art der Straf-

---

696 Radbruch, ZStW 44 (1924), 34 (34).

697 Grundlegend Radbruch, ZStW 44 (1924), 34; zusammenfassend, Gödan, Die Rechtsfigur des Überzeugungstäters, S. 19; zum RStGB - Entwurf Radbruch, Der innere Weg, S. 114; der aktuellste Beitrag stammt von Hirsch, Strafrecht und Überzeugungstäter.

698 Gödan, Die Rechtsfigur des Überzeugungstäters, S. 20.

699 Radbruch, ZStW 44 (1924) 34 (36 f.).

700 Urt.v. 28. 8. 1923 - Az.: 7J69/23 (Oehme).

vollstreckung gibt der Aktenbestand des Oberreichsanwalts keine Auskunft, weil die "Vollstreckungshefte" nur selten Bestandteil der Hauptakte wurden. Für die Strafvollzugsbehörden ergab sich häufig das Problem, daß die Urteilsfeststellungen, die eine Überzeugungstäterschaft bejahten oder zumindest nahelegten, zu allgemein waren, um den Verfügungen der Landesjustizminister über den Strafvollzug zu genügen.[702] Hinzu kam, daß die richterliche Feststellung der Überzeugungstäterschaft in den §§ 260, 267 RStPO als Bestandteil des Strafurteils nicht vorgesehen war, also kein gesetzlicher Zwang zur Feststellung bestand.[703]

In einigen Fällen haben die Strafsenate die politische Überzeugung strafmildernd und ohne Verwendung des Wortlauts der Reichsratsgrundsätze festgestellt.[704] Auf der anderen Seite hat gerade der 4. Strafsenat die Feststellung der Überzeugungstäterschaft mit einer höheren Strafe verbunden, weil in Fällen des politischen Fanatismus das Sicherungsmoment in den Vordergrund rücke.[705] In zwei anderen Fällen wurde die Anwendung des § 52 der Grundsätze ausdrücklich verneint.[706] In den übrigen Entscheidungen wurde Überzeugungstäterschaft unter Verwendung der Reichsratsterminologie bejaht.[707] Eine weitere Entwicklung der Rechtsprechung zur politischen Überzeugungstäterschaft läßt sich feststellen. Während die Strafsenate die politische Überzeugung der Verurteilten in den Urteilen vom 27. März 1924[708] und vom 14. März 1928[709] strafmildernd berücksichtigt haben, wurde in den folgenden Urteilen des 4. Strafsenats[710] nur noch auf den Strafvollstreckungsaspekt abgestellt.

---

701 Urt. v. 15. 3. 1927 - Az.: 7J137/26 (Riegel).

702 Von Türcke, ZStW 53 (1934), 74 (75 f.).

703 Von Bülow, Der Sonderstrafvollzug am Täter aus Überzeugung, S. 71.

704 Urt. v. 27. 3. 1924 - Az.: 6J30/23 (Steinicke); Urt. v. 14. 3. 1928 - Az.: 7J63/25 (Küster und Jacob-Salomon).

705 Urt. v. 10. 1. 1930 - Az.: 14aJ128/29 (Bredel).

706 Urt. v. 11./12. 7. 1930 - Az.: 7J10/29 (Schröer); Urt. v. 23. 11. 1931 - Az.: 7J35/29 (Kreiser und von Ossietzky).

707 Urt. v. 19./20. 6. 1928 - Az.: 13J107/26 (Gabel); Urt. v. 10. 1. 1930 - Az.: 14aJ128/29 (Bredel); Urt. v. 1. 4. 1930 - Az.: 7J80/29 (Schwotzer); Urt. v. 2. 5. 1930 - Az.: 14aJ381/29 (Hinkelmann); Urt. v. 23./24. 7. 1930 - Az.: 14aJ336/29 (Stibi).

708 Urt. v. 27. 3. 1924 - Az.: 6J30/23 (Steinicke).

709 Urt. v. 14. 3. 1928 - Az.: 7J63/25 (Küster und Jacob-Salomon).

710 Urt. v. 19./20. 6. 1928 - Az.: 13J107/26 (Gabel); Urt. v. 10. 1. 1930 - Az.: 14aJ128/29 (Bredel); Urt. v. 1. 4. 1930 - Az.: 7J80/29 (Schwotzer); Urt. v. 2. 5. 1930 - Az.: 14aJ381/29 (Hinkelmann); Urt. v. 23./24. 7. 1930 - Az.: 14aJ336/29 (Stibi).

Eine Definition dessen, was unter "politischer Überzeugung" und unter "auschlaggebendem Beweggrund" zu verstehen war, hat das Reichsgericht für die Reichsratsgrundsätze nicht vorgelegt, aber im Zusammenhang mit politischen Amnestien klargestellt, daß unter "politischen Gründen" ein Handeln in Bezug auf eine politische Angelegenheit, dessen Triebfeder eine Anschauung ist, verstanden wird.[711]

Erstaunlich ist, daß der 5. Strafsenat die Überzeugungstäterschaft im Fall Riegel[712] nicht bejaht hat. Die Straftat Riegels war nach den Feststellungen des Senats dadurch motiviert, "Krupp eine (...) versetzen" zu wollen und deshalb wenigstens sozialpolitisch veranlaßt. Die Strafvollstreckungsbehörden haben dies offenbar ähnlich gesehen, weil es sonst zu einer Amnestierung nach dem Gesetz über die Straffreiheit vom 14. Juli 1928, das "politische Beweggründe" voraussetzte, nicht gekommen wäre. Im Fall Kreiser/von Ossietzky[713] ist die ausdrückliche Verneinung der Überzeugungstäterschaft durch den 4. Strafsenat nicht nachvollziehbar. Carl von Ossietzky war nach den Urteilsfeststellungen mehrfach wegen politischer Delikte vorbestraft und auch bereits in den Genuß des Straffreiheitsgesetzes vom 14. Juli 1928 gekommen. Es handelte sich also um den geradezu typischen Fall des Überzeugungstäters, der durch Strafe offenkundig nicht zu "bessern" war. Diese Ansicht wurde von den Strafvollstreckungsbehörden geteilt, die auch im Fall von Ossietzky das Straffreiheitsgesetz vom 20. Dezember 1932 zur Anwendung brachten.

Insgesamt verrät die Strafzumessung der Strafsenate in den Fällen publizistischen Landesverrats zwar keine besondere Härte, muß aber hinsichtlich der Frage, ob mildernde Umstände zu bejahen oder Überzeugungstäterschaft anzunehmen war, als willkürlich angesehen werden.

d) Fazit zu den Fragen materiellen Rechts

Zusammenfassend läßt sich also sagen, daß die Auslegung der objektiven Tatbestände der Vorschriften der §§ 92 RStGB und 1 Abs. 2 SpG durch die Entwicklung des Geheimnisbegriffs ausgeweitet und durch die Verwendung der nach reichsgerichtlicher Ansicht "tatsächlichen" Rechtsbegriffe Wohl des Reichs und Interesse der Landesverteidigung , auch unter Berücksichtigung der anerkannten Rechtsfigur der compensatio lucri cum damno, unvoraussehbar wurde. Ferner wurden die vom Reichsgericht praeter legem geschaffenen

711 RGSt 58, 414 (415); 63, 20 (21).

712 Urt. v. 15. 3. 1927 - Az.: 7J137/26 (Riegel).

713 Urt. v. 23. 11. 1931 - Az.: 7J35/29 (Kreiser und von Ossietzky).

Rechtfertigungsgründe der Staatsnothilfe und des übergesetzlichen Notstandes auf die Fälle publizistischen Landesverrats nicht angewandt. Insgesamt hat das Reichsgericht die Besonderheit der Taten materiell-rechtlich nicht berücksichtigt. Lediglich in der Strafzumessung ist die Abgrenzung des publizistischen Landesverrats vom allgemeinen Landesverrat vorgenommen worden, und zwar in der Weise, daß erstgenannter milder als letzterer bestraft wurde. Kriterien hierfür wurden in der Rechtsprechung jedoch nicht erkennbar gemacht.

2. *Strafprozessuale Fragen*

In strafprozessualer Hinsicht haben Sachverständigenauswahl und Behandlung von Beweisanträgen bereits zeitgenössische Kritik an der Rechtsprechung des Reichsgerichts hervorgerufen. Zur vollen Entfaltung konnte sie nicht gelangen, weil aus den bereits dargelegten Gründen Inhalt der Urteile und Ablauf der Hauptverhandlung nicht bekannt wurden und der Bezugspunkt der Kritik nur durch Hören und Sagen hergestellt werden konnte. Daneben war die reichsgerichtliche Beweiswürdigung angreifbar.

Sich rechtlich mit der Beweiswürdigung durch die Strafsenate des Reichsgerichts zu befassen, hatte für den damaligen Juristen unter zwei Aspekten etwas Vergebliches. Zum einen wäre eine Überprüfung der erstinstanzlichen reichsgerichtlichen Urteile im Gerichtswege in Ermangelung einer Rechtmittelinstanz nicht in Betracht gekommen. Zum anderen wären nach damaliger Rechtsauffassung "Vorstöße gegen die tatrichterliche Beweiswürdigung"[714] zwecklos gewesen und als Verletzung des in § 260 RStPO normierten Prinzips der freien Beweiswürdigung angesehen worden[715]. Auf die Verletzung von Denkgesetzen konnte die Revision nicht gestützt werden. Etwas anderes galt nur, wenn ein logischer Widerspruch vorlag oder das Urteil unverständlich war.[716] Die Beurteilung der Frage, ob die Strafsenate die Beweise richtig gewürdigt haben, muß deshalb in Ermangelung rechtlicher Kriterien der freien Einschätzung der Leser

---

714 Schneidewin, JW 1923, 345 (347).

715 Auch aus diesem Grunde hat Alsberg, Justizirrtum, S. 26 ff. zeitgenössisch die Erweiterung der Möglichkeiten einer Wiederaufnahme für erforderlich gehalten.

716 Löwe/Rosenberg, StPO, § 337, Anm. 3.c); § 338; Anm. 17. Eine andere Sicht vertritt Braum, Geschichte der Revision, S. 125, der das Urteil des 1. Strafsenats vom 11. Januar 1927, RGSt 61, 151 heranzieht, in dem sich der Senat der Ansicht anschließt, daß " der Auslegungsvorgang als nicht bedenkenfrei zu erachten ist, wenn die Auslegung auf der die Schlußfolgerung beruht, (...) einen Verstoß gegen (...) Denkgesetze erkennen läßt." (S. 154). Diese Rechtsprechung war jedoch meines Erachtens zunächst nur auf die Auslegung von Gedankenäußerungen beschränkt.

anheimgegeben werden. Die kritische Ansicht des Verfassers zur Beweiswürdigung ist in verschiedenen Einschüben im Urteilsteil zum Ausdruck gelangt.[717]

Hier soll deshalb nur gefragt werden, ob die materiell-rechtlich strafverschärfenden Tendenzen eine Entsprechung in prozessualer Hinsicht fanden.

a) Sachverständigenauswahl

Die Auswahl der Sachverständigen hatte neben ihrer Bedeutung in der Hauptverhandlung auch eine besondere Wirkungsgeschichte während der Ermittlungen. Üblicherweise holte die Reichsanwaltschaft zunächst ein Reichswehrgutachten ein. Die Einholung eines ersten Gutachtens erübrigte sich dann, wenn die Strafanzeige des Reichswehrministeriums schon mit einem Gutachten versehen war. Nach Eingang des Gutachtens wurde entweder die Einstellung des Verfahrens verfügt oder weiterermittelt mit dem Ziel, die Voruntersuchung[718] zu beantragen. Regelmäßig erfuhren die Beschuldigten erst zu diesem Zeitpunkt von den Ermittlungen. In einigen Fällen wurden die Beschuldigten jedoch zur Vernehmung geladen, ohne daß schon ein Reichswehrgutachten eingeholt worden war. In diesen Fällen wurde - insbesondere dann, wenn das Verfahren nach Eingang des Gutachtens eingestellt wurde - unnötiger Druck auf die Beschuldigten, die nach Kenntnis der Ermittlungen sicher in Furcht lebten, ausgeübt. Daß eine solche Vorgehensweise vom Reichswehrministerium erwünscht war, läßt sich zahlreichen Akten entnehmen. Nur ein Beispiel: In einem der zahlreichen Ermittlungsverfahren[719] gegen den Kapitänleutnant a. D. Heinz Kraschutzki bat *Oberst von Schleicher* in einem als "geheim" und "Zu den persönlichen Handakten" bezeichneten Schreiben an den Oberreichsanwalt um bevorzugte Behandlung der Angelegenheit. Ein schnelles Durchgreifen in den ersten Fällen würde sicherlich abschreckend auf etwaige zukünftige Veröffentlichungen wirken, mit denen zu rechnen sei.[720] Eine derartige Vorgehensweise mag zwar, wie die gleichbleibende Veröffentlichungszahl zeigt, nicht sonderlich abschreckend gewirkt haben. Doch wird man jedenfalls vom Versuch der "Ter-

---

717 E 15, 20, 22, 23, 24, 28, 29, 30, 31, 32, 37, 38, 40, 41, 42, 44, 46, 49, 52, 53.

718 In den Fällen, in denen - wie hier - die erstinstanzliche Zuständigkeit des Reichsgerichts oder der Oberlandesgerichte gegeben war, stellte der Antrag auf Eröffnung der Voruntersuchung die einzig zulässige Form der Anklageerhebung dar, vgl. Dohna, Strafprozeßrecht, S. 143 f.

719 Gegen Kraschutzki wurde in neun Fällen, ORA 7J129/27; ORA 7J83/28; ORA 7J87/28; ORA 7J125/30; ORA 7J127/30; ORA 7J128/30; ORA 7J31/31; ORA 7J84/31; ORA 7J1/32, ermittelt, die sämlich, bis auf einen, dessen Verlauf sich den Akten nicht entnehmen läßt, ORA 7J125/30, eingestellt wurden.

720 ORA 7J127/30

rorisierung der öffentlichlichen Meinung"[721] sprechen können.

Problematisch war, daß sämtliche Sachverständige in Verfahren wegen publizistischen Landesverrats in den Diensten der Reichsbehörden standen, denen durch die Beschuldigten regelmäßig der Vorwurf gemacht wurde, geltendes Recht zu verletzen. Es ist zu fragen, ob diese Sachverständigen ausgeschlossen werden (§ 22 RStPO) müssen oder mit Erfolg wegen Besorgnis der Befangenheit hätten abgelehnt werden können (§ 24 RStPO).

Rechtlicher Ausgangspunkt für die Ablehnung der Sachverständigen waren die §§ 74 und 22 ff. RStPO, die für den Ausschluß oder die Ablehnung von Sachverständigen auf die Vorschriften über Ausschluß und Ablehnung von Richtern verweisen.

aa) Stellungnahmen des Reichsgerichts

Das Reichsgericht bezog die Position, daß ein ganzes Gericht nicht kraft Gesetzes ausgeschlossen sein oder abgelehnt werden könne.[722] Die gleiche Überlegung mußte wegen der Unzulässigkeit einer Kollektivablehnung[723] für ganze Fachbehörden gelten, deren Gutachten in wichtigen Fällen, § 83 Abs. 3 RStPO, herangezogen werden konnten. Hinsichtlich des Ausschließungsgrunds nach § 22 Nr. 1 RStPO (verletzter Richter) judizierte das Reichsgericht, daß der Richter unmittelbar betroffen sein müsse.[724] Dies galt auch für Sachverständige; so sei im Falle eines Betruges zum Nachteil einer Aktiengesellschaft nicht der Aktionär, sondern lediglich die Gesellschaft unmittelbar verletzt.[725] Der nicht geregelte Fall, daß der Richter oder Sachverständige Strafantrag stellte oder eine Strafanzeige erstattete, begründete nach herrschender Meinung allenfalls die Besorgnis der Befangenheit.[726] Diese konnte nach § 24 Abs. 2 RStPO dann bejaht werden, wenn ein Grund vorlag, welcher geeignet war, Mißtrauen gegen die Unparteilichkeit des Richters zu rechtfertigen. Es mußten vom Standpunkt des Ablehnenden vernünftige Gründe für die Annahme vorliegen, daß der Betroffene nicht unbefangen sei.[727] Zu berücksichtigen waren insoweit nicht

---

721 Gumbel, DJ II (1926/1927), 74 (86).

722 RGSt 27, 175 (175).

723 Löwe/Rosenberg, StPO, Vor § 22, Anm. 3.

724 RGSt 24, 342 (343); RGSt 46, 77 (80); BGHSt 1, 298, (298), nur Leitsätze, st. Rspr.

725 Manesse, Der Sachverständige, S. 54.

726 Löwe/Rosenberg, StPO, § 22, Anm. 3, m. w. N. aus der Rspr.

727 RGSt 60, 43 (44).

die vom Ablehnenden vorgebrachten, sondern die vom Gericht festgestellten Tatsachen. Die Zugehörigkeit eines Richters oder Sachverständigen zu einer bestimmten politischen Partei oder weltanschaulichen Gruppierung begründete nach der Rechtsprechung des Reichsgerichts regelmäßig nicht die Besorgnis der Befangenheit.[728]

In seinem Urteil gegen Oehme aus dem Jahre 1923 führte der Feriensenat des Reichsgerichts aus, das Gericht würde die Sachverständigen aus dem Kreis der von der Reichsregierung vorgeschlagenen Persönlichkeiten auswählen. Denn die Reichsminister seien mit dem Vertrauen des Reichstages ausgestattet (Art.54 WRV) und würden am ehesten wissen, was dem Reiche außenpolitisch schade oder nütze.[729] Im Verfahren gegen Küster und Jacob-Salomon - dies läßt sich dem Urteil mangels Beschluß nur implizite entnehmen - hatte der Befangenheitsantrag des Verteidigers *Schücking* gegen den Sachverständigen des Reichswehrministeriums keinen Erfolg; der Sachverständige wurde vernommen, obwohl Mitverteidiger Rechtsanwalt *Levi* der Ansicht war, Gutachter des Reichswehrministeriums müßten ausgeschlossen sein.[730]

In Ermangelung der Hauptverhandlungsprotokolle können die Sachverständigen nur in wenigen Fällen namhaft gemacht werden[731]. Soweit ersichtlich, sind in drei der elf untersuchten Fälle auch Gutachten anderer Behörden eingeholt worden. Im Fall Steinicke wurde ein Gutachten der Reichsbahndirektion eingeholt; in den Strafverfahren Küster/Jacob-Salomon und Kreiser/von Ossietzky wurden Gutachten des Auswärtigen Amtes verlesen und im letztgenannten Fall wurde zusätzlich ein Sachverständiger des Reichsverkehrsministeriums vernommen.

---

728 RGSt 55, 56 (57); Löwe/Rosenberg, StPO, § 24, Anm. 3.

729 Urt.v. 28. 8. 1923 - Az.: 7J69/23 (Oehme).

730 Urt. v. 14. 3. 1928 - Az.: 7J63/25 (Küster und Jacob-Salomon) = RGSt 62, 65.

731 Immer wieder tauchen die Namen Gempp, Götting, Himer, von Schleicher, Ott und Engel auf. Götting, Ott und von Schleicher waren zum Zeitpunkt ihrer Sachverständigentätigkeit jeweils Chefs der Wehrmachtsabteilung, einer Unterabteilung des Ministeramts, und erreichten alle Generals- rsp. Admiralsränge, vgl. Huber, Deutsche Verfassungsgeschichte, VI, S. 618, FN. 36 f. Gempp war bis 1927 Leiter der Abwehrabteilung, ebenfalls eine Unterabteilung des Ministeramts, vgl. Bradley pp. Die Generale, S. 225 f. Er wurde durch Oberst von Bredow abgelöst; unter von Bredow diente Major Himer ebenfalls in der Abwehrabteilung, vgl. Reichswehrministerium, Rangliste, S. 1. Bredow und Schleicher wurden während des sogenannten Röhmputschs ermordet. Ott war von 1934 bsi 1937 Militärattaché und danach bis 1942 Botschafter in Tokio; der spätere mittlerweile bereits inaktive Gempp ist 1946 nach Verschleppung durch die Sowjets verstorben, vgl. Bradley pp. Die Generale, S. 225 f.

bb) Literaturansichten

Die Kritik an der Sachverständigenauswahl war in der zeitgenössischen juristischen Literatur, trotz des veröffentlichten, inhaltlich angreifbaren[732] Gutachtens von *Oberst Gempp*[733] in der Strafsache gegen den sächsischen Ministerpräsidenten Zeigner[734], eher begrenzt.

Löwenthal etwa war der Ansicht, es erschiene sachdienlich, in dieser hochpolitischen Situation dem Angeklagten die Garantie einer einwandfreien Begutachtung dergestalt zu gewähren, daß auf sein Verlangen über die einschlägigen Fragen eine Auskunft des Auswärtigen Amtes einzuholen sei, von der das Gericht nicht zum Nachteil des Angeklagten abweichen dürfe.[735]

Eine solches Verlangen hätte die Änderung der Reichsstrafprozeßordnung notwendig gemacht, weil für dessen Umsetzung die freie richterliche Beweiswürdigung hätte eingeschränkt werden müssen. Diese rechtspolitische Erwägung war eine Einzelstimme in der Literatur und stieß in einer Dissertation aus dem Jahre 1929 auf Ablehnung, eben weil ein Eingriff in die freie Beweiswürdigung zu besorgen sei; bei Hinzuziehung prominenter Gutachter, so die Bedenken, würde das Gericht diesen folgen und keine eigenen Erwägungen anstellen.[736]

Die Anregung zur Ausschließung militärischer Sachverständiger und der Befangenheitsantrag in der Strafsache Küster und Jacob-Salomon waren intrikat, weil der Befangenheitsantrag durch Rechtsanwalt *Schücking* wohl nicht weiter begründet worden war; dies wird zum einen dadurch belegt, daß sich keine Begründung bei den Akten des Oberreichsanwalts befindet. Zum anderen spricht gegen das Vorliegen einer Begründung, daß *Schücking* in seiner Darstellung des Urteils, die, wie erwähnt, gemessen an der Veröffentlichung in der amtlichen

---

732 Gempp vertrat in diesem Gutachten auch Rechtsansichten. So könne dahingestellt bleiben, inwieweit gewisse Kreise in Deutschland von den behaupteten Tatsachen Kenntnis hätten und inwieweit die Auslandsstaaten in der damaligen Zeit über diese Fragen orientiert wären. Die Bestätigung von Vermutungen genüge. Das Verdikt Löwenthals, DJ III (1927/1928), 120 (138) von der rechtlichen Unhaltbarkeit dieser Auffassung widerspricht der reichsgerichtlichen Rechtsprechung. Denn gerade das dieses Gericht hat die Lehre vom relativen Geheimnis, also den rechtlichen Ansatz, auf den sich Gempp bezieht, entwickelt.

733 Mitgeteilt von Gumbel, DJ II (1926/1927), 75 (81 f.), Bestandteil der Akten, ORA 6J407/23, die auch die zum gegenteiligen Ergebnis gelangenden Gutachten des Auswärtigen Amtes beinhalten.

734 Eingestellt durch Beschl. v. 29. 6. 1926 - Az.: 6J407/23.

735 Löwenthal, DJ III (1927/1928), 120 (137).

736 Lenze, Landesverrat, S. 26 f.

Sammlung[737] vollständig ist, keine Begründung des Befangenheitsantrages gegeben hat, sondern rhetorische Fragen stellte; der Sachverständige sei als Reichswehrmajor vielleicht aus dem Wickingbunde oder einer anderen republikfeindlichen Organisation von der Reichswehr übernommen worden.[738] Die Ausschließungsanregung des Verteidigers *Levi* war damit begründet worden, daß der Sachverständige als Angehöriger des Reichswehrministeriums vielleicht selber an einem Landesverrat beteiligt gewesen sei; insoweit berief sich *Levi* auf eine entsprechende Anwendung des § 22 RStPO. Er beantragte demgemäß die Heranziehung von Gutachtern, die an der Herbeiführung des gesetzwidrigen Tatbestandes nicht beteiligt waren. Der 5. Strafsenat beschloß, zusätzlich zum Gutachten des Reichswehrmininsteriums ein Gutachten des Auswärtigen Amtes beizuziehen.

In neuerer Zeit stand etwa *Klug* auf dem Standpunkt, daß bei Ministerialbeamten als Gutachtern die Besorgnis der Befangenheit bestünde, wenn sie aus dem angegriffenen Ministerium stammten.[739] Die Folge sei, daß ein Angehöriger des Ministeriums nur als Zeuge vernommen werden dürfe.[740] In den Fällen Küster/Jacob-Salomon und Kreiser/von Ossietzky wurden die militärischen Sachverständigen auch als Zeugen vernommen, wobei die Urteile keine Differenzierung zwischen Sachverständigenaussagen und zeugenschaftlichen Bekundungen erlauben.

cc) Zusammenfassung und Stellungnahme

Auffällig ist, daß die Verteidiger mit Ausnahme von *Levi* und *Schücking* nicht versucht haben, die Ausschließung der Sachverständigen öffentlicher Behörden und insbesondere solcher des Reichswehrministeriums zu veranlassen. Diese Versuche waren nach damaliger Rechtsprechung zum Scheitern verurteilt. Die Ansicht *Levis* - Ausschließung des tatbeteiligten Sachverständigen - hätte sich nur dann durchsetzen lassen, wenn diese Tatbeteiligung vom Gericht festgestellt worden wäre. Dies war nicht der Fall. Der Befangenheitsantrag *Schükkings* konnte schon mangels Begründung keinen Erfolg haben, wäre aber auch dann gescheitert, wenn seine Mutmaßung, der Sachverständige sei als Reichswehrmajor vielleicht aus dem Wickingbunde oder einer anderen republikfeindlichen Organisation von der Reichswehr übernommen worden[741], zugetroffen

737 RGSt 62, 50.

738 Schücking, DJ III (1927/1928), 509 (509 ff.) und (515).

739 Klug, Presseschutz im Strafprozeß, S. 110 und S. 113.

740 Klug, Presseschutz im Strafprozeß, S. 113.

741 Schücking, DJ III (1927/1928), 509 (509 ff.) und (515).

hätte. Denn dessen Zugehörigkeit zu einer bestimmten weltanschaulichen Gruppierung hätte nach reichsgerichtlicher Rechtsprechung die Besorgnis der Befangenheit nicht begründet. Ob die von *Klug* post festum anläßlich der Spiegelaffäre vorgetragene Argumentation, die Angehörigen des angegriffenen Ministeriums seien befangen[742], Erfolg gehabt hätte, ist zweifelhaft, wenn auch nicht entschieden. Hiergegen hätten zwei Erwägungen gesprochen: Zum einen wäre hierdurch die Doktrin des Reichsgerichts ausgehebelt worden, nach der Gutachter, um ausgeschlossen zu werden, unmittelbar durch die Straftat verletzt sein mußten. Zum andereren mögen die Beschuldigten dem Reichswehrministerium zwar Vorwürfe gemacht haben. Träger des durch den Landesverrat geschützten Rechtsguts, Sicherheit nach Innen und Außen, war nicht etwa ein Ministerium sondern das Reich selbst.

Nach alledem stellt sich jedoch die Frage, warum das Reichsgericht in keinem einzigen Fall einen unabhängigen Gutachter hinzugezogen hat. Um beurteilen zu können, ob eine Veröffentlichung dem Wohl des Reichs schadet, hätte es politischer Sachkunde bedurft, wie sie etwa *Dr. Friedrich Thimme*[743], einem Sachverständigen im Strafverfahren gegen Fechenbach und gegen Wandt, oder *Professor Dr. Schücking*[744] in der Strafsache gegen Wandt zukam. Hier wäre es auch Aufgabe der Verteidigung gewesen, entsprechende Sachverständige gemäß § 222 Abs. 2 RStPO zu laden, deren Ernennung nur dann hätte abgelehnt werden können, wenn sie ungeeignet gewesen wären[745].

Die Auswahl der Sachverständigen aus dem Reichswehrministerium war jedenfalls in den Fällen, in denen es um eine Strafbarkeit nach § 92 RStGB ging, unter dem Aspekt der Eignung zweifelhaft. Es ist nicht ersichtlich, daß diese Sachverständigen in besonderer Weise, außerhalb militärischer Problemstellungen, zu der "tatsächlichen Frage", was dem Wohl des Reichs dient, hätten Stellung nehmen können. Ähnliche Überlegungen treffen auch auf Verfahren we-

---

742 Klug, Presseschutz im Strafprozeß, S. 110 und S. 113.

743 Dr. Friedrich Thimme * 12.2.1868 in Crimderode/Harz, Direktor der Bibliothek des preußischen Landtages (NL Thimme, Landesverratsprozeß gegen Felix Fechenbach pp. lfd. Nr.45)

744 Die von Rechtsanwalt Dr. Fritz Levy, dem Verteidiger Kraschutzkis, beantragte Ladung Schückings als Sachverständigen wurde vom 4. Strafsenat durch Beschl. v. 9. 4. 1932 - Az.: 7J127/30 abgelehnt, da der Senat Rechtsfragen selbst zu prüfen und zu entscheiden in der Lage sei. Die davon zu unterscheidende Frage, ob Schücking zur "tatsächlichen Frage", ob die inkriminierten Veröffentlichungen Kraschutzkis dem Wohl des Reichs zu schaden geeignet oder im Interesse der Landesverteidigung geheimzuhalten seien, hätte gehört werden sollen, wurde im Beschluß nicht beantwortet.

745 Manasse, Der Sachverständige, S. 36.

gen militärischen Landesverrats zu. Der Gesetzgeber hatte bereits 1913 ausdrücklich darauf verzichtet, das Spionagegesetz um die Fassung

> "Im Sinne der §§ 3 und 5 gilt als militärisches Geheimnis ohne weiteres der Gegenstand oder die Nachricht, deren Geheimhaltung die oberste Militärbehörde im Interesse der Landesverteidigung angeordnet hat"

zu ergänzen[746] und so zum Ausdruck gebracht, daß die Entscheidung darüber was der Sicherheit des Reichs dient nicht von militärischer Einschätzung abhängen dürfe. Zwar ist einzuräumen, daß die Strafsenate in verschiedenen Fällen auch Sachverständige anderer Fachbehörden hinzugezogen haben. Es ist jedoch bereits in den Urteilen zutage getreten, daß die militärischen Sachverständigen den zentralen Part spielten und ihren Aussagen in der Beweiswürdigung die ausschlaggebende Rolle zukam. Noch bedenklicher wird die Inanspruchnahme militärischer Sachverständiger dadurch, daß deren Dienstherr, wie oben ausgeführt in der wohl überwiegenden Zahl[747] der Fälle[748] verfahrensauslösende Strafanzeigen erstattet und verschärfende Gesetzesänderungen betrieben hat. Beim Reichsgericht hat auch keine Bereitschaft bestanden, die Todfeindschaft, die den "publizistischen Landesverrätern" aus dem Reichswehrministerium entgegenschlug[749], zu erkennen.

---

746 Zitiert nach v. Liszt in: FS für Brunner, 207 (223); so auch Löwenthal, DJ III (1927/1928), 120 (137).

747 Der Verfasser geht nach der Aktenlage davon aus, daß jedes zweite Ermittlungsverfahren wegen Landesverrats durch eine Strafanzeige aus dem Reichswehrministerium ausgelöst wurde.

748 Einige Beispiele: 7J61/30 (Theodor Bennek); 6J18/24 (Hellmut von Gerlach); 7J122/27 (Hellmut von Gerlach); 7J/138 29 (Max Grande); 7J94/32 (Erich Grosser); 7J133/29 (Ernst Grube); 6J/50 24 (Emil Julius Gumbel); 7J75/32 (Walter Hauenschild); 7J182/26 (Armin Hauswirth); 7J177/27 (Alfred Herre); 7J99/27 (Albert Köhler); 7J127/30 (Heinz Kraschutzki); 7J82/32 (Robert Langendorf); 7J102/32 (Erich Lemke); 7J159/26 (Karl Mertens); 7J112/27 (Karl Mertens); 7J150/26 (Alfred Ostermoor); 7J99/32 (Rudi Reinwarth); 7J175/26 (Fritz Röttcher); 7J113/27 (Martin Sander); 7J123/27 (Paul von Schoenaich); 6J34/22 (Werner Scholem); 7J71/32 (Walter Schulz); 7J121/30 (Josef Schwab); 7J53/27 (Gerhard Seger); 6J55/24 (Otto Thielemann); 715J/31 (Klaus Zweiling).

749 Jescheck, Pressefreiheit, S. 32 unter Verweis auf Gumbel, DJ II (1926/1927), 75 (82), der auf bekanntgewordene Gutachten von Gempp Bezug nimmt. Die Haltung Groeners offenbart sich in der Gleichstellung radikalpazifistischen Gedankenguts mit "Kulturbolschewismus" und dem Vorwurf der " systematische(n) Vergiftung der Jugend- und Volksseele ", zitiert nach Hürter, Groener, S. 296. Auch Carlowitz, Wissen und Wehr, Band 12 (1931), 194 (198), spricht von "pathologischen Haß gegen Deutschland", in den sich der Pazifismus verrannt habe und daß zu bedauern sei, daß die Propaganda der Pazifisten nicht überall die Ablehnung und Verachtung gefunden habe, die ihr gebühre, a. a. O., S. 215.

Nach alledem ist die ausschließliche Inanspruchnahme von Sachverständigen aus den Ministerien und insbesondere Sonderheit derjenigen aus dem Reichswehrministerium unter dem Gesichtspunkt der Waffengleichheit zu beanstanden. Daß die Sachverständigen des Reichswehrministeriums die geschilderten Ansichten und Absichten ihres Dienstherrn Groener, nämlich eine Bestrafung möglichst vieler Rüstungskritiker herbeizuführen, teilen und verfolgen würden, liegt auf der Hand. Deshalb mußte auch die Inanspruchnahme von Sachverständigen aus der Reichswehr strafbarkeitserweiternd wirken.

b) Behandlung von Beweisanträgen

Nur in fünf der hier zur Untersuchung stehenden, mit einer Verurteilung endenden Verfahren sind, soweit ersichtlich, Beweisanträge überhaupt gestellt worden:

Im Wiederaufnahmeverfahren Riegel[750], im Verfahren gegen Stibi[751], im Vorverfahren gegen Küster/Jacob-Salomon[752] und schließlich in den Hauptverfahren gegen Kreiser und von Ossietzky[753] und gegen Steinicke[754]. Problematisch für den jeweiligen Prozeß wurden nur die Beweisanträge in den letzten zwei Verfahren, da den ersten zwei Anträgen stattgegeben und der dritte Antrag nur imVorverfahren, aber nicht mehr in der Hauptverhandlung gestellt oder gar zurückgenommen wurde.

aa) Der Beweisantrag im Verfahren gegen Kreiser/von Ossietzky

Der im Verfahren gegen Kreiser und von Ossietzky gestellte Antrag lautete:

> "Zum Beweise dessen, daß die in dem unter Anklage gestellten Artikel (über die) Abteilung M mitgeteilten Tatsachen zur Zeit des Erscheinens des Artikels (am) 12. März 1929 im In- und Ausland unter Luftfahrtinteressenten allgemein bekannt waren, bevor der Artikel erschien, benenne ich folgende Zeugen: 1) (...) bis 19) (...)."[755]

---

750 Urt. v. 15. 3. 1927 - Az.: 7J137/26 (Riegel).

751 Urt. v. 23./24. 7. 1930 - Az.: 14aJ336/29 (Stibi), sub E. I. 10.

752 Urt. v. 14. 3. 1928 - Az.: 7J63/25 (Küster und Jacob-Salomon).

753 Urt. v. 23. 11. 1931 - Az.: 7J35/29 (Kreiser und von Ossietzky).

754 Urt. v. 27. 3. 1924 - Az.: 6J30/23 (Steinicke), sub E. I. 2.

755 Urt. v. 23. 11. 1931 - Az.: 7J35/29 (Kreiser und von Ossietzky), UA S. 21 f.

Der Antrag wurde, wie oben bereits dargestellt, vom 4. Strafsenat wegen fehlender Bestimmtheit des Begriffs "Luftfahrtinteressenten" und hilfsweise wegen Unerheblichkeit für die Schuldfrage abgelehnt. Diese Entscheidung ist über die Bedeutung für den Prozeß hinaus aus einem weiteren Grund von Interesse: Der abgelehnte Beweisantrag wurde von *Max Alsberg*, dem Verfasser des maßgeblichen Handbuchs "Der Beweisantrag im Strafprozeß" gestellt. Hier spielte sich, wie selten in foro eine Auseinandersetzung zwischen Rechtsprechung und Literatur ab. *Alsberg*, kein "politischer Verteidiger", fragte seinen Kollegen Alfred Apfel nach Prozeßende, warum das Gebäude, in dem solche Dinge passieren könnten, nicht schon von der wütenden Volksmenge dem Erdboden gleichgemacht worden sei.[756]

(1) Bestimmtheit des Beweisantrages

Voraussetzung für die Bestimmtheit eines Beweisantrages war nach übereinstimmender Ansicht in Rechtsprechung[757] und Literatur[758] dessen Substantiierung. Die Beweistatsache sei anzugeben, wobei eine bis ins Einzelne gehende Präzisierung nicht verlangt werden könne, weil insbesondere Zeugen Gegenstände der Erforschung in der mündlichen Verhandlung seien.[759] Soweit hinsichtlich der Bestimmtheit Unklarheiten verblieben, treffe das Gericht eine Nachfragepflicht.[760] Der erkennende Senat war der Ansicht, der Begriff "Luftfahrtinteressenten" sei zu unbestimmt. Allerdings traten die Richter, ausweislich der Urteilsbegründung der Auffassung des Zeugen und militärischen Sachverständigen Himer, der ausländische und insbesondere der französische Nachrichtendienst verfolge alle das deutsche Luftfahrtwesen betreffenden Nachrichten mit größtem Interesse, bei. Hieraus ergibt sich schon begrifflich, daß die ausländischen Nachrichtendienste zu den am deutschen Luftfahrtwesen interessierten, also zu den "Luftfahrtinteressenten" zählten. Jedenfalls hätte die nach reichsgerichtlicher Rechtsprechung bestehende Aufklärungspflicht hier eine Nachfrage verlangt. Von Unbestimmtheit kann danach keine Rede sein.

---

756 Apfel, Behind the Scenes of German Justice, p. 111, Nachweis auch bei Krach in: Taschke, Max Alsberg, S. 46.

757 RGSt 38, 127 (128).

758 Dohna, Strafprozeßrecht, S. 173; Kohlrausch, StPO, § 244, Anm. 3; Löwe/Rosenberg, StPO, § 244, Anm. 8.

759 Alsberg, Der Beweisantrag, S. 17; Löwe/Rosenberg, StPO, § 244, Anm. 8.

760 RGSt 13, 316 (318); 51, 42 (42); Dohna, Strafprozeßrecht, S. 174; Kohlrausch, StPO, § 244, Anm. 3.

(2) Unerheblichkeit der Beweistatsache

Auf die Nachfragepflicht wäre es nicht angekommen, wenn der Beweisantrag hätte abgelehnt werden können.

Die damals maßgebliche Vorschrift, § 244 RStPO, regelte die Gründe, aus denen Beweisanträge abgelehnt werden konnten, nicht ausdrücklich.[761] Die Ablehnungsgründe wurden von Rechtsprechung und Literatur entwickelt.[762] Es handelte sich um folgende Möglichkeiten: Gerichtskundigkeit der zu beweisenden Tatsache oder deren Gegenteil, Unzulässigkeit oder Unerreichbarkeit des Beweismittels und schließlich Unerheblichkeit der Tatsache für die Schuld- rsp. Straffrage oder Wahrunterstellung zugunsten des Angeklagten[763].

Im Fall Kreiser und von Ossietzky machte der 4. Strafsenat geltend, daß die unter Beweis gestellten Tatsachen, Kenntnis von neunzehn mit Luftfahrtfragen befaßten Personen über die im Artikel behaupteten Tatsachen, für die Entscheidung der Schuldfrage ohne Bedeutung seien. Er berief sich also auf den Ablehnungsgrund der Unerheblichkeit.

Im Zuge der Rechtsprechung des Reichsgerichts ist der von der Literatur fast ausnahmslos akzeptierte[764] offene Begriff der Unerheblichkeit konkretisiert worden. Frühe Entscheidungen, etwa ein Urteil aus dem Jahre 1897, definierten noch vage, daß eine unerhebliche Tatsache eine solche sei, die nach Ansicht des Tatrichters für "das thatsächliche Ergebnis der Beweisaufnahme ohne Bedeutung"[765] wäre. Spätere Entscheidungen stellten für die Unerheblichkeit darauf ab, daß zwischen der Tatsache und dem abzuurteilenden Ereignis überhaupt kein Zusammenhang erkennbar sein dürfe oder daß die Tatsache ungeachtet des Zusammenhangs ungeeignet erscheinen müsse, die zu treffende Entscheidung

761 Die heute in § 244 Abs. 3 StPO normierten Ablehnungsgründe sind erstmalig durch das Gesetz zur Änderung von Vorschriften des Strafverfahrens und des Gerichtsverfassungsgesetzes vom 28. 6. 1935, RGBl. I, 844 als § 245 Abs. 2 RStPO geregelt worden. Zur Entwicklung, vgl. Alsberg/Nüse/Meyer, Der Beweisantrag, S. 5 ff.

762 Löwe/Rosenberg, StPO, § 244, Anm. 10 a) - d); vgl. auch Alsberg/Nüse/Meyer, S. 4 f.

763 Radbruch in: Die Reichsgerichtspraxis im deutschen Rechtsleben Band V, 202 (205) sah in der Ablehnung wegen Unerheblichkeit einen Unterfall der Wahrunterstellung.

764 Dieser Ablehnungsgrund war nicht ganz unumstritten - ablehnend, soweit ersichtlich, nur Gerland, Strafprozeß, S. 366 - entsprach aber der ganz herrschenden Ansicht: Dohna, Strafprozeßrecht, S. 170 f.; Kohlrausch, StPO, § 244, Anm. 4 B.; Löwe/Rosenberg, StPO, § 244, Anm. 10. c).

765 RGSt 29, 368 (368 f.).

irgendwie zu beeinflussen.[766] Dieser Rechtsprechung stimmte die herrschende Ansicht in der Literatur zu.[767] *Radbruch* führte aus, die Unerheblichkeit werde durch Wahrunterstellung sozusagen experimentell bewiesen.[768] Danach hätte der 4. Strafsenat fragen müssen, ob die Aussage von neunzehn luftfahrtinteressierten Zeugen aus dem In- und Ausland, die veröffentlichten Nachrichten seien ihnen vor der Veröffentlichung bekannt gewesen, die zu treffende Entscheidung irgendwie hätte beeinflussen können. Diese Frage wurde mit der rechtlichen Erwägung verneint, es komme nicht darauf an, ob "Kreise des Luftfahrtwesens" die Nachricht gekannt hätten, sondern alleine darauf, ob sie der ausländischen Regierung oder ihren Beauftragten bekannt waren. Diese Ansicht ist, abgesehen von der bereits erörterten materiell-rechtlichen Zweifelhaftigkeit des so erweiterten Begriffs des relativen Geheimnisses, unter zwei Aspekten rechtsirrtümlich. Erstens hätte die Kenntnis derartig zahlreicher, zudem voneinander unabhängiger Zeugen, je nach Glaubwürdigkeit, darauf schließen lassen können, daß neben diesen auch die ausländischen Regierungen vor der Veröffentlichung Kenntnis von den Nachrichten hatten. In diesem Falle hätte das Tatbestandsmerkmal "Geheimnis" nicht vorgelegen. Schon deshalb ist nicht nachzuvollziehen, warum das Beweismittel von vornherein ungeeignet erschienen sein soll, die Entscheidung irgendwie zu beeinflussen. Zweitens hätte das Wissen der Angeklagten von der Kenntnis der Zeugen den "Verratsvorsatz" beeinflussen können. Kreiser und von Ossietzky hätten, möglicherweise zu Unrecht, davon ausgehen können, die veröffentlichten Nachrichten seien auch den ausländischen Regierungen bekannt. Diesen zweiten Punkt hat der Strafsenat rechtlich überhaupt nicht gewürdigt, sondern den Verratsvorsatz, wie schon geschildert, aus verschiedenen Indizien geschlossen. Zusammenfassend hat der Senat es also, jedenfalls ausweislich der Urteilsbegründung, unterlassen, sich mit der Indizwirkung der Kenntnis der benannten Zeugen zu befassen und den ordnungsgemäß gestellten Beweisantrag mithin zu Unrecht wegen Unerheblichkeit abgelehnt. Der nach reichsgerichtlicher Argumentation alleine zulässige Ablehnungsgrund der Wahrunterstellung ist nicht angeführt worden.

Der Grund für eine solche Vorgehensweise muß in der fehlenden Bereitschaft gesehen werden, die Kenntnis zahlreicher voneinander unabhängiger Personen tatrichterlich zu würdigen. Ob hier bewußte Benachteiligung der Angeklagten oder ein ungewollter juristischer Fehler ausschlaggebend war, ist isoliert nicht

---

766 Urteil des 2. Strafsenats vom 6. 11. 1930, RGSt 64, 432 (433).

767 Bennecke/Beling, Lehrbuch, S. 528; Dohna, Strafprozeßrecht, S. 171; Löwe/Rosenberg, StPO, § 244, Anm. 10. c).

768 Radbruch in: Die Reichsgerichtspraxis im deutschen Rechtsleben Band V, 202 (205).

zu beurteilen und muß deshalb einer Gesamtbetrachtung der Rechtsprechung zum publizistischen Landesverrat vorbehalten sein.

bb) Der Beweisantrag im Verfahren gegen Steinicke

Der im Prozeß gegen Steinicke gestellte Hilfsbeweisantrag der Verteidigung lautete sinngemäß:

> " Zum Beweise dessen, daß Reichskanzler Cuno vor dem 10. Februar 1923 mit Oberleutnant a. D. Roßbach eine Besprechung wegen der Sabotageakte an der Ruhr gehabt hat, benenne ich den früheren Reichskanzler Cuno. "

und wurde vom 5. Strafsenat mit der Begründung abgelehnt, er sei rechtlich bedeutungslos, denn eine Bestrafung des Angeklagten wegen vollendeter Tat sei nicht in Frage gekommen.

Rechtliche Bedeutungslosigkeit, also Unerheblichkeit war, wie bereits ausgeführt, dann zu bejahen, wenn zwischen der behaupteten Tatsache und dem abzuurteilenden Ereignis überhaupt kein Zusammenhang bestand oder wenn die Tatsache ungeachtet des Zusammenhangs ungeeignet erschien, die zu treffende Entscheidung irgendwie zu beeinflussen.[769]

Steinicke wäre nach Rechtsauffassung des 5. Strafsenats dann wegen vollendeter Tat zu bestrafen gewesen, wenn seine veröffentlichte Behauptung, die Reichsregierung organisiere Sabotage an der Ruhr, zugetroffen hätte. Über diese Frage hätte Cuno als damaliger Reichskanzler Auskunft geben können. Seine bejahende Auskunft hätte eine Bestrafung Steinckes wegen vollendeter Tat wahrscheinlich werden lassen. Es ist danach nicht ersichtlich, warum die Aussage unerheblich gewesen wäre. Ungewöhnlich war der Beweisantrag des Verteidigers deshalb, weil seine Durchführung unter Bejahung der Beweisfrage zu schärferer Bestrafung des Angeklagten hätte führen müssen. Es ist aber nicht ersichtlich, daß der Verteidiger den Beweisantrag nutzen wollte, um außerhalb des Strafverfahrens liegende Ziele zu erreichen. Für derartige Fälle - Scheinbeweisanträge[770] - hatte der 2. Strafsenat in Urteilen vom 11. Juni 1886 und vom 19. November 1931 ausgesprochen, daß der Richter solchen Anträgen keine Folge leisten dürfe, welche unter dem Schein von Beweisanträgen eine Bloß-

---

769 Urteil des 2. Strafsenats vom 6. 11. 1930, RGSt 64, 432 (433).

770 Thole, Der Scheinbeweisantrag, S. 21 f.

stellung[771] oder reine Aufsehenerregung[772] bezweckten. Diese Zwecke konnten hier jedoch schon deshalb nicht verfolgt werden, weil hinsichtlich des Verfahrens ein strafbewehrtes Schweigegebot bestand.

Eine Ablehnung des Beweisantrages wäre unter zwei Aspekten denkbar gewesen: Zum einen hätte der 5. Strafsenat - wie gezeigt zu Unrecht - von der Gerichtskundigkeit des Gegenteils der behaupeten Tatsache ausgehen können. Der Senat hätte also den Satz aufstellen müssen, die Reichsregierung habe an der Ruhrsabotage nicht aktiv mitgewirkt. Dies wurde unterlassen. Eine zweite Möglichkeit hätte darin bestanden, eine "Unwahrunterstellung" zu Gunsten des Angeklagten einzuführen. Eine solche Unwahrunterstellung hätte zwar der Ansiedlung des Beweisantragsrechts des Angeklagten im Recht, sich zu verteidigen entsprochen, wäre aber mit dem durchweg anerkannten Prinzip der materiellen Wahrheit im Strafprozeß[773] in Widerspruch geraten. Entsprechend hatte der 5. Strafsenat ausweislich der von *Radbruch*[774] und *Grossmann*[775] überlieferten mündlichen Urteilsbegründung einen belastenden Beweisantrag durch den Angeklagten für zulässig erachtet.

Hiernach hat der 5. Strafsenat den Beweisantrag zu Unrecht abgelehnt. Die Motivation, über die das Urteil keine Auskunft gibt, muß wertend gesucht werden. Meines Erachtens wollte der Senat vermeiden, den prominenten ehemaligen Reichskanzler als Zeugen für seine Gespräche mit dem Rechtsterroristen Roßbach vernehmen zu müssen.

cc) Zusammenfassung und Stellungnahme

Zusammenfassend läßt sich zur Behandlung der Beweisanträge sagen, daß der Ablehnungungsgrund der Unerheblichkeit deutlich überspannt wurde. Während dies in einem Fall zugunsten und im anderen Fall zuungunsten des Angeklagten geschah, ist tertium comaparationis, daß in beiden Entscheidungen den Wünschen der Reichsregierung entsprochen wurde. Im Fall Kreiser/von Ossietzky sah die Reichsregierung keine Notwendigkeit, die Tatsache illegaler Aufrüstungsmaßnahmen beschränkten Umfangs weiter zu verschleiern. Im Fall Steinicke wurde diese Notwendigkeit noch gesehen.

---

771 Urt. v. 11. 6. 1886, RGSt 14, 189 (193); Urt. v. 19. 11. 1931, RGSt 66, 14 (15).

772 Urt. v. 19. 11. 1931, RGSt 66, 14 (15).

773 Ingo Müller, Rechtsstaat und Strafverfahren, S. 175 ff.

774 Vorwärts v. 21. 3. 1928, abgedruckt in GRG 12, S. 217 (218).

775 Grossmann, 13 Jahre republikanische Justiz, insbesondere S. 70.

Die Behandlung der Beweisanträge durch das Reichsgericht in Landesverratsprozessen ist kein Beleg für das vom "Reichsgericht kreierte liberale Beweisantragsrecht"[776].

c) Fazit zu den strafprozessualen Fragen

Das Zusammenwirken von einseitiger Sachverständigenauswahl und unbegründeter Ablehnung von Beweisanträgen ermöglichte den Strafsenaten eine starke Steuerung des rechtlich zu würdigenden Tatsachenmaterials und schloß die Angeklagten von der Mitwirkung weitgehend aus.

3. Rechtliche Würdigung der reichsgerichtlichen Rechtsprechung

Die Behandlung der Fälle publizistischen Landesverrats durch das Reichsgericht läßt einen engen Zusammenhang zwischen materiellem Recht und Prozeßrecht erkennen.

Die Tatbestände des Landesverrats wurden durch die Rechtsprechung des Reichsgerichts konturenlos. Dies war darauf zurückzuführen, daß der Geheimnisbegriff bis zur Unkenntlichkeit ausgeweitet und das Tatbestandsmerkmal des Reichswohls und des Interesses der Landesverteidigung ungeeigneten und zumeist militärischen Sachverständigen zur Ausfüllung anheimgegeben wurde.

Es ist nicht ersichtlich, daß die Strafsenate über die Aussagen der Sachverständigen hinaus Feststellungen zugelassen hätten. Dies mußte, wie gezeigt, nicht unbedingt zu Lasten der Angeklagten gehen, läßt aber deutlich erkennen, daß ängstlich darüber gewacht wurde, den Prozeßstoff auf das ministeriell Gewünschte zu beschränken.

Für die so bedeutsame und in allen Verfahren erhebliche Frage, ob zur Abstellung von Verstößen gegen die Rüstungsbeschränkungen andere als die von den Verurteilten gewählte Behelfe zu Gebote standen, haben die Strafsenate sogar auf Unterstützung durch Sachverständige verzichtet und sie kraft eigenen Wissens, freilich zu Unrecht, bejaht.

Insgesamt ist der Eindruck unvermeidlich, daß die Strafsenate durch Zusammenstellung des Prozeßstoffs, Ausweitung der Straftatbestände bei gleichzeitiger Schmälerung des Anwendungsbereichs selbst erdachter Rechtfertigungs-

776 So jedoch Braum, Geschichte der Revision, S. 111., in seiner Gesamtwürdiung der Entwicklung des Beweisantragsrechts in der Weimarer Zeit.

gründe eine möglichst sichere Verurteilung der Angeklagten herbeizuführen bestrebt waren.

Gleichwohl sind - dies zeigen die Strafmaße - keine Schreckensurteile gefällt worden. Vielleicht gab der Strafzumessungsakt den Richtern Gelegenheit innzuhalten und das zu tun, was sie ansonsten unterlassen haben: Die Motive der angeblichen Landesverräter gerecht zu würdigen.

F. Zusammenfassung

Wie sind die bislang gewonnenen Erkenntnisse zusammenzufassen?

Der historische Überblick und das gewonnene Zahlenmaterial ermöglichen es, die Zahl der Verfahren publizistischen Landesverrats in ihren historischen Kontext einzubinden (I.) und sie nach Wirkung und Strafzweck zu befragen (II.).

I. Zahl der Verfahren

Zwischen der nunmehr geklärten Zahl der Verfahren und der jeweiligen historischen Situation bestanden Zusammenhänge.

In sicherheitspolitisch besonders kritischen Zeiten, so im Wirkungsbereich der Interalliierten Kontrollkommission im Jahre 1924, und anläßlich des Beitritts Deutschlands zum Völkerbund in den Jahren 1926 und 1927 stiegen die Verfahrenszahlen an. Der Hauptgrund hierfür ist in der Strafanzeigenpolitik des Reichswehrministeriums zu sehen. Die weitere Verschärfung des Verhältnisses zwischen Reichswehrministerium und pazifistischen Bewegungen nach dem Amtsantritt Groeners muß als Erklärung für die hohen Verfahrenszahlen im Jahre 1932 angesehen werden. Andererseits hatten die Straffreiheitsgesetze der Jahre 1925, 1928 und 1930 Einfluß auf die Strafverfolgungstätigkeit. In diesen Jahren ist die Verfolgung wegen des Verfahrenshindernisses der Amnestie oftmals gar nicht aufgenommen worden; die Strafverfahren blieben uneröffnet.

Die Verfolgungstätigkeit der Reichsanwaltschaft, die nicht unmittelbares Thema der Arbeit ist, hatte Einfluß auf die Spruchtätigkeit der Strafsenate des Reichsgerichts. Nicht eröffnetete oder eingestellte Verfahren konnten kein Hauptverfahen auslösen. Bemerkenswert ist, daß die Reichsanwaltschaft sich bei ihren Einstellungsverfügungen oftmals auf einen anderen Standpunkt als die Rechtsprechung des Reichsgericht stellte: Die Vorveröffentlichung einer Nachricht in einer anderen Zeitung brauchte nach Rechtsprechung des Reichsgerichts die Strafbarkeit des zweitveröffentlichenden Journalisten nicht auszuschließen. Gleichwohl wurden aus diesem Grunde zahlreiche Verfahren von der Reichsanwaltschaft eingestellt. Zu einem Hauptverfahren trotz Vorliegens einer vorhergehenden Veröffentlichung kam es dann, wenn die Angeklagten erst im Hauptverfahren auf eine Erstveröffentlichung hinwiesen, die der Reichsanwaltschaft entgangen war.

Die Rechtsauffassung des Reichsgerichts muß deshalb im Vergleich zu der der Reichsanwaltschaft als repressiver angesehen werden.

Es ist kein Freispruch eines Strafsenats nachweisbar. Die Gründe hierfür liegen, wie gezeigt, darin, daß sowohl materiellrechtlich als auch strafprozessual zu Lasten der Angeklagten von der üblichen Rechtsprechung abgewichen wurde.

II. Zwecke und Wirkungen

Daß der regelmäßige Veranlasser der Strafverfolgung - der Reichswehrminister - durch die beschriebene rigide Strafanzeigen- und Gutachterpolitik den Zweck verfolgte, militärkritische Veröffentlichungen zu unterdrücken, wurde bereits belegt.[777] Festgestellt werden muß auch, daß diese Vorgehensweise der deutschen Außenpolitik in den Jahren 1919 bis 1933 eher geschadet als genützt hat. Denn die geradezu hysterische Verfolgung von aufrüstungskritischen Veröffentlichungen mußte dem Ausland den, ex post ganz zutreffenden, Eindruck vermitteln, das Reich rüste friedensvertragswidrig und im Geheimen. Daß die meisten Verfahren eingestellt wurden, wird hieran nichts geändert haben. Denn wo Rauch ist, wird gemeinhin Feuer vermutet. Die Zahl der Urteile war, wie gezeigt, zwar gering, doch erbrachten die Verurteilungen durch das Reichsgericht, wie etwa das deuxième bureau im Zusammenhang mit dem Verfahren gegen Walter Kreiser und Carl von Ossietzky feststellte, die offizielle Bestätigung illegaler Aufrüstung. Auch die Verfahren, in denen wegen der gerichtlich festgestellten Unwahrheit der mitgeteilten Nachrichten nur wegen Versuchs verurteilt wurde, dürften gleiche Wirkung gehabt haben. Denn wegen der regelmäßig angeordneten Geheimhaltung wurde nicht bekannt, ob die Nichtvollendung auf die Unwahrheit der Nachrichten zurückzuführen war oder auf anderen Gründen beruhte.

Von diesen politischen Wirkungen abgesehen ist fraglich, ob die Urteile anerkannte Strafzwecke erfüllt haben. Die Frage nach dem Strafzweck war in der

777 Vgl. sub E. II. 2. a).

Zeit der Weimarer Republik Gegenstand leidenschaftlicher Kontroversen[778]. Drei Strafzwecke - Spezialprävention, Generalprävention und Talion - wurden diskutiert.

Die Verurteilten waren - was ihre Äußerungen belegen - als politische Überzeugungstäter durch die Strafverfahren kaum zu beeindrucken. Jacob-Salomon wollte die ihm nahegelegte Einstellung des Verfahrens gerade verhindern. Bredel konnte nach dem für ihn maßgebenden Standpunkt keine Rücksicht darauf nehmen, daß die von ihm veröffentlichten Nachrichten für das Wohl des Reichs dem Ausland gegenüber geheimgehalten hätten werden sollen, und Carl von Ossietzky meinte sogar, im Gefängnis am unbequemsten zu sein, und trat den Strafvollzug trotz Fluchtmöglichkeit an. Unter dem Aspekt der Spezialprävention, der Besserung der Verurteilten also, waren die Verfahren wirkungslos. Unter dem Aspekt der "Unschädlichmachung", um einen Begriff *von Liszts* aufzugreifen, waren die Strafmaße viel zu gering.

Bezüglich ihrer Wirkung auf die Presse insgesamt ist nicht festzustellen, daß sich die Publikationstätigkeit vermindert hätte. Im Gegenteil: Bis zum Ende der Weimarer Republik war die Rüstungskritik weithin vernehmbar. Dies mag nicht zuletzt damit zu erklären sein, daß durch die regelmäßige Amnestien Vertrauenstatbestände geschaffen wurden. Diese Amnestien dürften das ohnehin schwache "Unrechtsbewußtsein" der Journalisten zusätzlich herabgesetzt haben. Unter dem Aspekt der negativen Generalprävention, das heißt unter dem der Abschreckungswirkung, dürften die Verfahren also auch wirkungslos geblieben sein. Zur sogenannten positiven Generalprävention, also der Stärkung des allgemeinen Rechtsbewußtseins und des freiwilligen Rechtsgehorsams konnten die Urteile schon deshalb nichts beitragen, weil die bereits beschriebene Geheimjustiz nicht bekannt werden ließ, was erlaubt und was strafbewehrt verboten sein sollte.

Was schließlich die Vergeltungswirkung anbelangt, haben zeitgenössisch wie auch heute[779] überaus starke Zweifel daran bestanden, ob die Veröffentlichung illegaler Rüstungsmaßnahmen strafwürdiges Unrecht sei. Deshalb ist fraglich, ob für diesen besonderen Fall eine sittliche Überlegenheit der Gemeinschaft dem Verbrecher gegenüber, als notwendige Voraussetzung der Vergeltung[780], vorlag.

---

778 Vgl. Bohnert, Zu Straftheorie und Staatsverständnis, insbesondere S. 145 - 182; Seidl, Der Streit um den Strafzweck, passim.

779 Klug in: FS für Baumgärtel, S. 249 ff.; Literaturüberblick bei Stree in: Schönke/Schröder, vor §§ 93 ff.

780 Jescheck/Weigend AT, § 8 II. 2., S. 67.

Schluss

Es konnte festgestellt werden, daß die Urteile des Reichsgerichts in Sachen publizistischen Landesverrats rechtlich verfehlt waren und keinem anerkannten Strafzweck dienten.

Ich möchte damit der Ansicht von *Windisch*, nach der die Urteile des Reichsgerichts gegen die Kritiker illegaler Rüstungen gesetzmäßig gewesen seien, deutlich widersprechen.

Nur die relativ niedrigen Strafmaße und die geringe Zahl an Verurteilungen ermöglichen es, diese Rechtsprechung in einem milderen Licht zu sehen, als etwa *Elisabeth Hannover-Drück und Heinrich Hannover.*

Ferner ist auf das on-dit von den "handwerklich perfekten Unrechtsurteilen"[781] der Senate des Reichsgerichts einzugehen und einer Mystifizierung als methodisch vollkommene Spruchkörper entgegenzuwirken: Die Urteile waren in keiner Weise perfekt, sondern blieben in der Qualität hinter normalen instanzgerichtlichen Urteilen zurück. Sie wären - einer gerichtlicher Überprüfung zugänglich - zum überwiegenden Teil wegen der Verletzung formellen und materiellen Rechts nicht revisionsfest gewesen. Dies mag, neben einer vorsätzlichen Rechtsbeugung, die ich im Fall Carl von Ossietzky ausdrücklich annehme, daran liegen, daß die Richter in Landesverratssachen keine gerichtliche Kontrolle ihrer Urteile zu befürchten hatten. Um mit *Max Alsberg* zu sprechen: „Allzuleicht kann die Befreiung der richterlichen Entscheidung von jedweder Nachprüfung durch eine höhere Instanz dem Machtstreben des Richters unentbehrliche Hemmungen nehmen."[782]

Es bleibt zu fragen, ob es sich bei der Rechtsprechung der Strafsenate des Reichsgerichts um Fälle politischer Justiz im negativen Sinne[783] handelt. Dies wäre jedenfalls dann zu bejahen, "wenn die Justiz in Abweichung von dem, was Gesetzgeber und ständige Rechtsprechung bislang als Recht angesehen haben,

781 Lamprecht, Vom Mythos der Unabhängigkeit, S. 203, der sich mit dem Ausdruck auf die reichsgerichtliche Rechtsprechung während der NS-Herrschaft bezieht.

782 Alsberg, Das Weltbild des Strafrichters, S. 18.

783 Walther in: Politische Justiz, S. 35 stellt die Mehrdeutigkeit des Begriffs in verschiedenen Definitionen fest. Vgl. auch Wolf in: Politische Strafjustiz, 117 (126 f.)

vor dem Machtanspruch des Akteurs "einknickt", sich diesem Machtanspruch beugt."[784]

Die Haltung des Gesetzgebers zu dieser Frage muß, wie gezeigt, als unentschieden im Sinne einer Patt-Situation angesehen werden. Weder eine Ent- noch eine Verschärfung des Landesverratsrechts war parlamentarisch durchsetzbar. Doch wurde die Strafdrohung durch regelmäßige Amnestien relativiert.

Das Reichsgericht wich jedoch in allen Verfahren von seiner sonst geübten ständigen Rechtsprechung ab. Es exekutierte in Abweichung zu seiner sonstigen Judikatur eine Sonderjustiz gegen Journalisten, die den Interessen des Reichswehrministerums entsprach. Nicht festgestellt werden konnte allerdings, ob in dieser Rechtsprechung ein "Sichbeugen" der Reichsgerichtsräte zu erkennen ist. Auch sahen sich die Richter frei vom Druck der öffentlichten Meinung. Denn die Verfahren fanden unter Ausschluß der Öffentlichkeit statt. Es ist deshalb nicht ersichtlich, daß sich das Reichsgericht durch eine rechtlich einwandfreie Bewertung dieser aktuellen politischen Vorgänge in eine schwierige Situation begeben hätte.

Wahrscheinlicher ist, daß diese Rechtsprechung, wenn auch nicht ihrer juristischen, so doch ihrer politischen Überzeugung, die einem autoritären und nationalen Staatsverständnis verhaftet war, entsprach.[785] Dieser Gedanke liegt deshalb besonders nahe, weil die Strafsenate des Reichsgerichts eine von den konservativen bis hin zu rechtsextremen Kräften gewollte, parlamentarisch aber nicht durchsetzbare Verschärfung des Landesverratsrechts durch fehlerhafte Gesetzesanwendung ermöglicht haben.

Die Rechtsprechung des Reichsgerichts zum publizistischen Landesverrat war deshalb ein Fall politischer Justiz im negativen Sinne. * Abschließend möchte

---

784 Walther in: Politische Justiz, S. 55.

785 Angermund, Deutsche Richterschaft, S. 31 ff.; I. Müller, Furchtbare Juristen, S. 19 ff.

* Es ist bedauerlich, und aus Sicht des Verfassers schwer erklärlich, daß sich der 3. Strafsenat des Bundesgerichtshofs nicht in der Lage gesehen hat, diese Urteilspraxis im Zuge des Wiederaufnahmeverfahrens in der Strafsache gegen Carl von Ossietzky unter die Strafvorschrift der Rechtsbeugung zu subsumieren. Dieses Gericht hat vorläufig die Chance vertan, politische Unrechtsjustiz im Wege der Wiederaufnahme wiedergutzumachen. Der Zeitablauf wird derartige Wiederaufnahmeverfahren aus dem Lager der Verurteilten erschweren und alsbald unmöglich machen. Denn auch deren antragsbefugte Angehörige, die sich jedenfalls deutlich in den Sechzigern bewegen dürften, leben nicht ewig. Gleichwohl: Nach ganz überwiegender Meinung in der Literatur sind auch die Staatsanwaltschaften antragsbefugt. Es wäre ein günstiges Zeichen, wenn diese sich zur Antragstellung durchringen könnten. Bleibt dies aus, ist der Gesetzgeber aufgerufen.

ich das Augenmerk nocheinmal auf die an den Anfang gestellte These des Historikers Jasper zur Behandlung des Hochverrats lenken.

"Die Richter entwickelten neue Rechtskonstruktionen, wichen von alten Auslegungsregeln ab, (...) oder füllten rechtsschöpferisch vom Gesetz gelassene Freiräume aus, um ihre Wertungen mit der Autorität des Richterspruchs durchzusetzen."

Ich glaube, daß die These auf die Behandlung publizistischen Landesverrats erst recht zutrifft.